中华女子学院资助出版

国家社科基金项目
"新时期高校贫困女生弱势处境和社会支持研究"（15BSH064）

中华女子学院性别研究丛书

高校贫困女生的社会支持及行动干预

SOCIAL SUPPORT AND INTERVENTIONS FOR

POOR
FEMALE
UNIVERSITY
STUDENTS

石彤 等 —— 著

社会科学文献出版社
SOCIAL SCIENCES ACADEMIC PRESS (CHINA)

总　序

　　岁月如歌，芳华凝香，由宋庆龄、何香凝、蔡畅、邓颖超、康克清等革命前辈于1949年创设的"新中国妇女职业学校"发展而来的中华女子学院，已经建设成为一所独具特色的普通高等学校。学校积极承担高等学校职能，秉承引领先进性别文化、推进男女平等、服务妇女发展、服务妇女国际交流与政府外交的重要使命，坚持走"学科立校、科研强校、特色兴校"之路，正在为建成一流女子大学和妇女教育研究中心、妇女理论研究中心、妇女干部培训中心、国际妇女教育交流中心而奋发努力着。

　　1995年第四次世界妇女大会以来，性别研究和社会性别主流化在国内方兴未艾，中华女子学院抓住机会，积极组织开展妇女/性别研究，努力在此领域打造优势和特色，并已取得显著成效。我校设立了全国第一个女性学系，设立了中国妇女发展研究中心、中国妇女人权研究中心，建设中国女性图书馆，率先招收女性学本科生和以妇女服务、妇女维权为研究方向的社会工作专业硕士研究生；中华女子学院还入选首批全国妇联与中国妇女研究会批准的妇女/性别研究与培训基地，成为中国妇女研究会妇女教育专业委员会、中国婚姻家庭法学研究会秘书处单位。

　　长期以来，中华女子学院教师承接了多项国家级、省部级课题和国务院妇儿工委、全国妇联等部门委托的研究任务，在妇女/性别基础理论、妇女与法律、妇女与教育、妇女与参与决策和管理、妇女与经济、妇女与社会保障、妇女与健康等多个领域作出了颇有建树的研究，取得了丰硕的研究成果，为推进实现男女平等基本国策的步伐、推动社会性别主流化、促进妇女儿童发展与权益保障作出了积极的努力。

　　作为一所普通高等学校，中华女子学院也着力加强法学、管理学、教育学、经济学、艺术学、文学等学科和专业建设，鼓励教师将社会性别视角引入不同学科的研究，大力支持教师开展各自所在学科和专业的研究。

特别是近年来，通过引进来、走出去等多种措施加强师资队伍建设，中华女子学院教师的科研能力与学术水平有了较大的提升，在不同学科领域，不少教师都取得了可喜的科研成果，值得鼓励和支持。

中华女子学院组织编撰的"妇女教育发展蓝皮书"系列已由社会科学文献出版社出版发行，并获得了良好反响。为展示和推广我校教师在妇女/性别领域和其他学科领域的研究成果，学校特组织编撰《中华女子学院性别研究丛书》和《中华女子学院学术文库》两套系列丛书。性别研究丛书将集中出版中华女子学院教师在妇女/性别理论，妇女发展的重大问题，跨学科、多学科研究妇女/性别问题等多个方面的著作；学术文库将收录中华女子学院教师在法学、管理学、教育学、经济学、艺术学、文学等学科领域有代表性的论著。入选丛书的著作，都经过校内外专家评审，有的是教师承接国家级、省部级课题或者专项委托课题的研究成果，有的是作者在修改、完善博士论文基础上而形成的成果，均具有一定的学术水准和质量。

上述丛书或文库是中华女子学院学科与科研建设成效的展示，也是献给中国妇女发展与高等教育事业的一份薄礼。"君子以文会友，以友辅仁"，我们期望，这两套丛书的出版发行，能够为关注妇女/性别研究和妇女发展的各界朋友提供一个窗口，能够为中华女子学院与学界的交流与合作提供一个平台。女子高等学校的建设与发展，为中国高等教育事业和妇女教育事业的发展增添了亮色，我们愿意继续努力，为这一事业不断添砖加瓦，也诚请社会各界继续对中华女子学院给予指导、关心、支持和鞭策。

是为序。

中华女子学院原党委书记、原院长　张李玺

2013 年 12 月 30 日

前　言

本书是 2015 年国家社科基金项目"新时期高校贫困女生弱势处境和社会支持研究"（15BSH064）的成果。此项目能获批立项，是国家社科基金关注和重视女性/性别研究以及女性/性别研究走向主流化的重要体现。项目经过 5 年的研究，于 2020 年 8 月申请结项，鉴定等级为优秀。

项目在实施过程中，得到一些高等学校的大力支持。参加抽样调查的高校有 14 所，包括中华女子学院、中国农业大学、北京中医药大学、东北师范大学、长春理工大学、兰州大学、甘肃政法学院、石河子大学、塔里木大学、四川大学、西南民族大学、华中科技大学、内蒙古农业大学、赣南师范大学，涉及北京、吉林、江西、湖北、四川、甘肃、新疆、内蒙古 8 个省份，有综合类、理工类、农林类、医药类、师范类、政法类、财经民族类、女校等不同类型的重点和普通高校。参与行动干预的高校有中华女子学院、山东女子学院、北京农学院、石河子大学，这 4 所高校有较好的社会工作专业，且项目方能够与其进行很好的合作。正是由于这些高校的支持，数据收集才得以顺利完成。在选择高校的过程中，也遇到过挫折，项目也因此推迟了 1 年多。

很多研究者积极参与项目研究，贡献了智识。申报项目时的项目组成员有石彤（项目负责人）、蒋永萍、左际平、李洁、李芳英、王宏亮、周旅军等专家和学者，随着项目的拓展和深入，陆续参与项目者有盛莉、吴唐燕、俞鑫荣、张静敏、彭君芳、柴雪、陈春竹、阴慧、石笙霖、何梦茹、李晓芳、刘晋沂、常诒珍等校内外师生。通过该项目，我们凝聚了重要的研究力量，形成了优秀的研究团队，尤其是培养出一批具有研究能力的年轻教师和学生，很好地诠释了传帮带和传承的内涵。

本书有 6 章的研究内容，包括研究背景、研究问题、研究价值、文献综述、研究总体框架和思路、研究方法、概念界定和理论视角等研究概述，以及高校贫困女生的现状、处境、社会支持状况、社会支持需求和改善高校贫困女生社会支持系统行动干预等方面。

本书有一些贡献和创新，在研究方法上尝试将实证范式和行动范式进行整合，通过模型研究在理论上探讨对贫困女生群体进行整合式社会支持，构建了"高校学生社会支持量表"，可以通过对高校不同学生群体的比较，凸显高校贫困女生的社会支持状况，创建了"高效贫困女生社会支持系统及需求评估卡"，对贫困女生个体和群体的社会支持系统及需求进行评估，并在此基础上进行行动研究和社会工作干预，初步实施多元实务行动干预模式，通过个案工作、小组工作、社区工作及政策倡导，尝试建构贫困女生群体的整合式社会支持系统。

目　录

第一章　绪论

一　研究背景及研究问题

21 世纪开始的二十年来，中国社会经历着由计划经济向市场经济的剧烈转型，本课题认为这是一个"新时期"的开启。

习近平总书记在 2017 年 10 月召开的中国共产党第十九次全国代表大会报告中指出："经过长期努力，中国特色社会主义进入了新时代，这是我国发展新的历史方位。"新时代是从 2012 年 11 月召开的党的十八大开启的，"五位一体"总体布局、协调推进"四个全面"战略布局等一系列新理念新思想新战略新举措被提出，党和国家事业发生了历史性变革，推动中国特色社会主义进入新阶段。

党的十八大以来，为完成 2020 年全面建成小康社会的伟大目标，国家将脱贫攻坚作为关键战略，将"精准扶贫"作为实现脱贫攻坚的重要举措。教育脱贫既是"精准扶贫"的核心工作和路径，也是推行教育平等的一项重要举措。高校是"精准扶贫"的重要场域和载体，在宏观上要建立相应的机制、规范或体系，在微观上要对贫困学生进行心理扶贫，将物质资助和心理帮扶、思想帮扶相结合，将教育扶贫和文化扶贫、精神扶贫相结合，将德育教育融入精准扶贫的工作中，提升贫困学子的综合素质，帮助其实现从"资助"到"自助"再到"自强"的飞跃性蜕变。① 尤其是将创新创

---

① 郑风田：《习近平精准扶贫思想的内涵与脉络》，《人民论坛》2020 年第 2 期；夏巍：《基于"精准扶贫"视角下的高校贫困生资助问题探究》，《管理观察》2019 年第 36 期；杜明明：《精准扶贫背景下高校精准资助工作长效机制研究》，《河南教育》（高教）2019 年第 12 期；林逢春：《精准扶贫背景下高校贫困生管理工作如何有效开展》，《吉林广播电视大学学报》2020 年第 1 期；高广明、杨燕丽：《精准扶贫视域下高校家庭经济困难学生"心理扶贫"研究》，《智库时代》2019 年第 49 期；王丹：《广西高校贫困生勤工 （转下页注）

业教育对接精准扶贫，对于高校贫困学生的创新创业教育和创新创业能力的培养更有价值和效率，这能够使贫困学生积极参与精准扶贫并发挥重要作用。[①] 从 2021 年开始，我国进入"十四五"时期，开启了全面建设社会主义现代化国家新征程。我国完成"脱贫攻坚"任务，在总体上告别绝对贫困。在社会主义初级阶段，相对贫困还会在相当长时间内存在。社会工作要参与精准扶贫实践和相对贫困治理。[②]

教育公平是保障社会公平正义和新鲜活力的重要方面，历来受到党和国家的高度重视。中国共产党的十八届三中全会《决定》提出，"大力促进教育公平，健全家庭经济困难学生资助体系"。目前的纵深改革是为了让包括高校贫困学生在内的弱势群体更好地享受改革和发展的成果。随着中国高等教育在市场化、信息化和大众化方面的长足发展与进步，越来越多的女性成为高等教育大众化的受益者，但一些中国学者仍将这一进步界定为"有限的进步"，主要表现在，录取的高校新生中，男女生人数比例均衡的背后是明显的阶层分离。来自低收入家庭的女性明显少于一般家庭的女性，以及同样来自低收入家庭的男性。[③] 即使录取总体比例均衡也不能代表所有的女性都能公平、公正地享有高等教育资源。而且，高校学生原有的户籍和干部身份等地位优势丧失，低收入家庭学生处于残酷生存与竞争环境。[④] 阶级和性别双重因素的影响使得高校贫困女生群体在越来越复杂的市场化环境下成为更加弱势的群体，面临更大的发展挑战，"女高校学生就业更难"就是一个表征。

在上述研究背景下，本课题要研究的问题是，高校贫困女生群体在接受高等教育的机会、过程和结果等方面处于怎样的弱势处境？如何为她们提供社会支持？什么样的社会支持能够使她们获得良好的成长环境和全面发展？

（接上页注①）助学服务精准化实施路径探析——基于服务质量差距模型理论》，《中国成人教育》2017 年第 17 期；周毅、郝艳艳：《基于区块链的精准扶贫系统设计与实现——以高校贫困生为例》，《智库时代》2020 年第 3 期；韩景华：《精准扶贫视域下高校精准资助育人体系构建研究》，《高校后勤研究》2019 年第 12 期；韦吉锋、高锋、江思义：《精准扶贫背景下高校农村贫困生精神引导探析》，《广西大学学报》（哲学社会科学版）2018 年第 2 期。

① 陈忠平、董芸：《新形势下高校创新创业教育》，冶金工业出版社，2018。
② 王思斌：《在新阶段新格局下积极推进社会工作事业发展》，《中国社会工作》2021 年第 1 期；王思斌：《社会工作参与精准扶贫实践的点面结构》，《中国社会工作》2019 年第 16 期；王思斌：《社会工作要参与相对贫困治理》，《中国社会工作》2020 年第 28 期。
③ 刘云杉、王志明：《女性进入精英集体：有限的进步》，《高等教育研究》2008 年第 2 期。
④ 廉思：《蚁族：大学毕业生聚居村实录》，广西师范大学出版社，2009。

二 研究目的和意义

本课题的研究目的和意义在于探讨高等教育对于提高女性地位的作用，以及社会支持对于高校贫困女生的重要意义，以避免再生产新的社会区隔和社会不平等，促进教育公平；深入了解和理解中国高校贫困女生这一特殊群体的实际学习、生活和发展状况，了解其所处的弱势处境和发展需求，在学校社区环境内尝试建立高校贫困女生的支持系统，并通过社会工作行动干预提升这一群体的自我认同、综合素质，促进其成长发展。

三 文献综述

(一) 关于高校贫困女生群体弱势处境的研究

高校贫困女生是高校女生中的一个特殊群体，全国妇联和国家统计局联合开展的第三期中国妇女社会地位调查发现，这是一个自尊自强、勤奋努力、细腻敏感、希望通过教育改变自己和家庭命运、懂得感恩和体谅他人的群体。贫困女生克服各种物质经济条件上的不利因素，在学习成绩上有不错的表现，均好于高校普通女生和高校贫困男生的学习表现。[①] 高校贫困女生可以克服贫困，在高考中脱颖而出，很大程度上是因为高校贫困女生的坚韧品质。高校贫困女生有其自身的优势，因此可以从优势视角出发探寻高校贫困女生抗逆力提升的途径。[②] 但是在现实不利的发展环境下，她们也的确面临着来自家庭、学业和就业市场的多重高强度的压力。时间紧张、疲于应对是这一群体经常遭遇的情形。而且阶级和性别因素的结合最终仍然限制了低收入家庭中受过高等教育的女性向上流动的机会。[③] 总之，高校贫困女生是弱势群体，面临弱势处境，主要体现在能力、心理和就业方面，这也是以往研究关注的焦点。

1. 贫困女生的能力弱势处境

高校贫困女生面临着"求生之难"和"求学之难"的困境，她们得不

[①] 宋秀岩：《新时期中国妇女社会地位调查研究》（下卷），中国妇女出版社，2013，第691页。

[②] 胡军华、王揽：《优势视角下贫困女大学生抗逆力提升途径研究》，《江西广播电视大学学报》2017年第4期。

[③] 宋秀岩：《新时期中国妇女社会地位调查研究》（下卷），中国妇女出版社，2013，第714～715页。

到相应的知识和能力培养，处于明显的能力弱势处境。家庭经济困难造成高校贫困女生在某些发展能力上存在障碍，且在创新能力、实践能力、人际交往能力、交流沟通能力、组织协调能力及书面表达能力上，处于弱势处境。[1]

2. 高校贫困女生的心理弱势处境

高校贫困女生在心理健康量表上的得分显著高于高校普通女生和高校贫困男生。她们具有一系列心理问题，包括自我意识问题、人际交往问题、依赖顺从和虚荣心理问题，以及自卑、封闭、嫉妒、逆反、抱怨、敏感等问题，更容易自我效能感低，缺乏正面积极的自我认知。其个性缺陷突出，不良情绪严重，人格更容易发生变化，甚至最后出现精神病症状。[2]

高校贫困女生的焦虑来源主要是学习或科研、就业、经济、人际关系和生活目标等压力。针对来自贫困家庭高校女生的特点，化解其焦虑来源，是增强这一群体心理健康的重要突破点。造成心理问题主要是个体认知错误、家庭和社会的不良影响、学习和就业的压力。[3]

3. 高校贫困女生的就业弱势处境

高校贫困女生存在着自卑、心理压力大、渴望公平、矛盾等就业心理

---

[1] 中国扶贫基金会新长城项目部：《太阳的女儿——贫困女大学生的生存报告》，中国经济出版社，2005；陈巧玲：《贫困女大学生发展压力与社会支持研究——以福州地区高校为例》，硕士学位论文，福建师范大学，2006；张长伟：《高校贫困生人际交往障碍的个案研究》，《中国青年政治学院学报》2005 年第 5 期；贺金莲、陈晓飞：《治理高校贫困生"贫困循环"的新视角》，《中国青年研究》2010 年第 7 期；宋秀岩：《新时期中国妇女社会地位调查研究》（下卷），中国妇女出版社，2013，第 694 页；李洁、石彤：《高校贫困女生上向流动的限制与突破》，《云南民族大学学报》（哲学社会科学版）2014 年第 2 期。

[2] 宋秀岩：《新时期中国妇女社会地位调查研究》（下卷），中国妇女出版社，2013，第 707 ~ 708 页；韩旭、任锋、桑骞、田鑫、于成伟：《"90 后"贫困女大学生的心理问题分析及对策》，《科技经济导刊》2016 年第 17 期；梅盈盈：《高校贫困女大学生心理失衡问题干预》，《安庆师范大学学报》（社会科学版）2019 年第 5 期；赵立莹、刘蕾：《觉醒中的迷茫：当前女大学生发展障碍实证研究》，《中华女子学院学报》2009 年第 3 期；付建红、肖克松：《自我效能感对贫困大学生"心理脱贫"的启示》，《西昌学院学报》（社会科学版）2008 年第 4 期；中国扶贫基金会新长城项目部：《太阳的女儿——贫困女大学生的生存报告》，中国经济出版社，2005；刘蒻斐：《贫困女大学生心理健康问题探讨》，《合肥学院学报》2006 年第 4 期；姜媛媛：《边疆贫困女大学生心理问题分析及对策研究》，《科技信息》（基础理论研讨）2010 年第 24 期。

[3] 宋秀岩：《新时期中国妇女社会地位调查研究》（下卷），中国妇女出版社，2013，第 709 页；梅盈盈：《高校贫困女大学生心理失衡问题干预》，《安庆师范大学学报》（社会科学版）2019 年第 5 期；韩旭、任锋、桑骞、田鑫、于成伟：《"90 后"贫困女大学生的心理问题分析及对策》，《科技经济导刊》2016 年第 17 期。

问题，表现出对未来的迷茫情绪，缺少明确的职业发展规划，往往选择风险较小、稳定性较高的工作，且创业意愿较低，总体来说，缺乏就业能力。[①]

高校贫困女生面临着出生家庭对自己职业发展的过高期望和所处现实发展环境之间的巨大差异所形成的压力。事实上，贫困女生承担着父母的巨大期望，在心理健康上表现出非常明显的焦虑情绪，远高于高校普通学生的水平。现实就业市场中仍然存在着一些对女性不友好的因素，求职过程中遭遇各种或明或暗的性别歧视会进一步影响高校女生对职业追求的动力和男女性别分工的判断；造成贫困女生不利就业心理的原因除了家庭过高的期望、社会的性别歧视之外，还有获得的经济支持较少、自身心理调节能力差、就业保障制度缺失、学校就业指导工作滞后、学生就业期望值较高等方面，尤其是少数民族贫困女生就业更为困难。另外，贫困女生更缺乏精准的就业指导，以及更好的师资力量。[②]

（二）关于社会支持研究

社会支持经历了从萌芽、兴起到繁荣的发展阶段。20 世纪初，迪尔凯姆在《自杀论》中对个人、社会联结和自杀原因的研究被认为是社会支持研究的开端。20 世纪 70 年代是研究兴起阶段，精神病学首先将社会支持作为学术概念引入其中，随后社会支持被引入社会学研究领域。20 世纪 80 年代学术界提出正式社会支持和非正式社会支持的分类方法，社会支持研究开始走向繁荣。[③]

从概念上来看，社会支持是个体或群体获取资源的有效途径，是一种以个体或群体为中心，由人际交往与社会互动关系构成的资源结点，它表现为情感、物质、信息、行为等多种手段，既可以是从不同互动过程中获

---

① 王海明、邵晶：《当前贫困女大学生的就业心理障碍及调适》，《教育与职业》2016 年第 17 期；宋秀岩：《新时期中国妇女社会地位调查研究》（下卷），中国妇女出版社，2013，第 696 页；曹国志、陶鑫：《精准帮扶视角下贫困女大学生就业指导问题研究》，《安徽文学》（下半月）2016 年第 11 期；李丽、沈艳梅：《提升贫困女大学生就业能力研究——以理工科高校为例》，《知与行》2016 年第 3 期。

② 宋秀岩：《新时期中国妇女社会地位调查研究》（下卷），中国妇女出版社，2013，第 694~696 页；王海明、邵晶：《当前贫困女大学生的就业心理障碍及调适》，《教育与职业》2016 年第 17 期；王文娟：《贫困女大学生的就业困境和出路》，《高校辅导员学刊》2009 年第 1 期；曹国志、陶鑫：《精准帮扶视角下贫困女大学生就业指导问题研究》，《安徽文学》（下半月）2016 年第 11 期；谭忠秀：《少数民族贫困女大学生就业困难原因及对策分析》，《中国成人教育》2015 年第 15 期。

③ 李丽霞、庞云：《"社会支持理论"对教育技术研究的启示》，《才智》2019 年第 29 期。

得的亲密关系，也可以是其外部可利用的主客观资源，[①] 体现了人类的社会性特征。[②] 根据 Lee 的说法，社会支持可以帮助个人建立社会联结，获得资源，对抗孤独。[③] Cohen 和 Wills 不仅强调重要他人的重视、关爱和持续的信任等情感性支持，而且注重引导、协助、有形支持与解决问题的行动等工具性支持。社会支持在为人们赢得主客观资源和内外部支持、与社会建立联结、促进社会化发展方面具有重要作用。[④]

1. 社会支持理论和实证研究

（1）社会支持的功能

获得社会支持不仅对个人有益，对社会和谐也具有维护作用。[⑤] 社会支持可以被看作任何社会关系的功能面向，包括对他人尤其是个人的帮助和保护，通常展现出互惠关系。[⑥] 对于个人来说，拥有高度社会支持的人通常更健康、更快乐，其原因在于社会支持与身体健康、心理健康均存在积极的关联。[⑦] 同时，获得更多的社会支持有助于降低死亡率[⑧]，更好地

[①] 谭敏：《社会支持理论在教育研究中的应用》，《教育评论》2019 年第 3 期。

[②] 赵仲杰、郭春江：《社会支持理论视阈下农村失独家庭困境应对策略——基于川渝两地的调研》，《理论月刊》2020 年第 1 期。

[③] Lee. C. S., Goldstein. S. E., Dik. B. J., Rodas. J. M., "Sources of social support and gender in perceived stress and individual adjustment among Latina/o college-attending emerging adults." *Cultural Diversity and Ethnic Minority Psychology* 26 (2020): 134 – 147, https://doi. org/10. 1037/cdp0000279.

[④] Cohen. S., Wills. T. A., "Stress, social support, and the bufering hypothesis." *Psychological Bulletin* 98 (1985): 310 – 357, https://doi. org/10. 1037/0033 – 2909. 98. 2. 310.

[⑤] Brown. S. L., Nesse. R. M., Vinokur. A. D., Smith. D. M., "Providing social support may be more beneficial than receiving it: Results from a prospective study of mortality." *Psychological Science* 14 (2003): 320 – 327. Liang. J., Krause. N. M., Bennett. J. M., "Social exchange and well-being: Is giving better than receiving?" *Psychology and Aging* 16 (2001): 511 – 523.

[⑥] Pernille. D., Holstein. B., Lund. R., Modvig. J., Avlund. K., "Social relations: Network, support and relational strain." *Social Science & Medicine* 48 (1999): 661 – 673. Langford. C., Bowsher. J., Maloney. J. P., Lillis. P. P., "Social support: A conceptual analysis." *Journal of Advanced Nursing* 25 (1997). : 95 – 100. Offer. S., "The burden of reciprocity: Processes of exclusion and withdrawal frompersonal networks among low-income families." *Current Sociology* 60 (2012): 788 – 805.

[⑦] Fratiglioni. L., Want. H., Ericcson. K., Mayyton. M., Winblad. B., "Influence of social network on occurrence of dementia: A community based longitudinal study." *The Lancet* 355 (2000): 1315 – 1319. Thoits. PA, "Mechanisms linking social ties and support to physical and mental health." *Journal of Health and Social Behavior* 52 (2011): 17.

[⑧] Brown. S. L., Nesse. R. M., Vinokur. A. D., Smith. D. M., "Providing social support may be more beneficial than receiving it: Results from a prospective study of mortality." *Psychological Science* 14 (2003): 320 – 327.

应对疾病、创伤和逆境，包括术后恢复、产后修复、重大疾病预防、心理病症预防等。① 社会支持对于人在社会中的成长生存与发展具有重要的功能。

（2）社会支持的分类

社会支持分类最早由 House 提出，强调社会支持的功能性，主要包括情感支持、行动和物质支持、信息支持与评估支持。② 其中，情感支持指爱、关怀、尊重、鼓励、同情等情感的表达；行动和物质支持指在具体问题上提供行动上的帮助或物质上的支持；信息支持指提供事实或建议以更好地解决问题；评估支持是指对他人的反馈以及行动上的指导，有助于自我评估。在更广泛的意义上来说，社会支持可以被分为三个层次：社会嵌入性、感知支持和实际支持。社会嵌入性指与家人、亲戚、朋友等之间的联系，重视情感上的依赖和主要人际关系的维护；感知支持强调与他人相联系的认知，表示人们相信在需要时可以获取充分的支持；实际支持与感知支持相反，体现的是已经实际给予的支持。③

后来的学者对社会支持进行了不同侧重的分类表达，例如，Caltabiano

---

① Lang. F. R. , "Regulation of social relationships in later adulthood. " *Journals of Gerontology Series B: Psychological Science and Social Sciences* 56 （2001）: 321 – 326. Cohen, S. , Gottlieb, B. H. , & Underwood, L. G , "Social relationships and health. " in S. Cohen, L. G. Underwood, & B. H. Gottlieb （Eds. ）: *Social support measurement and intervention.* New York: Oxford University Press, 2000, 3 – 25. Alferi. S. M. , Carver. C. S. , Antoni. M. H. , Weiss. S. , Duran. R. E, "An exploratory study of social support, distress, and life disruption among low-income Hispanic women under treatment for early stage breast cancer. " *Health Psychology* 20 （2001）: 41 – 46. Taylor, S. E. , "Social support. " in H. S. Friedman & R. C. Silver （Eds. ）: *Foundations of health psychology.* UK: Oxford University Press, 2007, 145 – 171. Rodriguez. C. J. , Burg. M. M. , Meng. J. , Pickering. T. G. , Jin. Z. , Sacco. R. L, Di Tullio. M. R. , "Effect of social support on nocturnal bloodpressure dipping. " *Psychosomatic Medicine* 70 （2008）: 7 – 12. Stice. E. , Ragan. J. , Randall. P. , "Prospective relations between social support and depression: Differential direction of effects for parent and peersupport?" *Journal of Abnormal Psychology* 113 （2004）: 155 – 159.

② House. J. S. , *Work stress and social support.* Reading, MA: Addison-Wesley, 1981, 1 – 156.

③ Barrera. M. , "Distinctions between social support concepts, measures, and models. " *American Journal of Community Psychology* 14 （1986）: 413 – 445. Heller, K. , & Swindle, R. W. , "Social networks, perceived social support, and coping with stress. " in R. D. Feiner, L. A. Jason, J. N. Moritsugu, & S. S. Farber （Eds. ）, *Preventive psychology: Theory, research and practice.* New York: PergamonPress, 1983, 87 – 103. Zimet. G. D. , Dahlem. N. W. , Zimet. S. G. , Farley. G. K, "The multidimensional scale of perceived social support. " *Journal of Personality Assessment* 52 （1988）: 30 – 41. Bearman. K. J. , La Greca. A. M. , "Assessing friend support of adolescents' diabetes care: The diabetes social support questionnaire-friends version. " *Journal of Pediatric Psychology* 27 （2002）: 417 – 428.

等人将社会支持分为情感支持、有形或实际支持、信息支持、尊重支持和网络支持;[①] Sarafino 认为社会支持的功能应包括情感/自尊支持、有形支持、信息支持和社交支持;[②] 朱考金、刘瑞清按照社会支持的来源,将社会支持分为来自政府、群众组织等的正式社会支持和来自父母、朋友等的非正式社会支持。[③] 整体来看,情感支持和实际支持的作用最为突出[④],其他类别的社会支持可以被归入这两类,比如信息支持可以看作实际支持,通过给予相关资料、事实和建议帮助解决问题;尊重和评估支持可以成为情感支持的一部分,对他人的称赞、反馈和尊重都有助于推动心理上的转变。可以说,人们或是通过关注他人的情感和心理提供帮助,或是直接提供实际帮助。[⑤]

（3）贫困与社会支持

有学者对社会支持与贫困间的关系进行了研究,发现贫困家庭不仅需要政府的支持,而且需要朋友和社区等的支持,以相互填补,形成更大的支持效应。[⑥] 因此,参与社会网络、经营社会关系,是获得社会支持的重要前提,个人社会网络的大小和凝聚力以及个人的重要程度直接影响着获得各类社会支持的程度。[⑦] 这也体现着社会支持的结构性。

缓解或消除贫困首先就要建立一定规模的社会网络,不仅包括非正式的支持主体,政府等正式的支持主体也具有很大的效力。对于较大范围的地区来说,外援可以有效地推动贫困人口的减少,促进区域整体的正向转

---

① Caltabiano. M. L., et al, *Health psychology: Biopsychosocial interactions, An Australian perspective.* Brisbane, Australia: Wiley, 2002, 1 - 776.

② Sarafino. E. P., *Health psychology: Biopsychosocial interactions.* Hoboken, NJ: Wiley, 2006, 1 - 566.

③ 朱考金、刘瑞清:《青年农民工的社会支持网与城市融入——以南京为例》,《青年研究》2007 年第 8 期。

④ Declercq. F. D. R., Vanheule. S., Markey. S., Willemsen. J., "Posttraumatic distress in security guards and the various effects of social support." *Journal of Clinical Psychology* 63 (2007): 1239 - 1246.

⑤ Semmer. N., Elfering. A., Jacobshagen. N., Beehr. T., Boos. N., "The emotional meaning of social support." *International Journal of Stress Management* 15 (2008): 235 - 251.

⑥ Henley. J. R., Danziger. S. K., Offer. S., "The contribution of social support to the material well-being of low-income families." *Journal of Marriage and Family* 67 (2005): 122 - 140.

⑦ Thoits. P. A., "Mechanisms linking social ties and support to physical and mental health." *Journal of Health and Social Behavior* 52 (2011): 17.

变。① 过去的援助主要为粮食援助，随着区域发展，援助方向也发生了转变，更贴近特定的公共支出部门，包括基础设施、健康、教育、农业等。②

此外，许多研究是针对高校贫困学生开展的。如对受助贫困生群体的社会支持、自尊与主观幸福感及三者之间关系的研究，表明受助贫困生的主观幸福感与社会支持和自尊分别存在不同程度的显著正相关关系，社会支持、自尊和朋友支持对主观幸福感有显著的正向预测作用。③ 研究社会支持对高校贫困学生职业生涯规划的影响，显示其存在显著的正向预测作用。④ 因此，需要综合社会资源，为贫困学生提供适合发展的社会支持。

（4）贫困学生社会支持量表研究

很多研究表明，高校贫困学生在心理、就业和能力等方面需要社会支持。⑤

有学者研究了高校贫困学生的人格特征、社会支持和心理健康的关系，发现高校学生的社会支持和人格特征对于高校贫困学生的心理健康存在很大的影响，因此，要重视关注高校贫困学生的心理状态，促进他们的健康发展。⑥ 还有学者研究发现社会支持与大学生的社会幸福感正向相关，社会支持与大学生的生活满意度正向相关，社会支持与大学生睡眠质量直接正向相关，并且可以通过降低焦虑和担忧而间接提高睡眠质量，社会支持正向影响贫困大学生的心理健康，自杀未遂大学生相比其他大学生社会支持

---

① Sachs. J. , *The end of poverty*：*Economic possibilities for our time.* New York：The Penguing Press，2005，112 – 117.

② Mawdsley. E. , Murray. W. E. , Overton. J. , Scheyvens. R. , Banks. G. , "Exporting stimulus and 'shared prosperity'：Reinventing foreign aid for a retroliberal era." *Development Policy Review* 36（2018）：25 – 43.

③ 陈飞：《受助贫困生社会支持、自尊与主观幸福感的关系研究——基于福建地区 6 所高校的实证研究》，《福建师大福清分校学报》2019 年第 1 期。

④ 蔡静、程竹鑫：《贫困大学生社会支持与职业生涯规划的关系：自我效能感的中介作用》，《社科纵横》2018 年第 8 期。

⑤ 赵立莹、刘蕾：《觉醒中的迷茫：当前女大学生发展障碍实证研究》，《中华女子学院学报》2009 年第 3 期；朱志明、蓝邱勇：《贫困大学生人格特征和自我效能感的关系研究》，《中国青年研究》2008 年第 12 期；张长伟：《高校贫困生人际交往障碍的个案研究》，《中国青年政治学院学报》2005 年第 5 期；贺金莲、陈晓飞：《治理高校贫困生"贫困循环"的新视角》，《中国青年研究》2020 年第 7 期；女大学生就业状况与问题调研课题组：《新形势下女大学生就业的状况、问题与对策》，《妇女研究论丛》2018 年第 2 期；佟新、梁萌：《女大学生就业过程中的性别歧视研究》，《妇女研究论丛》2006 年第 S2 期；王文娟：《贫困女大学生的就业困境与出路》，《高校辅导员学刊》2009 年第 1 期。

⑥ 李珊婷：《贫困大学生的人格特征、社会支持和心理健康的关系》，《科学大众》（科学教育）2018 年第 7 期。

较差等。①

在这些研究中所使用的社会支持量表主要包括，肖水源等编制的社会支持评定量表（SSRS），叶悦妹、戴晓阳编制的大学生社会支持量表和姜乾金编制的领悟社会支持量表（PSSS）。② 其中前两个量表将社会支持分为主观支持、客观支持和支持利用度三个维度。主观支持反映被测者主观感受到自己被尊重、支持、理解的情感体验和满意程度；客观支持反映被测者认为自己实际得到的支持，包括直接援助和社会关系方面；支持利用度反映被测者对社会支持的利用程度。姜乾金的量表则是基于被测者主观所感知、体验到的社会支持。与之相对的客观支持是指客观的、实际的或可见的支持。其理论依据依然是将社会支持分为主观与客观支持两大类。领悟社会支持量表共有两个维度，分别是家庭内支持和家庭外支持。在实际条目上，叶悦妹等编制的大学生社会支持量表的主观支持分量表在条目语句方面实际呈现为"同学、朋友"支持，而客观支持分量表呈现为"家人、亲友"支持。上述量表在维度区分上不是特别清晰和明确，支持结构与支持载体没有进行明确区分。当采用自评量表时，很难区分主观和客观支持。从这个角度说，姜乾金的量表更易于解释，量表构成仅通过支持载体进行区分。这些量表测量的都是一般社会支持，其中肖水源的量表考虑到了社会支持网络中的人数，而其他量表均为李克特量表。

通过文献回顾可以发现，针对高校贫困学生的社会支持研究尚不充分，且高校贫困学生在心理、就业和能力等方面需要加强社会支持。以往研究偏重心理健康方面，用到的社会支持量表测量均为一般社会支持，无法满

---

① 姚若松、郭梦诗：《社会支持对大学生社会幸福感的影响——希望的中介作用》，《心理学探新》2018 年第 2 期；梁群君、武碧云、林妙莲、李放、郑雪：《毕业生未来时间洞察力对主观幸福感的影响：社会支持和职业决策自我效能感的多重中介效应》，《中国临床心理学杂志》2017 年第 6 期；冯志远、万鹏宇、黄琴、黄霞妮、徐明津、杨新国：《大学生社会支持、心理韧性、网络欺负及生活满意度的关系研究》，《中国健康教育》2016 年第 1 期；郭素然、吴思为、冯晓伟：《大学生社会支持对睡眠质量的影响：多重中介模型的检验》，《心理科学》2014 年第 6 期；杨静：《社会支持在贫困大学生父母养育方式与心理健康间的中介作用》，《中国学校卫生》2016 年第 7 期；吕臻、艾明、况利、陈建梅、牛雅娟、费立鹏：《重庆市自杀未遂大学生的自杀态度和社会支持系统的调查》，《重庆医学》2014 年第 26 期。

② 肖水源、杨德森：《社会支持对身心健康的影响》，《中国心理卫生杂志》1987 年第 4 期；叶悦妹、戴晓阳：《大学生社会支持评定量表的编制》，《中国临床心理学杂志》2008 年第 5 期；唐海波、蒲唯丹、姚树桥：《领悟社会支持与成人依恋对焦虑的作用机制研究》，《中国临床心理学杂志》2009 年第 3 期。

足高校贫困生这一群体的特殊需要。而且，社会支持评定量表（SSRS）和领悟社会支持量表（PSSS）均不是专门针对高校学生编制的，而叶悦妹等编制的大学生社会支持量表又只涉及非正式社会支持，没有涉及正式社会支持。通过这些量表去评价高校贫困生的社会支持系统所得到的结论具有相当的局限性。因此，非常有必要编制专门的高校贫困学生社会支持量表，针对这一群体的社会支持系统进行研究。

2. 高校学生及贫困学生的社会支持研究

以往的国内外文献从国家支持、政策支持、法律支持、观念支持、专业支持、能力支持、心理支持、就业支持、榜样支持、学校支持、群体支持、家庭支持等方面对高校学生及贫困学生的社会支持进行了全面研究。

（1）国家支持

以国家助学金、国家助学贷款、国家奖学金、国家励志奖学金等为主要内容的国家新资助体系，在经济上较好地解决了贫困学生的后顾之忧，充分发挥了鼓励贫困学生刻苦学习、奋发向上的积极作用，为高校提供了更为良好的育人环境。全国学生资助管理中心公布的《2018年中国学生资助发展报告》显示，2018年，政府、高校及社会设立的各项高校学生资助政策共资助全国普通高等学校学生4387.89万人次，资助资金1150.30亿元，比2017年的1050.74亿元增长9.5%，比2008年的293.7亿元增长2.92倍。2018年秋季学期，通过"绿色通道"入学的家庭经济困难学生为125.80万人，占当年报到新生总人数的14.70%。其中，在本专科教育阶段，建立了国家奖学金、国家励志奖学金、国家助学金、国家助学贷款、基层就业学费补偿贷款代偿、应征入伍国家资助、师范生公费教育、新生入学资助、退役士兵学费资助、勤工助学、校内奖助学金、困难补助、伙食补贴、学费减免及新生入学"绿色通道"等相结合的资助政策体系。在研究生教育阶段，建立了研究生国家奖学金、国家助学金、学业奖学金、"三助"岗位津贴、国家助学贷款、基层就业学费补偿贷款代偿、应征入伍国家资助、校内奖助学金及新生入学"绿色通道"等相结合的资助政策体系。①

2008年以来，教育部、人社部和全国妇联共同开展了高校女生创业导

---

① 信息来源：全国学生资助管理中心，http://www.xszz.cee.edu.cn/index.php/shows/70/3716.html，从2008年开始全国学生资助中心不再公布家庭经济困难学生数量，只公布通过"绿色通道"贫困学生数。"绿色通道"，即对被录取入学、经济困难的新生，一律先办理入学手续，然后再根据核实后的情况，分别采取措施予以资助。

师行动以及创业扶持行动，现在全国已经创建了高校女生实践基地 6000 多个，帮助了一大批高校女生提高创业就业能力，实现创业就业。同时，国家还出台了妇女小额担保贷款贴息的财政政策，为有创业意愿的高校女生提供贷款。为了进一步贯彻落实人力资源和社会保障部、教育部等六部门《关于实施 2010 高校毕业生就业推进行动大力促进高校毕业生就业的通知》（人社部发〔2010〕25 号）要求，引导高校女生创业，全国妇联妇女发展部、教育部高校学生司、人力资源和社会保障部就业促进司以及中国女企业家协会决定，共同组织实施"高校女生创业扶持行动"，为高校女生自主创业提供支持和指导服务。① 对于高校贫困女生的就业创业支持也在其中。

（2）政策支持

学界提出目前我国具有高校贫困学生社会支持与社会保障的社会政策，并形成了资助体系。

沈炜认为，大学贫困生的社会支持与社会保障体系作为一种社会政策，是在社会主义市场经济条件下建立健全社会主义社会保障制度的实践与探索。减免学杂费是一种既有直接资助性质，又有"间接资助"性质的社会支持与社会保障方法。贷学金制度的实施，是对大学贫困生社会支持与社会保障的一个突破。贷学金比助学金公平，同时能较好地培养学生的社会责任感。②

孟国忠提出我国已制定了一系列资助高校贫困学生的政策、制度和措施，初步建立起奖学金、助学贷款、勤工助学、国家助学金、临时困难补助、学费减免等贫困大学生资助体系。③ 国家财政在高校贫困学生资助项目上逐年增加，覆盖面不断扩大，对贫困大学生的经济压力有一定的缓解。然而，我国高校贫困学生的数量比较多，政府现有的一些政策，如国家助学贷款及国家助学金、国家奖学金、国家励志奖学金等，对于众多的贫困学生来说仍是杯水车薪，有相当数量的贫困学生难以得到及时的资助。因此，政府应不断完善各种资助贫困学生的制度，包括勤工助学制度，鼓励个体、企业、社会团体资助贫困生，扶助贫困学生家庭脱贫等，缓解贫困学

---

① 宋秀岩：《新时期中国妇女社会地位调查研究》（下卷），中国妇女出版社，2013，第 725 页。
② 沈炜：《转型期背景下贫困大学生的社会支持与社会保障》，《华东理工大学学报》（社科版）2001 年第 2 期。
③ 孟国忠：《社会支持视域下贫困大学生发展型资助体系的构建》，《中国成人教育》2017 年第 15 期。

生的物质贫困，为贫困学生提供坚强的政策支持。①

张建奇指出我国已建立起"奖、贷、助、补、减、免、缓"等基本助学体系。② 虽然已经帮助了很多高校贫困学生完成大学学业，但仍存在很多不足。在贫困生身份的确定方面，贫困生的定义还很模糊，各界对于贫困生的测量方式也不相同，因此要建立科学的贫困生评定体系。对此，姜红仁等认为贫困生的确定方法应由仅凭贫困证明确定改为班级、学院、学校三级评定，通过层层评定、层层公布的方式来科学界定贫困生身份。③

陈飞则认为我国目前已建立了以国家奖助学金、生源地助学贷款、校内奖助学金、勤工助学、困难补助、学费减免等"全方位、全过程、全覆盖"的多元化资助体系，为家庭经济困难学生顺利完成学业提供了强有力的保证。④ 另外，社会支持系统能否运行，与各种非政府组织和群体的参与密切相关，如亲属、朋友、学校、工会、共青团等非正式支持主体。此外，有学者通过研究发现高校贫困女生更容易出现对国家贷款过度需求的问题，这会使高校贫困女生承担更多的风险，因此，需要通过培养风险意识，完善国家有关助学贷款的相关政策，以解决助学贷款过度需求的问题。⑤ 而且，高校贫困女生所受资助存在着一些问题，包括认定的标准落后、主体意识培养不深入、就业指导帮扶力度不足、心理健康教育不足等。需要通过改进标准，搭建帮扶平台、培养主体意识并且提供充足的心理健康教育等措施来解决。⑥

（3）法律支持

《中华人民共和国高等教育法》规定，家庭经济困难的学生，可以申请补助或者减免学费；国家设立高等学校学生勤工助学基金和贷学金，并鼓励高等学校、企业事业组织、社会团体以及其他社会组织和个人设立各种形式的助学金，对家庭经济困难的学生提供帮助。但是总体而言，目前国

---

① 潘清泉：《不同社会支持源对贫困大学生心理健康的影响》，《教育与职业》2007年第36期。
② 张建奇：《1983年以来我国大学生资助的演变》，《现代大学教育》2003年第1期。
③ 姜红仁、余柏英：《我国贫困生政策中的几个导向问题》，《黑龙江高教研究》2004年第11期。
④ 陈飞：《受助贫困生社会支持、自尊与主观幸福感的关系研究——基于福建地区6所高校的实证研究》，《福建师大福清分校学报》2019年第1期。
⑤ 于基伯、朱学义、顾冬玲：《国家助学贷款过度需求违约风险分析与管理——基于江苏省8所高校的调查》，《会计之友》2020年第1期。
⑥ 董林：《精准资助视阈下福建高校贫困女大学生资助问题研究》，《福建师大福清分校学报》2017年第6期。

内对于高校贫困生所制定的法律很少，缺乏专业的法律支持，贫困生的法律支持程度薄弱。国内关于贫困生法律支持的研究大多为将国内与国外的法律支持进行对比，再根据本国的具体国情，提出相应的法律方案。谭伟认为有必要加快帮困助学专项立法的进程，制定一部专门的"帮困助学法"，为高校帮困助学工作的开展提供制度性的法律保障。① 马翠英等认为应建立健全我国资助立法体系并设立专门管理助学金的机构，确保国家教育权和贫困生受教育权的实现，推进资助工作规范化、法律化②。因此，整体来看，国内的贫困生法律支持体系还需要进一步完善，以期为贫困生提供良好的教育和就业环境。

（4）观念支持

第三期中国妇女社会地位调查表明，和同样接受高等教育的男性相比，高校女生的社会性别观念也日趋理性、平等、先进。一方面，她们更多地反对传统社会性别观念对女性角色的束缚和压抑，表现出更强的追求男女平等和社会成就的意愿；另一方面，她们意识到现实环境的多重压力，愿意为成功付出更多的努力。但是社会性别观念环境对女生并不友好和支持。社会和家庭中传统的社会性别观念依然存在。尤其是我国高校中还存在教师社会性别观念发展不均的现象，在课堂内外仍然存在一些针对女性的"冷漠氛围"，部分教师仍然在潜意识中排斥女性进入传统男性主导的专业或领域，或是对女性的发展和研究能力持漠视、冷淡的态度，在一定程度上导致部分女生认为教师对自己不够重视，从而会进一步影响其从事科学研究和专业发展的积极性。③

（5）专业支持

现有的社会支持路径相对单一，因此，需要专业的人员提供支持，包括法律、心理和社会工作等专业的支持。本研究则聚焦于社会工作专业支持。

有学者认为专业机构应该配备专业人员，如社会工作者，让社会工作者协调贫困学生的各种网络关系，形成解决贫困学生问题的合力。④ 为了更

---

① 谭伟：《新时期高校帮困助学工作法治化的思考》，《邯郸职业技术学院学报》2008 年第 3 期。
② 马翠英、史长军：《依据国外及本国国情对高校贫困生资助体系的思考》，《学理论》2013 年第 2 期。
③ 宋秀岩：《新时期中国妇女社会地位调查研究》（下卷），中国妇女出版社，2013，第 722～724 页。
④ 张长伟：《高校贫困生的正式社会支持网络探析》，《河南师范大学学报》（哲学社会科学版）2007 年第 4 期。

好地推动对贫困学生的社会支持，社会工作者要具备专业理念，坚持助人自助的观念，运用个案、小组、社区等专业方法来切实解决贫困生问题。

还有学者提出要建立贫困女生社会支持和社工干预体系。肖群鹰等人对高校贫困女生社会支持网的调查表明，高校贫困女生的社会支持利用情况不好，不仅规模小，而且存在大量隔离人群。[①] 针对这一现状，应该着重强调通过个案工作等方式对其进行主体意识建立的救助及自我赋权，建立自助型社会支持网络；利用团体工作手法，帮助高校贫困女生群体建立互助型社会支持网络；采用社区工作手法，帮助高校贫困女生建立拓展型社会支持网络。[②]

（6）能力支持

自我决定理论认为能力需要（Competence Need）是人的三种最基本的心理需求之一。能力需求被满足，内在动机增强。吴兰岸认为能力支持包括以下含义，一是为学习者提供学习者胜任的、最佳的挑战任务，努力帮助学习者进入"自我胜任感"的状态；二是帮助学习者提高自身的能力、满足学习者的能力需求。能力支持的目的是帮助学习者的学习动机内化、使其进入自我决定的精神状态，以提高学习者的学习满意度、持续性和学习效果。实验证明，能力支持对于学习者学习的满意度和学习持续性有显著意义，呈现正相关。在学习型社会或组织中，能力支持更加具有重要意义和应用价值。[③]

顾正刚提出支持能力是为专业知识、专业技能及综合应用（上岗）能力提供能力支持平台，通过工作能力支持平台进行学生的个性化培养及提供后续工作能力的支持，以达到培养"懂知识、精技能、高素质"的应用性人才的目的。因此，能力支持对于高校学生培养至关重要。[④]

针对高校女生实践创新能力和心理抗压能力较弱等特点，学校应积极展开应对。如树立女性人才榜样，开设女性心理知识讲座，设立专门鼓励高校女生科技创新的知识竞赛和项目资助，鼓励高校女生增强自主学习、

① 肖群鹰、刘慧君、班理：《贫困女大学生社会支持网络调查分析》，《高教探索》2007年第5期。

② 肖慧欣、林修全、黄萌、廖震华、刘芳：《高等医学院校贫困女大学生社会支持状况调查及干预》，《南京医科大学学报》（社会科学版）2013年第3期。

③ 吴兰岸：《学习型组织能力支持对学习满意度及持续性影响研究》，《南方论刊》2013年第5期。

④ 顾正刚：《高等职业技术人才培养模式实践和研究》，《计算机与信息技术》2007年第5期。

积极创新、实践操作等综合能力。此外，良好的身体素质是人才未来发展的重要基础。针对高校女生对体育锻炼认识不足、参与度不够的特点，学校应根据高校女生的身体特点和兴趣爱好，开展多样化的体育锻炼活动，培养高校女生强身健体的意识，积极引导她们参与到丰富多样的集体锻炼项目和娱乐活动中，在强健身体的同时，培养良好的合作精神和积极向上的生活态度。[1]

高校贫困女生存在着诸多发展压力，对于弱势处境，可建立相应的社会支持系统。应从激励贫困生各种能力充分发展出发，优化其健康成长的教育机制和发展空间，从而有效提升其综合成长力和社会化水平。[2]

（7）心理支持

有研究表明高校贫困学生社会支持的各项分数均低于非贫困生，并且社会支持总分、对支持的利用度差异达到显著水平和非常显著水平，贫困生获得的社会支持更低，而且女生的心理健康水平低于男生，女生的心理更脆弱和敏感，他们更在乎和注重外在环境的变化和影响，因此，女生在利用社会支持途径缓解心理压力方面会更弱一些。[3] 因此，要做好高校贫困女生的资助工作、建立完善的心理咨询机制、营造和谐的校园氛围。[4]

社会支持与大学生心理健康的相关分析证实，学生获得社会支持越少，其心理健康问题越多；反之亦然。[5] 程利娜在定量研究中认为，社会支持一方面为应激状态下的个体提供保护，即对应激起缓冲作用；另一方面对维持一般的良好情绪体验具有重要意义，社会支持这种心理保健功能已得到公认。[6] 还有关于社会支持对主观幸福感影响的研究，浦玲研究了南京两所大学中贫困学生的社会支持和主观幸福感，建立了一个总体幸福感逐步回归方程，社会支持和支持利用进入方程，解释了22.8%的变量差异，说明

---

① 宋秀岩：《新时期中国妇女社会地位调查研究》（下卷），中国妇女出版社，2013，第727～728页。

② 陈巧玲：《贫困女大学生发展压力与社会支持研究——以福州地区高校为例》，硕士学位论文，福建师范大学，2006；黄莺、周明宝：《贫困大学生的社会化及成长力研究》，《中国高教研究》2010年第3期。

③ 李美英：《贫困女大学生心理健康状况初探》，《中国农业大学学报》（社会科学版）2004年第2期。

④ 韩旭、任锋、桑骞、田鑫、于成伟：《"90后"贫困女大学生的心理问题分析及对策》，《科技经济导刊》2016年第17期。

⑤ 王雁飞：《社会支持与身心健康关系研究述评》，《心理科学》2004年第5期。

⑥ 程利娜：《高校贫困生社会支持与心理健康及其人格特征的相关研究》，《中国健康心理学杂志》2007年第10期。

社会支持在高校贫困生主观幸福感体验中起着重要作用。[①] 李福军、施听强、王平对贫困大学生生活事件、主观幸福感与社会支持之间的关系做了研究，认为生活事件和社会支持对贫困生的主观幸福感有重要影响，贫困生面临的负性生活事件越多，其主观幸福感水平越低；社会支持各方面都与积极情感呈现极为显著的正相关，尤其是支持利用度在对主观幸福感进行预测中的作用最大，其解释了总体主观幸福感变化的 12.5%，并可有效预测幸福感的各个维度。[②] 李珊婷、陈飞等学者也通过分析社会支持与高校贫困学生心理状况、幸福感间的关系，表明社会支持对高校贫困学生心理健康有着重要影响，同时社会支持对主观幸福感有显著的正向预测作用。[③] 总体来看，这些研究的结果均表明，高校贫困学生的社会支持对主观幸福感有着比较强的预测作用，社会支持越多，主观幸福感就越强。[④]

（8）就业支持

对于高校贫困学生的就业状况，周付林等人总结主要体现为就业需求与实际结合不紧，就业素养的提升力度需进一步加强；就业环境严峻，贫困生就业支持平台有待进一步发展；就业机会不足，贫困生就业支持机制有待进一步改善。[⑤] 张革华、陈德明在分析贫困大学生就业问题的基础上，提出通过建立贫困大学生就业的合力机制与长效机制，从观念、物质、政策、心理、渠道和开发六个方面构建起全面的贫困大学生就业支持体系。[⑥]

陈润萱认为在研究方法上，国外注重将增权理论研究与实证研究相结合，而国内对于增权理论的研究起步较晚，其理论基础以及实践模式都来自西方，更多的是将增权的相关理论和模型应用到提升弱势群体上，而忽视了社会结构和政策的变革。[⑦] 因此，目前还需从社会支持视角出发系统研

---

① 高强：《断裂的社会结构与弱势群体构架的分析及其社会支持》，《天府新论》2004 年第 1 期。
② 李福军、施听强、王平：《贫困大学生主观事件、社会支持幸福感与生活支持的关系》，载王建中、金宏章主编《高校心理健康新进展——全国第十届高校心理健康教育与心理咨询学术交流会论文集》第 2 辑，吉林人民出版社，2007，第 201～203 页。
③ 李珊婷：《贫困大学生的人格特征、社会支持和心理健康的关系》，《科学大众》（科学教育）2018 年第 7 期；陈飞：《受助贫困生社会支持、自尊与主观幸福感的关系研究——基于福建地区 6 所高校的实证研究》，《福建师大福清分校学报》2019 年第 1 期。
④ 黎春娴：《我国高校贫困生社会支持研究综述》，《漳州师范学院学报》（哲学社会科学版）2010 年第 3 期。
⑤ 周付林、彭恩胜：《社会支持视阈下对高校贫困大学生就业支持的探究》，《中共山西省直机关党校学报》2017 年第 1 期。
⑥ 张革华、陈德明：《大学生应树立正确的择业观》，《前沿》2005 年第 12 期。
⑦ 陈润萱：《贫困大学生就业增权研究》，硕士学位论文，南华大学，2017。

究高校贫困学生就业增权和政策变革问题，深入地分析贫困生就业失权及政府、社会、高校、家庭和自我原因，并建立相关社会支持机制。

培养高校贫困女生就业能力需要从提升人力资本、心理资本、社会资本着手，而提升这三类资本的具体做法主要为依托高校辅导员的思想引导和行为监督、依托就业创业机构的资源关系和沟通平台、依托心理健康中心的团体辅导和个案咨询。不应该只是看到高校贫困女生的劣势，更应该挖掘其优点，发挥其优势。在应对就业性别歧视时，高校贫困女生要发挥主体性，积极采取行动，而不是保持沉默。需要加大政府对高校贫困女生的支持、提高其创业的意愿，并改变社会上现有的性别歧视状况。①

（9）榜样支持

邹苏认为榜样支持是培养大学生自觉遵守道德规范，形成具有时代精神大学生风范的重要方法和有效手段，也是增强高校大学生活力和凝聚力、提高大学生素质的重要途径。② 除了意识到榜样力量的重要性以外，选择什么样的人成为自己的榜样以及如何选择榜样都是十分重要的。在树立典型、倡导学习榜样的同时，还应该正确处理学榜样与做凡人之间的关系。对良好的榜样行为应给予积极的强化。榜样行为的强化应与榜样的实践性结合。③ 不同类别的榜样应该给予不同的激励与支持。张锡钦认为精神帮扶与榜样力量需要相互依靠，正确引导恰当地运用榜样力量对学生进行人格培养，不仅能够调动学生的积极性，还能使教育具有导向，使榜样力量潜移默化地影响学生德行；因此，将榜样教育贯穿于高校扶贫助困工作中，从现实的社会榜样和校园中找到合适的榜样目标，学习榜样的优秀人格和高尚德行，有利于学生在大学阶段不断完善自己和成长。④

（10）学校支持

在各类社会支持主体中，学校的作用不可忽视，学校在促进学生终身

① 李丽、沈艳梅：《提升贫困女大学生就业能力研究——以理工科高校为例》，《知与行》2016年第3期；陈方、何娜梅、秦录芳：《反思贫困女大学生就业难》，《宿州教育学院学报》2007年第6期；佟新、梁萌：《女大学生就业过程中的性别歧视研究》，《妇女研究论丛》2006年第S2期；马轶群、孔婷婷、丁娟：《贫困经历、创业动机与大学生创业意愿提升研究——基于在校大学生调查数据的实证分析》，《高教探索》2020年第1期。
② 邹苏：《高校大学生激励方法研究》，硕士学位论文，武汉理工大学，2004，第1~57页。
③ 范中杰：《论青少年榜样教育的时代特征》，《教育科学》2001年第2期。
④ 张锡钦：《论榜样激励对家庭经济困难学生的精神帮扶效果》，《药学教育》2011年第4期。

发展方面具有极大的影响①。学校的支持是多元主体共同参与形成的一个系统工程，在这一系统中，学校资助中心扮演着主导角色，承担经济支持的功能，以政策和制度设计的方式来缓和与消除学生的心理压力，鼓励高校贫困学生奋发向上、积极进取。② 近年来随着高校对贫困学生问题的关注，越来越多的高校开始建立起相对比较完善的"奖、贷、助、补、免"制度。③ 这些制度所提供的帮助，构成了贫困生经济支持的重要来源。在基于高校的社会支持中，高校贫困学生资助新体系既是一种有计划、有步骤、系统的经济支持，也是一种有力、有效、有限的支持方式。与普通学生相比，贫困生从学校、党团组织和社会团体等官方或非官方组织获得了更多的经济和解决实际问题方面的支持。其中，学校提供的经济支持成为贫困学生获得社会支持的重要来源。但是，学校能够提供的精神安慰和关心的支持相对较少。④

（11）群体支持

在社会支持系统中，同学、朋友等是重要的非正式支持来源。⑤ 随着年龄的增长和交往对象的增加，高校学生与家庭的亲密关系出现了分化，其建立与获取社会支持的能力也在变化，同伴的影响和作用日益上升，情感开始外移。高校学生除了上课外，更多的时间是和自己的同学朝夕相处，建立良好的人际关系成为高校学生生活的一个重要方面。⑥ 同学、朋友虽然不能够在物质上给贫困学生很大的帮助，但是他们的那份情意却能够给贫困学生极大的精神支持，让他们知道无论遇到什么样的困难，朋友永远在他们身边。⑦ 同学朋辈组成的非正式支持主体通过交往支持、参与支持对高

---

① LIU. W. ，"Age and gender differences in the relation between school-related social support and sub-jective well-being in school among students." *Social Indicators Research* 125 （2016）：19.

② 赵丽霞：《基于高校的社会支持对贫困大学生心理健康的塑造作用》，《福建农林大学学报》（哲学社会科学版）2011 年第 2 期。

③ 肖冬梅、白学伟：《高校贫困学生教育管理的途径和方法》，《山西警官高等专科学校学报》2007 年第 1 期。

④ 张小聪、李铁军：《对江苏高校贫困大学生社会支持状况的调查》，《江苏社会科学》2007 年第 S2 期。

⑤ Thoits. P. A. ，"Mechanisms linking social ties and support to physical and mental health." *Journal of Health and Social Behavior* 52 （2011）：17.

⑥ 孟国忠：《社会支持视域下贫困大学生发展型资助体系的构建》，《中国成人教育》2017 年第 15 期。

⑦ 陈瑜：《高校贫困生的社会支持网》，《中华女子学院学报》2005 年第 S1 期。

校贫困学生的心理给予抚慰，是贫困学生获得情感支持的重要来源，有的贫困学生甚至可以从中获取有效信息和必要的经济援助。[1] 同辈群体是贫困学生非正式支持中的重要一环，要重视同辈群体的功能。[2]

（12）家庭支持

在众多的社会支持中，家庭支持是影响范围最广、持续时间最长，也是社会支持最典型的表现。[3] 家庭是一个人的坚实后盾，是一个人安心工作或学习的重要保证。家庭可以为贫困学生提供有效的情感支持，是重要的信息、经济援助来源。[4] 石春燕等在研究中发现，从高校学生社会支持的来源上看，高校贫困学生获得最多的社会支持是来源于家庭方面的经济支持。[5] 陈瑜表示在目前社会主义市场经济体制还不够成熟、不够健全、不够完善的条件下，来自家庭的支持对大部分贫困生起着重要的作用，家庭无论是物质还是精神上的支持，对学生的影响都是极其重要的。即使它没有给予学生任何经济帮助，来自家庭的精神依托也是强大的。[6]

还有学者认为，家庭支持尤其是信息支持和家庭期望会对高校学生职业抉择自我效能产生重要影响。[7] 同时，与原生家庭的经济地位相比，家庭关系、家庭支持和父母期望对于一个人的职业发展更为重要。[8] 当父母对孩子的选择表示积极支持时，孩子会对未来充满期望，设立更高的求学目标，[9]

---

[1] Diewald. M. , *Soziale Beziehungen：Verlust oderLiberalisierung？Soziale Unterstützung in informellen Netzwerken.* Berlin：edition sigma，1991，1－358.

[2] 侯静、郭海月：《贫困大学生社会支持网络现状与构建》，《社会治理》2018 年第 3 期。

[3] Thoits. P. A. , "Mechanisms linking social ties and support to physical and mental health，" *Journal of Health and Social Behavior* 52（2011）：17.

[4] Diewald. M. , *Soziale Beziehungen：Verlust oderLiberalisierung？Soziale Unterstützung in informellen Netzwerken.* Berlin：edition sigma，1991，1－358.

[5] 石春燕、任大顺、孙志丽、姜怀宇：《贫困大学生社会支持网络的调查研究》，《黑龙江教育学院学报》2009 年第 6 期。

[6] 陈瑜：《高校贫困生的社会支持网》，《中华女子学院学报》2005 年第 S1 期。

[7] Fouad. N. A. , Cotter. E. W. , Fitzpatrick. M. E. , Kantamneni. N. , Carter. L. , Bernfeld. S. , "Developmentand validation of the family influence scale. " *Journal of Career Assessment* 18（2010）：276－291. doi：10. 1177/1069072710364793.

[8] Whiston, S. C. , Keller, B. K. , "The influences of the family of origin on career development：A reviewand analysis. " *The Counseling Psychologist* 32（2004）：493－568.

[9] McWhirter. E. H. , Hackett. G. , Bandalos. D. L. , "A causal model of the educational plans and career expectations of Mexican American high school girls. " *Journal of Counseling Psychology* 45（1998）：166－181.

拥有更大的职业抱负,[1] 发挥更高的教育自我效能。[2] 因此,为了提升高校贫困学生的自我效能感,增强其职业信心,需要注重家庭支持,通过积极反应、殷切期望、精神抚慰等行为为高校学生创造良好的家庭环境,尤其是高校贫困女生,她们的心理更为脆弱,需要家庭的积极引导。

3. 美国高校学生的社会支持研究

(1) 美国联邦政府和各州政府对高校女学生的支持政策[3]

联邦政府的佩尔助学金 (Pell grants) 在经济上的保障。20 世纪 60 年代,美国掀起了一场声势浩大的"民权运动",在民权运动的压力和当时约翰逊总统的提倡下,美国国会在 1965 年通过了旨在促进"机会均等"的《高等教育法》,该法建立了教育机会助学金,后更名为佩尔助学金。佩尔助学金是为学生提供的不需要偿还的助学金,能够使得低收入学生入读大学并完成学业而不会陷入债务困境。除此之外,还有珀金斯贷款和斯塔福德贷款,二者都是需要还款的低息贷款,加上佩尔助学金,三者并称联邦政府三大资助方式。

佩尔助学金的申请资格为,在美国并满足一般公民条件,除满足联邦学生资助申请的一般要求外,还需满足必须被一个合格的可以提供学位和证书的高校录取;必须拥有高中毕业证书,如果没有则必须通过教育部认可的考试,并显示出能从高等教育获益的能力;学生必须保持适当的学术进步;学生必须还清学生贷款,并且没有违法记录和没有受到过联邦政府或州法院的惩罚,且只在经济上有困难的全体贫困生。之后将通过家庭预期贡献 (Expected Family Contribution, EFC),即家庭能够承担的上大学所需成本,来认定学生的家庭情况。在学生完成在线的联邦学生资助申请 (Free Application for Federal Student Aid, FAFSA) 之后,教育部根据 EFC 和 FAFSA 中的信息对申请者进行认定和审核。[4]

---

[1] Flores. L. Y. , O'Brien. K. M. , "The career development of Mexican American adolescent women: A test of social cognitive theory." *Journal of Counseling Psychology* 49 (2002): 14 – 27.

[2] Raymund. P. , Garcia. J. M. , Lloyd. S. , Restubog. D. , Toledano. L. S. , Tolentino. L. R. , Rafferty. A. E. , "Differential moderating effects of student-and parent-reated support in the relationship between learninggoal orientation and career decision-making self-efficacy." *Journal of Career Assessment* 20 (2012): 22 – 33.

[3] 中华女子学院社会工作学院社会学系学生刘晋沂 2017~2018 年到合作办学的美国圣克劳德州立大学访学,收集相关资料,撰写了学年论文,指导教师为项目负责人石彤。刘晋沂:《美国低收入贫困女大学生社会支持研究》,本科学年论文,中华女子学院,2019。

[4] 孔令帅、蓝汉林:《美国高校助学金政策探析——以佩尔助学金项目为例》,《高教发展与评估》2010 年第 6 期。

2018~2019 奖励年度（2018 年 7 月 1 日至 2019 年 6 月 30 日）联佩尔奖励金额最高为 6095 美元，2019~2020 奖励年度（2019 年 7 月 1 日至 2020 年 6 月 30 日）最高为 6195 美元。学生可获得的金额取决于预期家庭贡献、入学费用（由学校根据学生的具体课程定）、全职还是兼职学生的身份，以及计划在校修学时长。虽然我国也有相应的贫困生认定工作，但是相比较之下，美国的认定和审核有法律作为保证，方法更加科学，信息系统和操作程序更加完善。

Title IX 在法律上的保证。[①] 1972 年 6 月 23 日，美国国会通过了 1972 年 Title IX（"教育修正案"第九条），"美国的任何人不得因为性别被拒绝参与、被剥夺利益或被歧视而被排除在任何教育计划或接受联邦财政援助的活动之外"。禁止联邦财政援助和提供的教育项目和活动中存在性别歧视。Title IX 颁布的近五十年来，改善了数以百万计学生获得教育的机会，确保不会因性别而剥夺妇女的受教育机会。仅在 2011 年，Title IX 就覆盖了超过 98 000 所小学和中学的 4900 万名学生，保护了超过 2000 万名高等教育学生。由于教育还和其他福利相关，例如参与劳动、增加收入、改善健康状况和增加获得医疗服务的机会，因此其益处和作用不仅仅限于学校。此外，Title IX 禁止学校因为性别而对学生有不同的对待，Title IX 允许男性和女性平等地从任何课程中受益。Title IX 对性骚扰的保护也适用于男女两性，学校必须采取行动防止校园性骚扰。[②]

自 1972 年以来，受益于 Title IX 规定的保护，妇女在教育方面取得了很大进步。2009 年，约 87% 的女性至少接受过高中教育，约 28% 的女性至少拥有大学学历，分别高于 1970 年 59% 的高中教育和 8% 的大学学历。此外，高等教育入学率女性的增长率高于男性；自 1968 年以来，25~34 岁至少拥有大学学历的女性增加了两倍多。女性毕业率较高，高中辍学率较低，参加大学预科考试的更多，并获得比男性更高的学位。Title IX 还大大扩展了女性参加体育项目的机会。

尽管 Title IX 在推进教育平等方面取得了很大进展，但在许多方面仍有待改进，以确保没有学生因为性别而被剥夺受教育的机会和福利。比如，女性学习科学和技术专业的比率低于男性；尽管女性的高等教育入学率较高，但女性的收入还不到拥有数学、物理科学、工程学和计算机科学等高

---

① Equal Access to Education: Forty Years of Title IX. *United States Department of Justice*, 2012.
② Equal Access to Education: Forty Years of Title IX. *United States Department of Justice*, 2012.

等教育学位人员的一半。无论是高中还是大学中的女性，其运动机会都比男性少。尽管有 Title IX 保护措施，一些怀孕和养育子女的学生权益依旧受影响。

（2）社会对女高校学生的资助和支持

来自非营利组织或私人组织的援助。

Equal Opportunity Schools（EOS）。[①] EOS 是由里德·萨里斯根据自身经历在 2010 年创立。它的使命是确保所有学生都能平等地获得美国最具学术影响力的高中课程——特别是有色人种和低收入的学生，确保每个学生都有机会学习具有挑战性但有益的课程。EOS 致力于提高大学预修课程（AP）和国际文凭课程（IB）的公平入学率，让更多的学生能够在大学和职业准备中出类拔萃。在学术研究的推动下，EOS 可以使学生发现他们的能力，并激励他们实现更高的目标。通过与学校、顾问、教师和学生合作，EOS 正在改变教育对低收入学生的看法，缩小因种族和低收入而造成的入学差距。

MDRC。[②] MDRC 是由福特基金会和一组联邦机构于 1974 年创建的非营利性无党派教育和社会政策研究组织，致力于研究有助于影响低收入人群的计划和政策。MDRC 以大规模示范和评估针对低收入人群的现实政策和计划而闻名。MDRC 的使命是为低收入个人、家庭面临的各种挑战寻求解决方案，减少贫困和支持经济自给自足以及改善公共教育和提高大学毕业率。通过固定地每两周分发援助资金，帮助学生在学校和工作之间实现时间平衡。这种平衡缓解了学生的压力，使其能够将更多的注意力放在学习和家庭作业上，从而提高成绩和毕业率。

QuestBridge。[③] QuestBridge 成立于 1994 年，是一家位于加利福尼亚州帕洛阿尔托的全国性非营利组织，该组织与 35 所大学合作，将美国最优秀的低收入青年与顶尖的大学和机会联系起来。通过与这些学生从高中到大学再到他们的第一份工作的合作，QuestBridge 旨在提高有才华的低收入学生就读国家最好的大学的比例，并支持他们在自己的职业和社区中取得成功。QuestBridge 希望彻底改变大学招聘有才能的低收入青年的方式，为学生提

---

① Allison. W. 8 Organizations That Will Help Your College Fees. College Raptor. 2019. From：https：//www. collegeraptor. com/author/allison/.

② About MDRC-Overview.（n. d.）Retrieved Januany 2，2020，from MDRC：https：//www. mdrc. org/about/about-mdrc-overview－0.

③ "History". Quest Bridge. From：https：//www. questbridge. org/about/history.

供项目、奖学金等独特机会。对于高中毕业生，QuestBridge 有全国大学比赛及一个大学和奖学金申请程序，以帮助低收入学生获得入学和学校的经济援助。对于高三学生，QuestBridge 有大学预科奖学金。此外，QuestBridge 还提供"追求卓越奖"，以鼓励和奖励那些取得学业成功的人。QuestBridge 认为低收入不是智力或能力的限制因素，因此不应成为寻求大学教育的学生的障碍。

针对低收入女性的奖学金。[①]

国防女性（WID）国家安全组织提供的视野奖学金（Horizons Scholarship），授予正在寻求与国防或国家安全有关的职业的女性。申请人必须是有经济需要的美国女性公民，在国家认可的学院或大学学习，GPA 至少为 3.25，至少获得 60 学分的本科生或研究生，且所学专业是经济学、政治学、工程学、政府关系、计算机科学、物理学、军事史和数学，以及与国家安全有关的法律或商业专业。申请人必须提供成绩单和平均成绩，必须写一篇文章并提供两封推荐信。类似的还有女性工程师协会奖学金（Society of Women Engineers Scholarships）。女性工程师协会为正在学习工程学的女性学生提供可申请的奖学金。每个奖学金的标准不相同，学生需要通过网站申请来获得帮助。

面向非传统女性学生的助学金或奖学金。不是所有低收入学生都是应届高中毕业生。有许多女性已经就业，希望返回学校接受再就业培训或改变职业。有时一些希望接受高等教育的老年女性会被忽视，而一些组织已经认识到老年女性所具有的不一样的洞察力、观点，从而为在高中毕业后很长一段时间返回学校的非传统女性学生提供助学金和奖学金。例如，Talbots 女子奖学金基金（Talbots Women's Scholarship Fund），服装零售商 Talbots 向所有获得 GED 或高中毕业证书满十年的女性提供奖学金。2012 年，Talbots 提供了 20 万美元的奖学金，包括 17 个 1 万美元的奖学金和 1 个 3 万美元的奖学金。申请人必须在经认可的两年或四年高等教育机构攻读本科学位，还必须至少拥有 24 学分。

珍妮特·兰金基金会女子奖学金（Jeannette Rankin Foundation Women's Scholarship）。其创立者珍妮特·兰金是女性权利的支持者，她是 1916 年第一位当选国会议员的女性，留下了部分遗产作为珍妮特·兰金基金会的创

---

① Scholarships for Low Income Women. Scholarships for women. From：https://www.scholarshipsfor-women.net/low-income/.

始经费，来帮助"成熟、失业的女性"。该基金会于 1978 年颁发了第一个奖学金。适用于 35 岁以上，在认可的大学注册并且在进行本科或职业课程培训，且收入满足要求的美国女性公民。

新兴奖学金基金（Emerge Scholarship Fund）也面向非传统女性学生，例如受教育机会被延迟或中断但是希望更加成功的女性。申请人必须年满 25 岁并且已经被教育机构的学习项目录取，必须提供录取通知书或当前成绩单，必须写一篇文章并提供两封推荐信。该基金虽然没有优先考虑种族、宗教、身体障碍或国籍等因素，但优先考虑居住在佐治亚州的人。

单身母亲和低收入儿童妇女的奖学金。许多低收入女性也是单身母亲。这些女性往往认为接受教育是不现实的。学费可能是其中一个影响因素，但许多单身母亲认为不能兼顾学业、工作和照顾子女。

有许多专门的组织帮助低收入母亲拥有受教育的机会。例如 Patsy Takemoto Mink 教育基金会，其创立者是前夏威夷众议员 Patsy Takemoto Mink，他是一位坚定的 Title IX 倡导者。Patsy Takemoto Mink 教育基金会向正在接受教育的低收入母亲颁发五项奖学金，每项奖学金最高可达 2000 美元。申请人必须正在参加技能培训，英语作为第二语言课程或正在修习 GED 课程。申请人可以在认可的项目中攻读技术/职业学位、副学士学位、学士学位或专业/硕士/博士学位。

还有比较特殊的美国印第安人事务协会（Association of American Indian Affairs）的家庭主妇奖学金（Displaced Homemaker Scholarship）。为了鼓励更多的美国原住民接受高等教育，以对抗可能发生的贫困，美国印第安人事务协会向符合标准的土著美国人提供 1500 美元的奖学金。申请人年龄在 35 岁或以上，由于家庭责任从未上过大学或完成大学学业。这笔资金按学期发放。另外，这笔资金还可用于托儿服务、日常生活费和交通费。

（3）学校对高校女生提供的支持

通过社区服务学习改变美国高校学生的贫困观。波士顿大学的一些学者[①]认为美国人对贫困和不平等原因的看法直接影响到公众对旨在减少贫困的经济和社会政策的支持。他们通过研究，考察了学生参与"脉搏计划（Pulse Program）"对其贫困原因看法的影响。"脉搏计划"是由波士顿学院

---

① Seider. S. C., Rabinowicz. S. A., Gillmor. S. C., "Changing American college students' conceptions of poverty through community service learning." *Analyses of Social Issues and Public Policy* 11 (2011): 105 – 126.

的哲学和神学部门联合赞助的社区服务学习计划。学者们通过混合方法设计研究，包括随机分配学生到治疗组或对照组，发现参与"脉搏计划"的波士顿学院学生在理解贫困方面表现出统计学上的显著转变。

"脉搏计划"始于 1970 年，位于马萨诸塞州的一所天主教学院——波士顿学院，其向学生展示哲学和神学与"现实世界"的相关性，通过让学生与边缘化社区和社会变革组织直接接触，鼓励他们讨论经典和当代哲学与神学作品，来教育学生什么是社会不公正。其目标是培养学生的批判意识，学习如何为公正的社会而工作。这些学者认为社区服务学习可能是深化高校学生对贫困和不平等理解的有力机制。社区服务学习被定义为"一种体验式学习形式，学生和教师与社区合作解决问题，同时获取知识和技能，促进个人发展"。"脉搏计划"试图证明社区服务学习是教育者培养公民的一种机制，让公民可以更深入地了解贫困的复杂原因和后果，并在此过程中增加公民对反贫困公共政策的支持。

公立社区学院对低收入贫困女高校学生的影响。一些研究[①]认为相比于其他院校，两年制的社区学院对高校贫困女生来说是更好的选择。目前，美国有 1047 所公立社区学院，学院的学生约占该国本科生的 38%。这些学生往往是来自低收入家庭的第一代高校学生，已婚，已育，在上学期间兼职工作，约有 17% 是单身父母，他们中的许多人都是非传统学生——他们不是年轻的刚毕业的高中生。这些学生分为两大类，一类是有兴趣最终转入四年制学院获得学士学位的学生，一类是一年或两年结束学业尽快进入劳动市场或对副学士学位感兴趣的学生。

首先，对于那些有兴趣获得学士学位的人来说，社区学院的学费几乎是四年制州立学院的三分之一。其次，社区学院通常提供比四年制学院更灵活的时间表，并且通常更适合有兼职工作或有家庭的人。再次，在一些地区，社区学院与当地企业紧密联系，为其提供经过培训的人员，并更好地满足其经济需求。对于学生来说，这意味着更多的工作机会。最后，社区学院通常有公开招生政策，因此所有申请者都有机会接受教育。

大量女性通过读大学来应对劳动力市场和经济的变化，而社区学院于其中发挥了重要作用。2010 年社区学院中女性学生占 57%。目前，约超过400 万名女性就读于全国两年制的公立大学，这超过了就读公立或私立四年

---

① St Rose. A., Hill. C., *Women in Community Colleges*: *Access to Success*. Washington: American Association of University Women. 1111 Sixteenth Street NW, 2013, 14 – 15.

制大学的本科女性人数。

美国高等教育院校中的女性中心（Women's Center）①。在 20 世纪 70 年代和 80 年代，校园女性中心大量成立，以解决性别不平等问题，包括获得高等教育的机会不平等问题。美国近 500 所大学提供有关性别和公平问题的支持、信息和转介资源。第一个以校园为基础的妇女中心于 1948 年在明尼苏达大学成立，大多数女性中心成立于 20 世纪 70 年代，作为对高等教育机构学生、教职员工和教师提出的性别平等问题的回应。女性中心提供可以促进性别平等的方案和服务，并解决女高校学生在高等教育中遇到的独特挑战。

戴维对资源与研究中心进行了区分，认为女性资源中心主要是通过直接的服务促进和改变妇女的权利，而女性研究中心主要通过有关女性的奖学金来改变。

例如美国圣克劳德州立大学的女性中心，提供全面的服务和计划，以满足不同学生群体以及校园内女性有关的独特需求。其工作的核心是促进性别平等和安全，提供与校园内所有女性需求相关的服务和资源。具体包括宣传和支持、信息和推广、演讲以及演讲者推广、哺乳室、专业资源库，并为校园社区成员提供免费用品，包括避孕套、护垫、卫生棉条和验孕棒。

女性中心致力于协助学生在一个支持性的、非评判性的环境中学习和获取校内外服务。学生需要帮助时可联系教职员工，遇到问题时可以知道在哪里报告投诉，其问题往往与暴力、骚扰或歧视有关。这些犯罪或经历可能会影响学生完成课程作业的能力、在校园内的安全感以及法律和大学政策赋予她们的权利。女性中心在整个学年开展各种各样的活动，探讨涉及女性地位、性别、性别歧视、女权主义和公平等多个方面的问题。其大部分活动反映了不同群体的兴趣，包括学生、教职员工、社区成员及个人。有些活动和计划根据当时的问题和情况每年有所不同，具体活动由女性中心学生和工作人员委员会组织。

美国在高等教育方面对贫困女性的社会支持，实现了从国家和联邦政府到学校和社会各界、从法律保障到经济援助的覆盖。国家、政府、社会组织与学校联合，为低收入家庭和女性提供各种帮助，以实现教育公平。笔者根据美国的国情、经济历史文化背景，从国家和政府、学校、社会三

---

① Goettsch. J., Linden. J., Vanzant. C., Waugh. P., "Campus women's centers for the twenty-first century: structural issues and trends." *Women's Centers Committee* 3 (2012): 1-3.

个角度详细梳理了围绕低收入贫困女性社会支持的方式和方法，希望通过本次文献研究为相关研究提供一定的参考。

首先，美国在高等教育方面具有较为完善的法律和制度保障，并且通过网站信息公开和学校的宣传教育，尽可能地让每个人了解自己所拥有的权利。美国政府通过不断完善立法，使贫困生资助体系制度化、合法化，使美国高等教育普及化、大众化，使美国成为世界先进高等教育中心。

其次，学校采用多元混合型资助形式，包括助学金、助学贷款、奖学金、校内外勤工俭学、社会团体资助等方式，帮助学生顺利完成学业。校内为学生提供大量的岗位，并且会根据学生的课程表灵活安排工作时间，在不影响正常学习的条件下，为学生提供安全、简单轻松的勤工助学岗位，这些岗位面向全体学生，而不仅仅是面向贫困生。

最后，除了提供经济上的帮扶之外，美国院校在每位新生入学时会为其安排一位专门的指导老师，这位指导老师可以是学校的职工或者老师。指导老师负责解决学生在生活或学习中遇到的问题和困难，并且会对学生的选课、学业、生活等进行监督和指导。当学生遇到问题和困难向学校相关部门寻求帮助时，学校的工作人员也会联系学生的指导老师。指导老师会在学生遇到问题时，帮助学生了解可以寻求帮助的部门以及解决问题的方法，并随时关注学生的动态，以确保学生能够顺利完成学业。校内部门具备完善性和多样性，例如女性中心、LGBTQ 部门（LGBT＋资源中心，是为女同性恋、男同性恋、双性恋和变性人等群体提供一个更包容的校园环境而进行服务的部门）等。针对不同的学生群体，学校几乎都设有专门的部门、组织和办公室来保障其权益，并且可以组织相关活动。在社会方面，社会各界的组织或私人组织为促进教育公平，为不同群体提供了各种各样的资助和支持，尤其是在经济上的帮助。

通过对比中美两国的国情可以发现，美国对高校贫困女生的社会支持对我国社会支持系统的完善有一定的启示作用。笔者认为，高校还需完善对学生社会支持系统的建构，针对不同的学生群体建立专门的部门或组织，这样既能关注不同群体学生的动态，也能让学生在遇到问题时及时向相关部门寻求帮助，在部门人员的专业帮助下解决问题和困难。除了对学生提供经济上的直接资助外，学校可以为学生在校内外提供更多的勤工助学岗位。美国高校的就业中心面向全体在校学生提供服务，学生可以向就业中心投递简历，就业中心工作人员根据学生的简历情况和要求，为学生寻找合适的校内外兼职和勤工助学岗位，并且可以随时或通过网上预约的方式，为学生提供就业方面的指导和帮助。

总的来说，美国的低收入高校女学生社会支持确实有可以借鉴之处，但因两国的国情、经济、历史文化背景都有很大的不同，在借鉴的过程中，更要充分结合中国的国情和特点，建立和完善更加符合中国高校贫困女生的社会支持系统。

（三）社会工作干预高校学生群体及高校社会工作研究

1. 社会工作干预高校学生和贫困女生的研究

社会工作以其理念和方法干预高校学生群体，主要针对的是心理、人际交往、就业或创业、经济等方面。

（1）心理方面

心理健康教育和社会工作专业由于价值目标相似、方法互补，因此，社会工作介入高校学生心理健康教育具有可行性，其工作方法主要是个案、小组、社区三大方法。[①] 如果社会工作介入心理危机，那么三大方法只能使用在事前预防和事后跟进阶段，而事中处理阶段则要根据学生情况分两类进行处理。对于未做出危机行为的学生可采取个案管理的方法针对本人开展服务，而于已经采取过危机行为的学生应该针对其家长开展相关工作。[②]

相比于非贫困学生，贫困学生更容易存在心理问题，应该更好地将社会工作"助人自助""平等待人"等理念运用到构建个别辅导与个案工作的协调机制、构建团队辅导与小组结合的向心力机制、构建社区和学校相结合的联动机制等介入方法中。[③]

（2）人际交往方面

高校学生在人际交往中存在以自我为中心、功利、羞怯、自卑、缺乏技巧等问题，社会工作介入可以根据需求和相关理论，通过小组活动进行介入。[④]针对大学生宿舍关系问题，可以通过人本主义治疗模式、任务中心模式、家庭治疗模式等社会工作方法进行介入。[⑤]

---

① 张晓琳、马志强：《社会工作介入大学生心理健康教育的探索》，《才智》2019 年第 36 期。
② 廖海帆、吴佩玲：《学校社会工作介入大学生心理危机处理的策略》，《教育教学论坛》2020 年第 5 期。
③ 桑海云、谭顶良：《社会工作视角下高校贫困生心理问题及对策研究》，《中国成人教育》2016 年第 14 期。
④ 揭晓云：《关于大学生人际交往能力社会工作介入的探究》，《教育现代化》2019 年第 80 期。
⑤ 程双双：《社会工作视角下论大学生宿舍关系问题》，《佳木斯职业学院学报》2018 年第 9 期。

关于高校贫困学生的研究则认为,社会工作助人自助的理念对解决贫困大学生人际交往问题意义重大。[1]

(3)就业或创业方面

现阶段关于高校学生的就业指导有局限性,社会工作可以通过学习、成长、支持小组和个案一对一的方法进行介入。[2] 同时可以运用社会工作的理念和方法看待创业教育。[3]

社会工作在高校贫困学生就业指导上有可嵌入的空间、路径和保障。可嵌入的空间是指可在大学生心理上以及客观条件上加以引导。可嵌入的路径指根据学生特点引导学生分析自己以及制定目标、短期体验工作以消除畏惧、寻找引导者与老师合作、利用现代手段寻找工作。可嵌入的保障指在就业指导时建立完整的就业链。[4] 另外,高校贫困女生有提升就业能力的需求,可以针对贫困女生在就业中的具体需求开展小组活动,逐步实现目标。[5]

(4)经济方面

高校学生普遍存在金融素养不高、所处金融环境不利等问题,所以,可以对高校学生进行金融社会工作干预,从宏观、中观、微观三个层次进行介入。[6] 除了金融素养不高之外,网络贷款对高校学生还会造成危害,可以从个案、小组、社会政策三个方面进行介入。[7]

对于高校贫困女生的资助方式存在单一性的问题,社会工作"助人自助""利他主义""以人为本"等理念以及科学、灵活的方法,可以弥补当前资助体系中精神支持的不足。而社会工作专业的知识则可以更加科学有效地引导高校贫困女生走出困境。[8]

---

① 车昆:《贫困大学生提升人际沟通能力的社会工作介入研究》,《智库时代》2019年第24期。

② 张雪琪:《社会工作介入高校就业指导探索——以西安市A大学H学院为例》,《新西部》2019年第21期。

③ 周士荣:《社会工作视角下大学生创业教育再审视》,《新课程研究》(中旬刊)2018年第3期。

④ 丁亚莉:《贫困大学生就业指导的社会工作嵌入:空间、路径和保障》,《农家参谋》2019年第22期。

⑤ 王颖:《小组工作在提升贫困女大学生就业能力中的应用》,硕士学位论文,苏州大学,2016,第11~48页。

⑥ 周晓春:《大学生金融风险与社会工作介入研究》,《中国社会工作》2018年第31期。

⑦ 吉丹、潘桂芳:《社会工作视角下的大学生网络贷款影响探究》,《中国集体经济》2018第3期。

⑧ 马林熙:《社会工作介入贫困女大学生资助问题研究——以陕西省"红凤工程"为例》,硕士学位论文,陕西师范大学,2015,第21~35页。

　　除了上述几个主要方面之外，还有一些相关研究。如认为网瘾问题对高校学生造成了身体和精神上的伤害，社会工作可以进行介入；介入方法除了个案、小组外，社会工作者还可以加强宣传引导、促进良性交流。① 提出高校学生性别平等观念还有待提高、性别平等认识还存在一定偏差、多元性别接纳度较低，可以针对这些问题，通过小组工作的方法进行介入。②

　　2. 高校学校社会工作研究

　　学校社会工作是以学校为服务设施或领域，对学习和成长遇到困难的学生，明显不利于学生成长的同学关系、师生关系进行干预和专业服务的活动。社会工作不同于传统的政治思想工作，更不是教条主义的、自上而下的说教。③

　　（1）传统高校学生工作的不足

　　高校学生工作是关注学生的生活、思想以及成长等内容的服务管理活动，④ 它可延伸至学生的各个层面，包括日常生活、思想政治教育、心理咨询与健康教育、就业指导服务等。但是在社会转型的大背景下，以理论教育模式为主的高校教育体制使得学生的日常问题类型逐渐复杂化与多元化，不仅存在于生理、心理和学业方面，更在社会、经济等层面面临困境，⑤ 而辅导员角色的模糊化和地位的边缘化⑥以及多重角色导致的伦理困境⑦使学生的问题未能真正得到解决。

　　传统的高校学生工作主要是管理，运用教育、处罚的手段和补救性的处理方式进行行为规范和日常管理，⑧ 不仅忽视了学生的个性发展，而且制

①　蔡丹：《社会工作介入大学生网瘾问题研究》，《产业与科技论坛》2019年第2期。
②　杨梨、徐灿：《小组社会工作在大学生性别平等教育中的应用——以"性别面面观"小组为例》，《社会福利》（理论版）2018年第8期。
③　王思斌：《发展学校社会工作，服务价值、体制模式优劣在哪里？（上）》，《中国社会工作》2021年第3期上。
④　邢佳浩：《学校社会工作介入公安院校学生工作的可行性及对策分析》，《呼伦贝尔学院学报》2018年第6期。
⑤　郑秋茹：《高校教育下的学校社会工作介入研究》，《农村经济与科技》2018年第10期。
⑥　张欣：《高校社会工作跨区域比较研究与我国高校学工专业队伍建设策略》，《才智》2016年第18期。
⑦　魏文景、钟敏：《校园治理视阈下的高校辅导员伦理困境及对策——基于学校社会工作实务经验》，《区域治理》2019年第39期。
⑧　Real. D., Vieira. R, "Psychoactive substance abuse in adolescence and social work in the school: A point a view from professionals and students in castelo branco, portugal." *Child and Adolescent Social Work Journal* 36（2019）：329-335.

约了学生的创新能力。① 这样的学生工作不可能从根本上缓解和解决众多高校学生的问题，也不利于其心理健康发展。当前的高校心理健康教育工作亦面临许多挑战，学生的心理咨询诉求被忽视，不仅服务对象范围狭窄，服务工作亦内容贫乏、方法单一。② 此外，就业指导工作也缺乏弹性与韧性，形式单一且运行不顺畅。③ 高校现有的工作与资源远远不能满足学生的多样化需求，而学校社会工作可以和思想政治教育互补，达到育人的目的，④ 社会工作的原理和方法在一定程度上亦可弥补高校学生工作的不足与缺陷，增强高校学生工作的合力，⑤ 满足其诉求并提升综合素质。因而高效率、高质量的学校社会工作服务以及将学校社会工作嵌入高校工作的具体路径是需要思考的重要问题。

（2）高校学校社会工作的内涵

高校学校社会工作是将社会工作专业的价值理念、方法和技巧应用于高校中，通过与家长、学校、社区三方的有效互动，解决学生特别是困境学生的问题，发挥学生的潜能并促进其发展，构筑"教""学""成长"的和谐环境，⑥ 不断提高学生学习能力和实践能力，⑦ 使其能更好地适应社会。

学校社会工作是以生态系统为导向的社会工作实践，⑧ 它具有专业性、科学性、艺术性以及实践性的特点，⑨ 不仅强调学生的主体性力量，而且强调关系系统的支持性力量，认为通过生态层面的干预可以达到学生和其所

---

① 马小英：《论学校社会工作的理念和方法在高校中的运用》，《成才之路》2017 年第 30 期。

② 周秀艳：《社会工作介入高校心理健康教育工作研究》，《山东工会论坛》2016 年第 3 期。

③ 张美、魏星：《高校就业指导工作与社会工作介入》，《桂林航天工业学院学报》2016 年第 3 期。

④ 薛琳、姚柳菁、何伟：《学校社会工作介入高校网络思政教育的模式探析》，《太原城市职业技术学院学报》2017 年第 7 期。

⑤ Elswick. S. E. , Cuellar. M. J. , Mason. S. E. , "Leadership and school social work in the USA：A qualitative assessment. " *School Mental Health* 11 （2019）：535 – 548. https：//doi. org/10. 1007/ s12310 – 018 – 9298 – 8.

⑥ Torres. S. , "The status of school social workers in America," *Social Work in Education* 18 （1996）： 8 – 18.

⑦ 张冰：《浅析高校社会工作在学生管理中的应用》，《新西部》2017 年第 22 期。

⑧ Thompson. A. M. , Frey. A. J. , Kelly. M. S. , "Factors infuencing school social work practice：A latent profle analysis. " *School Mental Health* 11 （2019）：129 – 140, https：//doi. org/10. 1007/ s12310 – 018 – 9279 – y.

⑨ 张燕婷、王海洋：《95 后大学生心理发展需求与社会工作的介入》，《肇庆学院学报》2017 年第 3 期。

处环境之间的最佳匹配。① 它基于优势的视角，致力于培养学生的自主性和能动性，去除学生的负面标签，整合可用的家校社资源，为学生提供专业服务，进而构建更加和谐与人性化的学生管理体制。②

（3）高校学校社会工作介入路径和模式

第一，学校社会工作介入高校工作的具体路径。拥有一支具有专业素质的人才队伍是有效管理纷繁复杂学生工作的必要前提，必须不断提高学生社会工作者的助人意识和专业化水平，对他们进行学校社会工作专业能力的训练和技巧的培训是必要的。但是对于学生社会工作者队伍的构成，由于高校编制和现有体制的限制，充分利用高校现有的人力资源即辅导员的培养是应对高校学生工作最为合理的路径选择；③ 从准入门槛、模式转变、制度设计和机构创新来重塑高校学生工作队伍建设的路径，提高专职辅导员的招聘准入门槛，运用社会工作的理念与方式将其培养成专业的学校社会工作者，并将其纳入高等学校师资培训规划和人才培养计划，设立社会工作机构进行协助，将其培养成集成化、专业型、研究型、复合型的人才队伍；④ 实现高校学生工作与学校社会工作的联动机制，从"人的建构"和"工作模式的建构"形塑高校辅导员，科学定位其岗位并进行有倾向性地分工，对辅导员和学生纵横交错配置形成网络化管理的配备模式，使学生都能够找到自己所需要的专业服务，促进学生的健康成长。⑤ 由此，高校可以依托提供情绪和朋辈支持的个案和小组工作以及提供丰富资源的社区工作等内生型嵌入路径来实现学校社会工作的本土化，帮助大学生实现更好的自我与解决实际的问题。⑥

---

① Beddoe. L. , "Managing identity in a host setting: School social workers' strategies for better inter-professional work in New Zealand schools." *Qualitative Social Work* 18 (2019): 566 – 582. DOI: 10. 1177/1473325017747961. Liz

② 苏荧：《浅析学校社会工作在高校辅导员学业帮扶工作中的运用》，《科学咨询》（教育科研）2020 年第 1 期。

③ 沈炜：《论学校社会工作嵌入我国高校学生工作的体系构建》，《华东理工大学学报》（社会科学版）2012 年第 6 期。

④ 张欣：《高校社会工作跨区域比较研究与我国高校学工专业队伍建设策略》，《才智》2016 年第 18 期。

⑤ 刘毅：《高校学生工作与学校社会工作的相互关系及联动机制》，《河南科技》2015 年第 23 期。

⑥ Kelly. M. S. , Berzin. S. C. , Frey. A. , Alvarez. M. , O'Brien. G. S, "The state of school social work: Findings from the national school social work survey," *School Mental Health* 2 (2010): 132 – 141. DOI 10. 1007/s12310 – 010 – 9034 – 5.

第二，高校实务教学模式的探讨。近年来，"服务学习"的实务教学模式在学校社会工作里被大力推崇，主张将知识学习与社会服务相结合。认为学生在教学中不是被动的知识接受者，而是主动的参与者，教师扮演辅助者、引领者、讨论者、促进者的角色，帮助学生将所学知识应用于社会服务，而社会服务中积累的经验会进一步促进知识学习。[1] 突破以往的传统授课教学，将高校"翻转课堂"模式应用于学校社会工作课程中，采用灵活多样的授课方式和考核方式，利用随学随考、考期口试、考期开卷笔试等形式避免了死记硬背的考前复习方式，使老师在提高教学质量的同时让学生更加深入地掌握专业知识。[2] 实务教学模式的发明与应用在一定程度上激发了学生学习的积极性和潜能，对高校学生而言是提升综合素质和促进全面发展的有效路径。

第三，学校社会工作方法的实际应用。在处理高校学生工作时，高校辅导员可以合理运用学校社会工作的方法，柔化处理突发事件，[3] 帮助学生缓解压力，促进学生心理发展，使其能够更好地适应生活、脱离困境与实现就业。可以将个案、小组工作引入高校学生管理中，精准界定问题并制定个性化方案，利用小组经验给学生提供社会支持和社会资源，解决学生问题的同时实现高校育人的目标。[4] 利用个案、小组和社区工作及时引导帮助大学生树立合理健康的观念，开展同质小组提供心理疏导与帮扶，校社联合共同开展网络管理以帮助学生解决问题。[5] 运用个案增能、小组提升及社区发展方法探求高校学生心理发展需求的空间与路径，发现学生的个性化需求，帮助其调整心理状态，建立相互支持网络并与校社联合来有效回应大学生心理健康发展需求。[6] 还可以将个案、小组和社区工作应用到对高

---

[1] 谢小兰、陈珍珍、刘明波：《服务学习视角下学校社会工作实务教学的意义》，《社会与公益》2020 年第 1 期。

[2] 李涵：《高校"翻转课堂"课程考试环节的实例研究——以"学校社会工作"课程为例》，载张永洲主编《黑龙江省高等教育学会 2016 年学术年会暨理事工作会论文集（下册）》第 2 辑，黑龙江教育出版社，2016，第 164 页。

[3] 张欣：《洞察事件脉络柔化处理突发"危机"——学校社会工作方法在高校学生工作中的应用》，《法制与社会》2016 年第 14 期。

[4] 郑建芸：《学校社会工作导入高校学生教育工作研究现状分析》，《科教文汇》（中旬刊）2016 年第 8 期。

[5] 吴雨佳：《论学校社会工作介入大学生网络借贷行为》，《当代教育实践与教学研究》2017 年第 4 期。

[6] 张燕婷、王海洋：《95 后大学生心理发展需求与社会工作的介入》，《肇庆学院学报》2017 年第 3 期。

校学生就业指导的研究中，帮助高校学生进行自我剖析和开发潜能，发展朋辈支持网络等支持系统，并利用高校及社区资源来提高高校学生的综合能力，形成一套学校、企业、政府、社会多角色参与的就业指导体系，进而弥补传统就业指导工作的不足。①

综上所述，学校社会工作作为一种新的视角，将社会工作理念、方法与技巧嵌入现有的高校学生工作机制里，不仅可以关注到学生本人系统，而且可以关注到学生背后的家庭系统与社会情境，它和思想政治教育的契合与互补使其在学生管理、心理健康教育、就业指导等方面发挥着举足轻重的作用。学校社会工作在高校的介入能够弥补传统高校学生工作的不足与缺陷，高校辅导员的角色定位与角色分化是学校社会工作展开的关键因素，实务教学模式的运用是提升学生综合素质的重要过程，个案、小组和社区工作三大方法从点、线、面三个层次对学生进行微观和宏观的帮助，是帮助其脱离困境、实现助人自助目标的有效路径。然而学校社会工作要介入高校学生工作仍需在理论上和实践中不断探索和进行制度创新。

（四）行动研究

1. 行动研究的发展历程

在很多人看来，"行动"和"研究"是两个独立的概念，前者指的是实务工作者的实践，而后者指的是理论研究者的研究活动。"行动研究"这一词的提出有两个来源。一个来源是美国的社会工作者约翰·考尔（John Collier），他在与同事共同对印第安人与非印第安人间关系改善的研究中，把实践者以解决问题为目的而参与行动的研究称为"行动研究"；② 另一个来源是著名德裔美国社会心理学家库尔特·勒温（Kurt Lewin），他在关于社会冲突的工作中与黑人、印第安人合作开展研究，把这种结合了实际工作者智慧和能力的研究称为"行动研究"，③ 同时呼吁在民族问题的解决上开展

---

① 刘金英、关新、王璐瑶：《网络社会下学校社会工作介入大学生就业问题的路径探索》，《山西农经》2017 年第 7 期；张雪琪：《社会工作介入高校就业指导探索——以西安市 A 大学 H 学院为例》，《新西部》2019 年第 21 期。

② Collier. J. , "United States Indian administration as a laboratory of ethnic relations. " *Social Research* 2（1945）：265－303.

③ 郑金洲：《行动研究：一种日益受到关注的研究方法》，《上海高教研究》1997 年第 1 期。

行动研究。①

行动研究在 20 世纪 50 年代晚期受到怀疑和指责，主要原因是这一时期实证主义的盛行。霍吉金森等人认为行动研究旨在于实际问题的解决，且实际工作者不懂基本的研究技术，所以对其科学性产生怀疑。行动研究在 20 世纪 60 年代晚期及 70 年代初开始再兴的原因则是 "R - D - D" 模式在教育研究领域的弊端逐渐显现，教育理论与课堂实践严重脱节，人们希望通过行动研究来调整教育理论与实践之间的关系。所以，当时行动研究广泛应用于教育领域。②

总的来说，行动研究起源于杜威对传统的自然科学研究方法运用于教育研究的批判，经由考尔和勒温运用与发展，并作为一个明确术语和概念被提出，在经过实证主义盛行时期的消沉后，在艾略特的努力下再度崛起，尤其是在教育研究领域。③

2. 行动研究的定义和特点

《国际教育百科全书》中把行动研究定义为："由社会情景（教育情景）的参与者，为提高对所从事的社会或教育实践的理性认识，为加深对实践活动及其依赖的背景的理解，所进行的反思研究。"④ 刘良华认为 "教育行动研究" 是教育实践者系统而公开地反思自己的教育实践。⑤ 张青把行动研究定义为对实践活动的小规模干预和对其结果的反思。⑥ 总的来说，《国际教育百科全书》中的定义是目前大多数人较为认可的说法。⑦

结合多位不同领域学者对行动研究的认识来看，这些定义大多是对行动研究特点的描述，从中可以看到行动研究本身的特点。刘良华将行动研究的关键特征概括为参与、改进、系统和公开四点。参与强调的是教师参与整个研究过程的每个阶段；改进指的是教师通过批判来改进自己的教学工作；系统指的是教师在研究中依旧需要使用必要的收集资料和分析资料

---

① Lewin. K. , "Action research and minority problems." *Journal of Social Issues* 2（4）（1946）：34 - 36. 库尔特·勒温、陈思宇、曾文婕、黄甫全、潘蕾琼：《行动研究与民族问题》，《民族教育研究》2019 年第 2 期。

② 李臣之、刘良华：《行动研究兴衰的启示》，《教育研究与实验》1995 年第 1 期。

③ 张秋凌：《"行动研究" 述评》，《内蒙古师范大学学报》（教育科学版）2001 年第 3 期。

④ Husen. T. （ed.）, "The international encyclopedia of education." *Oxford Review of Education* 1（1985）：35.

⑤ 刘良华：《行动研究：是什么与不是什么》，《教育研究与实验》2001 年第 4 期。

⑥ 张青：《向我国教育技术工作者推荐行动研究》，《中国电化教育》2000 年第 9 期。

⑦ 杨慧、王茹薪：《"服务学习" 理念及其在民族社会工作专业教育中的应用》，《民族教育研究》2018 年第 5 期。

的科学方法，而不是个人随意性地解决问题；公开指的是教师需要找回自己的语言表达方式来讲述自己的经验。[①] 郑金洲认为行动研究的特点是以提高和改进为首要目标、强调研究与行动结合以及要求行动者的参与和反思。[②]

总的来说，行动研究具有以下几个特点，第一，研究以解决实践中的目标为目的；第二，行动研究需要研究者参与到行动过程中，在参与的情境中进行研究；第三，反思应该贯穿整个研究过程，不断在反思中改进，寻找解决问题的最佳方法。

3. 行动研究的类型

从产生至今，行动研究广泛运用于不同的领域，发展出了不同流派，学者们对其分类方式也有着不同的看法。

有学者提出了教育行动研究的两种分类方式，根据教育行动研究水平可以分为技术的行动研究、慎思的行动研究和解放的行动研究；根据参与者可以分为独立式行动研究、支持式行动研究和协同式行动研究。也有学者指出行动研究已经发展出科学技术的行动研究、实践取向的行动研究和批判解放的行动研究三种主要流派。还有学者根据行动研究的领域和内容将其分为组织的行动研究、社区发展的行动研究、教育的行动研究、护理的行动研究等；按功能分有实验形态的、组织形态的、专业形态的、赋权形态的等。[③]

有学者将学者们的认识进行总结，提出行动研究的三种类型，行动者用科学的方法对自己行动进行的研究，行动者为解决实践中的问题进行的研究，行动者对自己实践的批判性思考。这三种认识分别强调了行动研究的科学性、改变功能和批判性三个特点。[④]

4. 行动研究在社会工作中的应用

行动研究旨在解决问题、促进改变的研究取向，巧妙地解决了理论与实践脱节的问题，在多个领域得到了使用。[⑤] 它于 20 世纪末被引入我国，[⑥]

[①] 刘良华：《重申"行动研究"》，《比较教育研究》2005 年第 5 期。

[②] 郑金洲：《行动研究：一种日益受到关注的研究方法》，《上海高教研究》1997 年第 1 期。

[③] 古学斌：《道德的重量：论行动研究与社会工作实践》，《中国农业大学学报》（社会科学版）2017 年第 3 期。

[④] 郑金洲：《行动研究：一种日益受到关注的研究方法》，《上海高教研究》1997 年第 1 期。

[⑤] 古学斌：《道德的重量：论行动研究与社会工作实践》，《中国农业大学学报》（社会科学版）2017 年第 3 期。

[⑥] 张文兰、郭小平：《关于我国行动研究学术成果的分析与反思》，《电化教育研究》2009 年第 2 期。

最开始是在教育探究领域被广泛使用。①

　　行动研究与社会工作研究的理念不谋而合，逐渐被运用到社会工作中。社会工作是一个实践性的学科，社会工作研究并非只是为了研究而研究，②其目的更是改进服务而不单单是推进理论的发展。③目前，行动研究已被应用于社会工作的各个领域。

　　有理论工作者和实务工作者运用行动研究的方式解决实际问题、提升服务质量。童敏等将参与式行动研究应用于城市社区工作当中，从中发现目前专业社会工作在城市社区发展的困境，进而提出在专业服务中整合三大工作方式的解决方法。④刘江使用行动研究法还原和分析了上海社工的鲁甸灾后社会资本重建过程，提出基于"理论—实务技术—地方性知识"的理论与实务衔接方法。⑤

　　也有实务工作者亲自委身实践，在工作过程中书写出属于实践者的知识。张和清总结其在戒毒社会工作、农村社会工作和灾害社会工作的数年实务经验，用行动践行"知行合一"这一行动研究的过程，⑥并将行动研究的知识用于实践，推动农村社会工作发展，同时指出我国社会工作发展需要回观历史、参照别人的经验，而改变的力量来自我们自己的实践、历史和经验。⑦

　　此外，行动研究的理念也被运用于社会工作教育中。社会工作是"行动取向的实务性专业"，社会工作专业教育除了注重学生扎实的理论知识之外，更加注重的是在实践过程中运用理论和技巧来提供服务。将行动研究的理念应用于社会工作专业学生的实习过程中，老师和学生既是提供服务

① 彭曼君：《对国内行动研究现状的思考——对国内刊物十年（1999~2008）的统计分析》，《长春理工大学学报》（高教版）2009 年第 6 期。
② 古学斌：《行动研究与社会工作的介入》，《中国社会工作研究》2013 年第 1 期。
③ 杨静：《朝向人性化改变的理论——〈受压迫者教育学〉的解读及对社会工作的启示》，《中国农业大学学报》（社会科学版）2017 年第 3 期。
④ 童敏、林丽芬：《参与式实务研究的经验与反思：一项城市社区社会工作的研究》，《浙江工商大学学报》2015 年第 4 期。
⑤ 刘江：《社会资本与灾后安置社区建设——基于行动研究的过程分析》，《社会工作与管理》2016 年第 5 期。
⑥ 张和清：《知行合一：社会工作行动研究的历程》，《浙江工商大学学报》2015 年第 4 期。
⑦ 杨静：《回观历史辨识经验寻找变的力量——一个社会工作者的行动研究》，《中国农业大学学报》（社会科学版）2013 年第 3 期。

的实践者，又是研究者，有利于实务的提高与研究的推进。① 比如有学者通过教师、学生和机构合作的形式，通过经验记录和整理、撰写毕业论文以及进行政策倡导等方式来探索当前社会工作教育发展的路径。②

行动研究作为一种新的研究范式，很好地解决了理论与实践之间的矛盾，越来越受到众多学者的青睐。行动研究出现以前，学界一直把行动和研究看作两个毫不相关的概念。行动即为实践，而研究则是生产理论知识。行动研究的出现把这两个概念放到了一起，通过行动研究的方式，研究者与行动者共同参与行动解决实际问题，不仅使研究者明白了理论如何更好地运用于实践，从而产生出更多有助于实践的理论，避免理论与现实脱节；同时这也是一个赋权的过程，研究者在参与行动的过程中，指导实践者记录他们自己的实践过程，在总结经验的同时丰富了理论。但在应用这一范式的同时，研究者要时刻注意审视自己的研究过程，避免行动者只是按照研究者既定的计划去执行，这不是真正意义上的行动研究。

近年来，行动研究在社会工作领域的运用在增多。有学者在社会工作教育研究中运用该方法来探讨社会工作专业学生在学习中将理论与实务相结合的方式；更多学者则将其运用到社会工作实务中，去解决实际问题，在儿童、青少年、老年社会工作以及社区、农村社会工作中皆有运用；同时也发展出很多我国社会工作的本土经验，推动了社会工作的本土化发展。但是，行动研究很少应用于贫困女生群体的研究。

四　研究总体框架和思路

本研究旨在通过对新时期高校贫困女生弱势处境的实证研究、社会支持的理论和应用研究，呈现高校贫困女生群体在新时期的弱势处境，建构新型高校贫困女生社会支持系统。

（一）总体框架

1. 高校贫困女生群体弱势处境的现状

高校贫困女生弱势处境是指贫困女生作为高校中的弱势群体所处的不

---

① 杨慧、王茹薪：《"服务学习"理念及其在民族社会工作专业教育中的应用》，《民族教育研究》2018 年第 5 期。
② 向荣：《创新、共融、整合：突破当下社会工作教育困境的路径探索》，《中国农业大学学报》（社会科学版）2017 年第 3 期。

利地位。高校贫困女生具有三个方面的突出弱势，即能力弱势、心理弱势和就业弱势。高校贫困女生与高校普通女生和高校贫困男生相比较，学业表现优秀而实践能力、创新能力及信心不足，心理敏感而焦虑，职业规划和职业发展信心欠缺，面临更大的就业压力。对高校贫困女生弱势处境的现状进行调查，可以发现高校贫困女生社会支持缺乏。本研究对不同高校学生贫困群体进行了分层研究，如通过高校贫困女生本科生、硕士生和博士生之间的比较分析，以及高校贫困女生与高校贫困男生的比较，对高校贫困女生群体的弱势处境和社会支持缺失状况进行深入描述和解释。这部分研究突出实证性。同时，对中国和美国高校女生的弱势处境和社会支持系统进行了比较。

2．高校贫困女生社会支持系统及变化

本研究认为高校贫困女生群体的社会支持是为高校贫困女生这一弱势群体提供资源、救助和服务的社会行为。

在新时期，处于弱势境遇的高校贫困女生群体，原有的社会支持是散在式的，不能满足她们对社会支持的需求。因此，本研究提出高校贫困女生群体的社会支持可以从"散在式社会支持"发展为"整合式社会支持系统"（见图1-1和图1-2）。

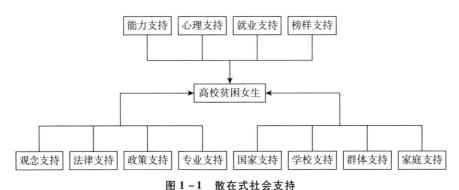

图1-1　散在式社会支持

"散在式社会支持"是所有社会支持各自指向贫困女生，社会支持之间的关系是松散的，这种社会支持不能有效地为贫困女生提供社会支持。而且，以往研究某群体的社会支持系统包括正式社会支持和非正式社会支持，并没有厘清社会支持的不同面向，把社会支持的结构、路径和载体混为一谈。

"整合式社会支持系统"包括社会支持结构、社会支持路径和社会支持载体，即以社会支持载体为依托，通过社会支持路径，输送社会支持结构中的各类资源、救助和服务。

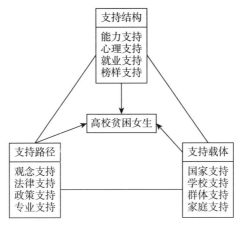

图 1 - 2　整合式社会支持系统

（二）研究重点及难点

本研究的重点是高校贫困女生群体"整合式社会支持系统"的建构。高校贫困女生处于能力、心理和就业弱势，存在社会支持缺乏的现象，需要建构"整合式社会支持系统"，否则会影响她们的向上流动和成长发展。因此，要从结构功能、路径选择和承载实体等层面探讨高校贫困女生"整合式社会支持系统"，突出实证研究、理论研究和实践应用研究的结合。

本研究的难点是高校贫困女生群体"整合式社会支持系统"的理论建构和实践创新。本研究尝试进行理论建构，理论建构的内涵和方法是要突破的难点之一；从不同的社会学学科领域，如教育社会学、性别社会学，对"整合式社会支持系统"进行理论探讨是难点之二；"整合式社会支持系统"的理论探讨应用于实践则是难点之三。

（三）研究思路

本研究的基本思路是以高校贫困女生弱势处境现状分析为切入点，从理论上建构高校贫困女生群体所需要的整合式社会支持系统。研究思路和分析框架见图 1 - 3。

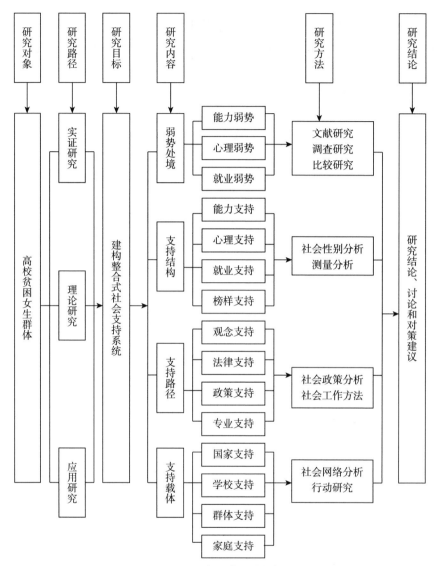

图 1-3　研究思路和分析框架

五　研究方法

本课题的研究对象为高校贫困女生群体。

（一）尝试研究范式的整合

本研究采用实证范式和行动范式。实证范式包括定量研究、质性研究和混合范式三种亚范式，混合范式则是定量研究、质性研究的有机结合。本研究尝试把不同的范式进行整合。

从实际应用角度看，定量研究与定性研究的本质差别主要体现为，二者回答的问题不同、研究的程序不同、研究的策略不同、研究的工具不同。二者的结合不可能发生在抽象的认识论和理论视角层面，只能发生在方法论，特别是具体方法层面。在定量研究的某个阶段使用定性研究的方法和技术，在以定量为主的研究中使用定性研究的方式或方法作为辅助，以及对研究问题的不同方面分别使用定性和定量两种方式，共同回答研究的中心问题，是二者常见的结合形式。而真正意义上两种研究方式的结合主要是指研究方式和研究方法层面的结合。

由于定性研究与定量研究在探索社会现象方面都存在局限性，因此学界一直在讨论定性研究与定量研究的结合问题。20 世纪末以来更是出现了与此密切相关的"混合方法研究"①。所谓"混合方法研究"，在一定意义上也就是定性方法与定量方法的结合研究。②

研究方法"选择的标准都只有一个，这就是回答研究问题的合适性，即应该选择和采用最为合适的研究方式，来达到研究的目标和最好的研究效果"。③

本研究的问题是，高校贫困女生群体具有怎样的弱势处境？社会支持现状如何？如何为她们提供社会支持？研究高校贫困女生群体的弱势处境和社会支持现状，需要通过调查研究收集数据，并进行深入的统计分析，所以适合采用定量研究方式；而研究贫困女生群体的弱势处境和社会支持现状产生的原因，则需要进行实地研究，对访谈资料进行定性分析。

如何为高校贫困女生提供社会支持？需要进行实践，行动研究是最好的研究方式。一些学者把行动研究作为与传统研究不同的研究范式单列。④

有人把行动研究视为"质的研究"⑤ 方法之一。二者有许多共同之处，都强调情境性、具体性。但"行动研究"也采用量的方法，如用问卷方法

---

① 蒋逸民：《作为"第三次方法论运动"的混合方法研究》，《浙江社会科学》2009 年第 10 期。
② 风笑天：《定性研究与定量研究的差别及其结合》，《江苏行政学院学报》2017 年第 2 期。
③ 风笑天：《定性研究与定量研究的差别及其结合》，《江苏行政学院学报》2017 年第 2 期。
④ 李小云、齐顾波、徐秀丽：《行动研究：一种新的研究范式？》，《中国农村观察》2008 年第 1 期。
⑤ 关于定性研究和质的研究（质性研究），学者有不同的观点，有学者认为两者是不同的研究范式。

调查有关问题，以便采取措施加以补救，它强调在实践中发现问题、解决问题。所以，总的来说，"行动研究"更倾向于求真，而"质的研究"则倾向于求善求美。①

本研究在从事行动研究中，主要进行社会工作专业干预，主张项目研究人员和高校贫困女生，兼具研究者和实践者的身份，具有"局内人行动研究"的倾向。

（二）收集资料的方法

本研究收集资料的方法包括问卷法、量表法、访谈法（个案访谈、焦点小组）等。

1. 设计和发放调查问卷收集数据

本研究经过前期文献检索和回顾、专家座谈和试调查，设计了指标体系及调查工具《新时期高校学生群体社会支持调查问卷》（见附件 1 和附件 2）。

为了更好地了解高校贫困生学习和发展的情况与特点，对高校不同群体进行研究，本研究的调查总体包括在调查标准时间（2017 年 3 月 1 日）前"全国普通高校中通过国家统一招收的全日制在读所有本科生"。

问卷调查使用纸质问卷与网络问卷相结合的方式，在全国 8 个省份进行抽样，涵盖不同类型和层次的高校。为了保证纸质问卷填答质量，采用集中填答的形式，调查员当场审核复查，发现漏项、错填等问题及时联系调查对象加以补充、修订。

本研究计划调查 3200 个样本。采用三阶段配额抽样法。主要根据东中西部地区、学校类型进行抽样。

一阶段与二阶段抽样方法是，一阶段采用立意抽样，选择了北京、吉林、江西、湖北、四川、甘肃和新疆、内蒙古 8 个省份。二阶段同样采用立意抽样，在每个地区选择有代表性的院校若干所。同时在全国层面上协调综合类、理工类、农林类、医药类、师范类、政法类、财经民族类、女校等不同类型的学校。二阶段抽样结果见表 1 - 1。

---

① 陈向明：《质的研究、量的研究、定性研究、行动研究之区别》，2014，转载于 https：//mp. weixin. qq. com/s？ src = 3&timestamp = 1587299996&ver = 1&signature = vX0oVIwecYC5 * 2wMM n7nMvf79oOH0tlKjAQOrIpb8GUjeqEdhn94aOTyDBPrR4bxfHtEHwL * q6uu8CutrOT0NbAasVVHH ZNZuiGomDuyHLPVib6LBTQk * Q9shQ67 * bmUMOgAqqh8i2NyI * BPjql5bA = = 。

表 1-1　二阶段抽样

单位：人

地区	级别	学校名称	贫困女生	普通女生	贫困男生	普通男生	合计
北京	重点	中国农业大学	50	50	50	50	200
	普通	北京中医药大学	50	50	50	50	200
		中华女子学院	200	200	0	0	400
吉林	重点	东北师范大学	50	50	50	50	200
	普通	长春理工大学	50	50	50	50	200
甘肃	重点	兰州大学	50	50	50	50	200
	普通	甘肃政法学院	50	50	50	50	200
新疆	重点	石河子大学	50	50	50	50	200
	普通	塔里木大学	50	50	50	50	200
四川	重点	四川大学	50	50	50	50	200
	普通	西南民族大学	50	50	50	50	200
湖北	重点	华中科技大学	50	50	50	50	200
	普通	湖北经济学院	50	50	50	50	200
内蒙古	普通	内蒙古农业大学	50	50	50	50	200
江西	普通	赣南师范大学	50	50	50	50	200
合计		共15所高校	900	900	700	700	3200

三阶段样本抽取办法是，各高校需要在贫困学生和非贫困学生中按照表 1-2 的配额要求完成调查。其中，贫困生特指目前在学校贫困生数据库的学生，需要学校资助中心或分管学生工作的老师协助确定贫困生调查人选。各高校在调查时尽可能安排不同学科背景和不同年级的学生参与，避免只是学生干部参与调查的情形。

表 1-2　三阶段抽样

单位：人

群体类别	分类标准	大一	大二	大三	大四	合计
普通女生	来自 2 个以上不同专业	12	12	13	13	50
普通男生	来自 2 个以上不同专业	12	12	13	13	50
贫困女生	来自 2 个以上不同专业	12	12	13	13	50
贫困男生	来自 2 个以上不同专业	12	12	13	13	50

在民族类高校及新疆、内蒙古地区的高校中，接受调查的少数民族学

生比例不得低于50%。

除综合类高校外，各专门院校在选择专业时，优先选择学校的主导专业，如财经类院校优先调查财经类专业、理工类院校优先调查理工类专业、农林类院校优先调查农林类专业，依此类推（见表1-2和表1-3）。

表1-3 某女院三阶段抽样

单位：人

群体类别	分类标准	大一	大二	大三	大四	合计
普通女生	来自4个以上不同专业	50	50	50	50	200
贫困女生	来自4个以上不同专业	50	50	50	50	200

通过将不同类高校间贫困女生与贫困男生及普通男生、女生群体的比较，更深入了解这一群体在接受高等教育过程中所面临的弱势处境、挑战、自身需求，以及社会支持状况，为高校贫困女生建构社会支持系统提供依据。

2. 构建"高校学生社会支持量表"

（1）初始量表形成

成立专家小组，通过阅读国内外相关参考文献，结合我国高校学生群体实际进行量表编制。共编制了30个条目，分别对应心理支持7条、能力支持10条、就业支持13条。条目均经专家小组讨论达成一致。

为了检验量表是否适合在高校学生群体中使用，采用认知访谈的方法，对北京市的三所高校共17名学生（11名女生）进行了访谈。访谈对象包括大一到大四共计四个年级的学生，学生来源包括农业和非农业户口两大类。所有认知访谈均由来自量表编制专家小组的同一名成员进行，访谈过程中由访谈者逐条将量表条目读给访谈对象，询问其是否完全理解，如果未能完全理解则为其提供备选表述，或由访谈对象提供更为适合的表达，直至访谈对象完全理解条目内容。

根据认知访谈结果，专家小组讨论修改了个别条目语句，例如"就业"修改为"就业/继续深造"。除了从学校和大众媒体获得就业/继续深造政策信息外，添加了一条"我可以从同学、朋友处了解到就业/继续深造相关的政策信息"。量表修改为心理支持7条、能力支持10条、就业支持12条。

（2）量表信效度检验

对象与方法。样本1：采用方便抽样的方法，选取北京市四所高校的学生作为调查对象，共发放348份问卷，收回有效填答问卷340份（有效率

97.7%）。调查对象平均年龄为 20.72 岁（标准差为 0.91），男生 95 人，女生 245 人。数据被用来对量表进行探索性因素分析、内部一致性及重测信度的检验。重测样本为样本 1 中的 60 名高校学生，测试间隔两周。

样本 2：采用三阶段配额抽样法，首先在全国抽取北京、吉林、江西、湖北、四川、甘肃、新疆、内蒙古 8 个省份；第二阶段在各地区内抽取院校共 15 所；第三阶段在各高校抽取学生，抽样专业要求多于 2 个。回收有效问卷 3241 份，男生 1332 人，女生 1909 人。数据被用来对量表进行验证性因素分析。

测量工具。自编高校学生心理－能力－就业社会支持量表，量表采用李克特五级评分——很不符合、不太符合、有时符合、比较符合、完全符合分别对应 1—5 分，分数越高，表示社会支持水平越高。高校学生对自己的身体健康和心理健康进行 1—3 分打分，分数越高，表示健康水平越高。

施测过程。样本 1 中多数调查问卷采用团体施测，部分问卷采取了单独施测的方式，被试填答纸质问卷，均有研究者在现场进行解答。样本 2 采用了线上填答的方式，委托被试所在学校进行施测，学校相关工作人员获得了量表说明以便对被试进行解答。

统计方法。通过 SPSS 25.0 软件进行探索性因素分析、内部一致性信度、重测信度分析和相关分析等，并应用 AMOS 24.0 进行验证性因素分析。

（3）量表形成结果

探索性因素分析。结果显示 KMO（取样适切性量数）值为 0.89，Bartlett 球形检验值为 5223.57，$P < 0.001$，表明数据适合进行探索性因素分析。采用主成分法（principle component）和最大方差正交旋转法（varimax），根据特征根大于 1 的标准和碎石图提取公因子。根据探索性因素分析结果和专家小组讨论，保留了 24 个条目，提取出 3 个公因子，得到的 3 个公因子呈现为家庭支持（8 个条目）、朋友支持（8 个条目）和学校支持（8 个条目）三个维度。累计方差贡献率为 53.93%，各条目因子载荷见表 1-4。

表 1-4　"高校学生社会支持量表"各条目因子载荷

条目	因子载荷		
	学校支持	家庭支持	朋友支持
我的家庭（父母、长辈、其他亲属等）曾经对我的能力发展提供过资源上的支持（包括物质、机会、人脉等多种资源）。	0.13	0.68	0.08

续表

条目	因子载荷		
	学校支持	家庭支持	朋友支持
我的家庭曾经在我的能力发展上提出过建议（如应该着重发展哪方面的能力）。	0.17	0.75	0.12
我的家庭曾经在我的能力发展上提出过鼓励和赞赏（如，这件事你做的很好，继续保持）。	0.12	0.64	0.22
我的同学、朋友曾经对我的能力发展提供过资源上的支持（包括物质、机会、人脉等多种资源）。	0.25	0.24	0.51
我的同学、朋友曾经在我的能力发展上提出过建议（如应该着重发展哪方面的能力）。	0.33	0.14	0.61
我的同学、朋友曾经在我的能力发展上提出过鼓励和赞赏（如，你这方面的能力挺强的）。	0.21	0.18	0.55
我的大学老师、辅导员曾经对我的能力发展提供过资源上的支持（包括物质、机会、人脉等多种资源）。	0.77	0.21	0.18
我的大学老师、辅导员曾经在我的能力发展上提出过建议（如应该着重发展哪方面的能力）。	0.81	0.14	0.13
我的大学老师、辅导员曾经在我的能力发展上提出过鼓励和赞赏（如，你做的不错）。	0.80	0.12	0.22
当我有烦恼、困惑、心理压力、遇到挫折或其他问题时，我会向家庭成员（父母、长辈、其他亲属等）诉说。	0.13	0.58	0.24
当我有烦恼、困惑、心理压力、遇到挫折或其他问题时，我会向我的同学、朋友诉说。	−0.02	0.27	0.66
当我有烦恼、困惑、心理压力、遇到挫折或其他问题时，我会向我的大学老师、辅导员诉说。	0.75	0.15	0.10
当我有烦恼、困惑、心理压力、遇到挫折或其他问题时，我会寻求家庭（父母、长辈、其他亲属等）的帮助。	0.10	0.65	0.20
当我有烦恼、困惑、心理压力、遇到挫折或其他问题时，我会寻求同学、朋友的帮助。	0.00	0.21	0.70
当我有烦恼、困惑、心理压力、遇到挫折或其他问题时，我会寻求大学老师、辅导员的帮助。	0.55	0.02	0.09
我的家庭（父母、长辈、其他亲属等）对我的就业/继续深造提供过资源上的支持（包括物质、机会、人脉等）。	0.05	0.70	0.08
我的家庭（父母、长辈、其他亲属等）对我的就业/继续深造提出过建议。	0.08	0.76	0.19
我的家庭（父母、长辈、其他亲属等）对我的就业/继续深造提出过鼓励（陪伴、支持我的选择等）。	0.10	0.60	0.29

条目	因子载荷		
	学校支持	家庭支持	朋友支持
我的同学、朋友对我的就业/继续深造提供过资源上的支持（包括物质、机会、人脉等）。	0.30	0.20	0.56
我的同学、朋友对我的就业/继续深造提出过建议。	0.31	0.16	0.69
我的同学、朋友对我的就业/继续深造提出过鼓励（陪伴、支持我的选择、一起创业等）。	0.23	0.10	0.74
我的大学老师、辅导员对我的就业/继续深造提供过资源上的支持（包括物质、机会、人脉等）。	0.74	0.14	0.27
我的大学老师、辅导员对我的就业/继续深造提出过建议。	0.81	0.08	0.19
我的大学老师、辅导员对我的就业/继续深造提出过鼓励。	0.81	0.11	0.20

验证性因素分析。为了进一步验证量表的结构效度，在探索性因素分析的基础上对样本 2 的数据进行了验证性因素分析。采用最大似然法根据 Amos 模型修饰指数 MI 构建的最终结构方程拟合模型见图 1 - 4。模型各项指数为 $\chi^2 = 4924.79$，$df = 232$，$P < 0.001$，$CFI = 0.933$，$TLI = 0.921$，$RMSEA = 0.079$，$SRMR = 0.051$。验证性因素分析结果支持本研究编制的"高校学生社会支持量表"具有家庭、朋友和学校支持三个维度，量表结构效度良好。

高校学生社会支持水平与健康的相关关系。社会支持（总量表平均分）和高校学生身体健康和心理健康的 Pearson 相关系数（$P < 0.01$）分别为 0.16 和 0.19。

信度分析。高校学生心理 - 能力 - 就业社会支持量表的内部一致性信度通过 Cronbach α 系数表示，重测信度通过两次测试（间隔两周）的 Pearson 相关系数显示，见表 1 - 5。

表 1 - 5 "高校学生社会支持量表"的内部一致性信度和重测信度

信度	家庭社会支持	朋友社会支持	学校社会支持	总量表
Cronbach α	0.85	0.85	0.92	0.92
Pearson r	0.80	0.68	0.73	0.72

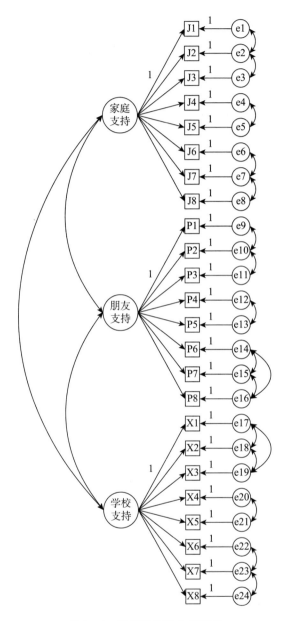

图 1 - 4 验证性因素分析模型

　　* J1 - J8 分别代表家庭支持分量表的 8 个条目，P1 - P8 分别代表朋友支持分量表的 8 个条目，X1 - X8 分别代表学校支持分量表的 8 个条目，e1 - e24 分别代表各条目的残差。

（4）讨论

本研究通过查阅文献、专家小组讨论、认知访谈、大样本调查等步骤编制了"高校学生社会支持量表"，保证了量表编制的科学性。量表包括三个维度，24个条目，家庭支持、朋友支持和学校支持3个分量表各包括8个条目。研究结果验证了该量表具有良好的信效度，可以进一步用于相关研究。本研究发展的量表包括针对高校学生心理、能力和就业的特殊支持。而以往研究关注的更多是高校学生的一般社会支持。新编制的量表有助于深入了解高校学生目前的社会支持水平，以及探索特殊社会支持与相关因素的关系，扩展对于社会支持的理解。同时，量表总体又与高校学生自评健康水平显著相关，符合预期（一般社会支持与健康水平相关），显示量表总体也可以作为测量高校学生一般社会支持的有效工具。

探索性和验证性因素分析结果显示，"高校学生社会支持量表"区分为三个因子时各项指标适配较好（满足 CFI > 0.9，RMSEA < 0.08，SRMR ≤ 0.08），表明该量表具有良好的结构效度。但三因子模型与开始时假设的三个维度（心理支持、能力支持、就业支持）并不一致，而是形成了根据社会支持载体区分的三个维度（家庭支持、朋友支持和学校支持）。这可能是因为相对于社会支持构成（心理支持、能力支持和就业支持），社会支持载体更加稳定，即各社会支持载体在各社会支持构成给予的支持水平比较一致，如果一个家庭对于高校学生的能力支持较大，那么在心理和就业方面也会给予较大的支持。这也和之前的研究发现一致，"高校学生社会支持量表"同样是在社会支持载体上进行维度的区分。验证性因素分析显示，在各分量表内部，心理、能力和就业三个方面内部的条目存在一定的相关，在实际应用中可以考虑进一步划分成家庭（朋友、学校）心理支持、家庭（朋友、学校）能力支持、家庭（朋友、学校）就业支持等。

内部一致性和重测信度是量表的重要信度指标，一般认为信度至少应达到0.6，达到0.7则表明量表具有较好的信度。本研究编制的"高校学生社会支持量表"内部一致性较好，各分量表及总体全部在0.8以上。量表的重测信度较好，除朋友支持分量表低于0.7外，总量表和家庭支持分量表及学校支持分量表均大于0.7。研究结果显示，新编制的"高校学生社会支持量表"具有良好的信度，稳定性较高。

本研究发展的量表主要针对的是高校学生，特别是其中的弱势群体（如高校贫困学生）在心理、能力和就业方面突出的弱势表现，对高校学生整体来说，可能还需要考虑其他社会支持构成来进行社会支持系统的评价。

本研究对于高校学生健康水平的测量采用了自评这一主观方式。这些不足有待于进一步研究解决。

研究证实新编制的"高校学生社会支持量表"具有良好的信效度，各项指标均符合心理测量学的标准，可以作为有效评价高校学生心理、能力和就业三方面特殊社会支持状况的工具，量表总体也可以作为测量高校学生一般社会支持的工具（见附件2）。

3. 编制"高校贫困女生社会支持系统及需求评估卡"进行个案和焦点小组访谈

在构建"高校学生社会支持量表"的基础上，本研究编制了"高校贫困女生社会支持系统及需求评估卡"（下文简称"评估卡"），专门用于对高校贫困女生社会支持系统及需求进行评估。它是以社会支持理论为视角，以SWOT量表为原型发展而成的，通过多次试调查，进行了信度和效度的检验，通过检验发现，"评估卡"的KMO和因素负荷量均表现良好，具有一定的效度；"评估卡"的克隆巴赫Alpha、斯皮尔曼－布朗系数和格特曼折半系数在各维度的最小值为0.742，最大值为0.953，量表的信度很高，并且重测信度显示，信度指标的值为0.749，重测信度较好，$P < 0.001$表明具有统计学意义。因此，该测量工具具有一定的可靠性和有效性，能够作为测量高校贫困女生社会支持系统及需求的有效工具。

评估卡由坐标（横纵2个）、区域（16个）、象限（4个）、维度（6个）、分量表（12个）、要素（104个）构成。

"评估卡"有两种形式。

一是量表形式，可以对高校贫困女生进行群体调查，用于评估某一高校贫困大学生社会支持系统的整体状况和整体需求。其优点是信息收集迅速，数据量大，测量的结果代表性强，可以更全面地了解某一高校内贫困学生群体的普遍状态和需求，更广泛、更便捷地获取贫困学生社会支持系统需求。其缺点是对测量结果不能深入讨论。

二是卡片形式，是对高校贫困女生进行个案和焦点小组访谈的工具，为社会工作专业干预提供行动目标。针对个体，用于评估个体的社会支持系统现状和需求评价的评估卡片形式。其优点是个体参与性强，可以更直观地了解个体的社会支持系统特殊形态和个性化需求，工作者与服务对象可以根据卡片的摆放情况进行深入的交流和讨论，为个性化的社会支持系统改善行动提供有力的帮助，也可用于焦点小组访谈。其缺点是测量需要的时间较多。

在实际应用中两种形式可以结合。对"评估卡"的更详尽介绍见第五章"改善高校贫困女生社会支持系统行动干预"。

(三) 分析资料的方法

本研究通过统计分析法、比较分析法、定性资料分析法对所收集的高校贫困女生弱势处境的问卷调查数据和访谈资料进行定量和定性分析，并运用社会政策分析、社会性别分析等方法对高校贫困女生的社会支持进行深入探讨。

(四) 行动研究

本研究尝试运用行动研究，鼓励高校贫困女生参与到整合式社会支持系统的建构之中。

1. 关于行动研究是不是一种研究方法的争论

行动研究是不是一种研究方法呢？很多学者对此做出了讨论。

部分学者把行动研究定义为一种研究方法。陶文中认为行动研究是一种弥补了研究与应用之间鸿沟的教育综合研究方法。[1] 张民选认为行动研究作为一种社会科学领域的研究方法而存在。[2] 也有学者认为行动研究是研究的一种途径或者是看待研究的一种视角。[3] 陈向明认为行动研究是一种研究取向，它与学术研究相对应，而不是一种研究方法。[4] 原则上可以使用任何方法，只要对改变有用。[5] 还有学者认为行动研究是一种研究范式。[6]

总的来说，可以认为行动研究是一种方法学方法，[7] 它为理论与实践的

---

[1]　陶文中：《行动研究法的理念》，《教育科学研究》1997 年第 6 期。

[2]　张民选：《对"行动研究"的研究》，《华东师范大学学报》（教育科学版）1992 年第 1 期。

[3]　李小云、齐顾波、徐秀丽：《行动研究：一种新的研究范式?》，《中国农村观察》2008 年第 1 期。

[4]　陈向明：《质性研究的新发展及其对社会科学研究的意义》，《教育研究与实验》2008 年第 2 期。

[5]　陈向明：《从"范式"的视角看质的研究之定位》，《教育研究》2008 年第 5 期。

[6]　董树梅：《行动研究是研究方法吗——基于方法论视角的思考》，《教育理论与实践》2014 年第 1 期；董树梅：《主动，行动研究之魂——对行动研究本质的思考》，《天津师范大学学报》（基础教育版）2014 年第 2 期。

[7]　Small. S. A., Uttal. L., "Action-oriented research: Strategies for engaged scholarship." *Journal of Marriage and Family* 67 (2005): 936 – 948.

更好结合与应用提供了一种途径，并为研究与实践的关系提供了新的视角。本研究采纳行动研究是一种研究范式的观点。

2. 关于行动者和研究者主体地位的争论

行动研究在其运用和发展中也出现了矛盾和问题，谈论较多的是在行动研究的过程中，行动者和研究者的主体性问题，即谁应该居于主体性地位？

有学者认为理论和实践并不是相互独立的，行动研究作为一种教育教学研究方式，不仅适用于教师，而且适用于教育理论工作者，行动研究是他们共同研究和解决问题的"中间地带"，在这个过程中教师与教育教学研究者都是行动研究的主体，只是目的不同。教师旨在解决问题，而专家则旨在发展理论。[①] 这种观点认为二者都是过程中的主体，但对研究过程的参与带有不同的目的。也有学者反思了教育研究领域中，高校教师进入中小学与中小学教师合作进行研究的行动研究。在这一研究过程中，中小学教师并没有展现出他们本该有的主体性地位，学者指出行动研究的本质所在正是实践工作者成为研究的真正主体。那么行动研究中，实践研究者的主体地位是如何体现的，则在于其对所从事的研究活动的积极主动的态度和反思的精神，以及他们在研究过程中对自我的解剖和反思。[②] 该观点认为行动研究的过程中应该居于主体地位的是行动者，文中所指出的问题，是目前大多数行动研究所存在的问题。

我国台湾学者夏林清所推动的以社会改变为取向的行动研究则打破了在行动研究过程中主客两分的状况，她主张行动者总结自己实践中的经验，发展出属于实践者自己的知识。"如果专家学者扮演协助实践者进行研究的角色，那么其协同的不仅是对行动的研究，也要协同行动者的书写，力主行动者书写和呈现自己的实践知识，协同探究者则呈现作为协同者的行动知识。体现研究过程中对行动者最大限度的赋权。"[③]

3. 行动研究的方法与程序

行动研究的独特性并不在于其研究技术，而在于其特殊的研究方法。

---

① 王存荣：《审视"行动研究"》，《当代教育科学》2010 年第 5 期。

② 董树梅：《主动，行动研究之魂——对行动研究本质的思考》，《天津师范大学学报》（基础教育版）2014 年第 2 期。

③ 杨静：《朝向人性化改变的理论——〈受压迫者教育学〉的解读及对社会工作的启示》，《中国农业大学学报》（社会科学版）2017 年第 3 期。

行动研究的研究技术，不论是资料记录和收集技术，还是资料分析技术，都不是其独有的。这些技术和实验与分析研究者所采用的不同，而与解释性研究者所用的相像。所以，行动研究的方法是它的独特性所在，这种方法是一个螺旋式的自我反思的过程，其严谨性也正在于这个反省的过程。[①] 此外，反思型实践也被认为是行动研究。评价行动研究的质量需要对论述、组织启发和组织行动中的每个阶段进行分析，检验研究的效果则以行动者意识的提升、问题的解决以及生态环境的改善为标准。[②]

勒温认为行动研究包括制订计划、实地调查和贯彻执行这几个过程。凯米斯提出行动研究是从计划、行动、观察到反思的螺旋式循环过程。[③] 李桂芝在总结前人的观点后，提出行动研究主要有三个环节：制订计划、实施即全面落实计划、审查或称之为全面总结评价。[④] 陶文中将行动研究的实施步骤归纳为以下九项：发现问题、界定问题、文献探讨、拟定计划、设立假说、收集资料、实施行动、评价效果、撰写研究报告。[⑤]

行动研究的目的是在实践中了解问题、解决问题，它通过在行动中对场域的逐步深入了解而不断反思调整行动方案最终促成改变，具有系统性和灵活性。行动研究的过程是一个循环往复的过程，从做出为了促进改变的计划开始，到计划的执行即行动，再到在行动所在的环境（场域）中进行观察和反思，最后调整或提出新的计划再次投入到行动中。[⑥]

总的来说，结合行动研究的特点，可以认为行动研究的过程主要包括以下几个步骤：计划，根据问题和现实情境拟定合适的策划；实施，根据指定的计划去执行和实施，并随时根据实际情况对计划作出合适的调整；反思，对实施部分进行反思和总结，评估现有效果、存在的问题，调整计划；再行动，根据调整后的计划继续投入实践，直到找到适合的方式，解决问题，完成目标。

本研究尝试运用个案工作、小组工作、社区工作、政策倡导等专业方法科学地为贫困女生提供支持，并鼓励贫困女生参与行动研究。

---

① S. 凯米斯、张先怡：《行动研究法（下）》，《教育科学研究》1994 年第 5 期。
② 陈向明：《从"范式"的视角看质的研究之定位》，《教育研究》2008 年第 5 期。
③ S. 凯米斯、张先怡：《行动研究法（上）》，《教育科学研究》1994 年第 4 期。
④ 李桂芝：《浅谈"行动研究法"》，《北京青年政治学院学报》2002 年第 2 期。
⑤ 陶文中：《行动研究法的实施》，《教育科学研究》1998 年第 2 期。
⑥ 蒋楠：《"行动研究"简介》，《外国教育动态》1987 年第 1 期。

六　概念界定和理论视角

（一）概念界定

1. 高校贫困女生

"高校女生"是指国家统一招收、全日制在读的高校女性本科生、硕士生和博士生。依据教育部相关文件，将高校贫困学生界定为学生本人及其家庭所能筹集到的资金难以支付其在校学习期间的学习和生活基本费用的学生。"高校贫困女生"是指家庭年收入低于目前当地政府公布的最低家庭收入标准的高校女生。[①] 本研究所指的高校贫困女生为在学校注册登记过的贫困生库中的学生，能够提供当地政府出具的贫困证明，由学校审核批准，通过一定标准进行甄别，在库内接受资助的高校本科女生。

2. 弱势处境

"处境"指所处境地，"弱势处境"指不利的情况。高校贫困女生的"弱势处境"指高校贫困女生在经济、能力、就业、心理等方面处于不利的情况。高校贫困女生是弱势群体。

3. 社会支持

社会支持是指一定的社会网络运用一定的物质和精神手段对社会弱势群体（高校贫困女生）进行无偿帮助的行为的总和。

4. 行动干预

"干预"含有合理的参与意义。"行动干预"即是对行动的合理参与。从行动研究角度看，有学者提出行动研究作为一种实践对社会形成行动干预。研究者和研究对象之间形成协同行动的力量，实现社会干预的目标。研究者的学术实践超越了表述和代言的层面，而进入到了行动层面，即为行动干预。[②] 从社会工作角度看，把社会工作专业干预与行动研究结合，可以理解为"行动干预"，这正是本研究的视角。

本研究的"行动干预"是指在对高校贫困女生的社会支持实践中，研究者与作为研究对象的高校贫困女生协同行动，实现构建整合式社会支持系统的目标。行动干预旨在针对高校贫困女生进行需求评估，对干预理论

---

① 此处引用"新时期高校贫困女生弱势处境及社会支持研究"课题项目中对于"高校女生"和"高校贫困女生"概念的界定。

② 郑庆杰：《"主体间性——干预行动"框架：质性研究的反思谱系》，《社会》2011 年第 3 期。

和方法进行优化，尝试探索出干预服务模式。

（二）社会支持理论

本研究尝试提出整合式社会支持理论。整合式社会支持系统包括社会支持结构、社会支持路径、社会支持载体。近几年国内外文献研究又分别从社会支持结构、社会支持路径、社会支持载体进行分析。

1. 关于社会支持结构研究

认为社会支持具有一定的结构性，主要探索社会支持的来源，从而描绘出个体社会支持系统状况，从结构上认识社会支持系统。[①] 可从政治、经济、心理等支持维度来认识社会支持系统并帮助服务对象解决不同的问题。政治支持以信念认同和利益认同为内核，[②] Jae-Chun Park 等提出社会支持与组织政治环境相关，[③] 在此环境中，以成员的情感需求和工具需求建立的社会支持系统容易进行内部控制或获取资源，减少资源损失和负面影响，缓解工作压力和职业倦怠，灵活应对外部环境变化，最终实现组织目标。经济支持提供物质保障，是社会支持结构必不可少的组成部分，学者们根据研究对象的特性不断拓展支持维度以便更好地解决问题。Damiano Fiorillo 提出从经济和心理支持维度建构社会支持系统，满足服务对象对卫生保健的需求。[④] 光瑞卿等在政治、经济支持维度基础上提出生活支持维度，在保障服务对象的日常生活活动之后为其提供物质上的支持和精神上的慰藉。[⑤] 此外，行动支持对于老人和儿童等主体来说也极为有效。孟兴林、张青从经济、信息、关系和情感支持维度入手来帮助贫困学子构建资助体系与解决就业的问题，积极的情感支持能够给予贫困学子以活力，使其对生活充满希望。服务对象的多样性与所遇问题的复杂性促进了社会支持结构的丰

① 刘玉连、汪震：《社会支持内涵的新思考》，《科教文汇》（下旬刊）2008 年第 7 期。
② 陈宪：《市场经济需要怎样的政治支持》，《探索与争鸣》2017 年第 4 期。
③ Park. J. C., Kim. S., Lee. H., "Effect of work-related smartphone use after work on job burnout: Moderating effect of social support and organizational politics." *Computers in Human Behavior* 105 (2020): 105.
④ Fiorillo. D., "Reasons for unmet needs for health care: the role of social capital and social support in some western EU countries." *International Journal of Health Economics and Management* 20 (2020): 79 – 98.
⑤ 光瑞卿、席晶、程杨：《北京市社区居住老年人社会支持度量及其影响因素研究》，《北京师范大学学报》（自然科学版）2020 年第 1 期。

富性。①

2. 关于社会支持路径研究

有学者对弱势群体的社会支持路径进行研究，从不同路径对弱势群体的社会支持展开分析。② 提出社会支持主要有两种作用模型：一种是社会支持的直接效应模型，用于改变不合理行为；另一种是社会支持的缓冲作用模型，用于提升自我价值。③ Walsh 和 Fowler 在做社会支持对躁狂症人群心理困扰影响的研究时，提出如果能够形成某种与价值相关的社会支持机制，就可以为特定人群创造安全和支持性的环境，去除自我污名，体现自我价值，增加幸福感和减少心理痛苦。④ Katagami 和 Tsuchiya 亦强调构建自我认知、增强自我效能来知觉他人给予的支持从而建构社会支持系统。⑤ 这显然是微观视角的支持路径研究，强调的是认知与价值的作用。

服务主体的多元化与遭遇问题的复杂化使得学者们对社会支持路径的研究更加全面。李娜在对老年群体的研究中，提出从国家政策、劳动力市场、社区支持、家庭支持、个人价值等方面建构社会支持网络与寻求社会支持。⑥ 黄粹等从妇联支持、基层服务、邻里互助以及社工帮扶实现对留守妇女社会支持系统的完善。⑦ 此外，为大学生创业提供有力的社会支持路径还需从政府、高校、企业、媒体、社会组织方面入手。⑧ 由此，可从微观、

① 孟兴林、代敏：《社会支持网视角下的建档立卡毕业生精准就业帮扶路径研究》，《改革与开放》2019 年第 21 期；张青：《社会支持视域下贫困大学生资助体系构建研究》，《江西电力职业技术学院学报》2018 年第 10 期。
② 黄粹、王晓惠、顾容光：《农村留守妇女社会支持系统的完善路径分析》，《农村经济与科技》2019 年第 17 期；梁珊：《留守儿童社会心理支持路径的研究——以都匀市归兰乡潘硐村为例》，《环渤海经济瞭望》2019 年第 6 期；张伟伟、顾雷：《社会支持视角下高职院校贫困生"心理脱贫"路径研究》，《长江工程职业技术学院学报》2019 年第 2 期。
③ Deb. R. , Morgan. S. , Souphis. N. , Dagley. S. , Irani. S. , Raina. A. , Kong. X. , Fink. S. , Bryant. J. , Rubenfire. M. , "The role of social support and gender on copletion of cardiac rehabilitation. " *Journal of the American College of Cardiology* 75（2020）：2055.
④ Walsh. A. , Fowler. K. , "Examining the influence of social support on psychological distress in a canadian population with symptoms of mania. " *Psychiatric Quarterly* 91（2020）：251 – 261.
⑤ Katagami. E. , Tsuchiya. H. , "Effects of social support on athletes' psychological well-being：The correlations among received support, perceived support, and personality. " *Psychology* 7（2016）：1741 – 1752.
⑥ 李娜：《社会支持理论下老年群体后职业发展的路径研究》，《山东广播电视大学学报》2020 年第 1 期。
⑦ 黄粹、王晓惠、顾容光：《农村留守妇女社会支持系统的完善路径分析》，《农村经济与科技》2019 年第 17 期。
⑧ 安俊达、李莲英：《大学生创业的社会支持路径研究》，《中国大学生就业》2016 年第 16 期。

中观和宏观三个层面来获得或完善不同主体的社会支持系统，以缓解其面临的困境，但也需要结合具体情境来操作化。

3. 关于社会支持载体研究

一般而言，社会支持来源于家庭、朋友和重要他人等具有亲密关系的主体。彪巍等根据费孝通"差序格局"理论，将个体的社会支持载体由内向外分为亲属圈（家人）、友情圈（亲朋）和义务圈（组织与政府等），用来反映个体获得社会支持的亲疏程度。[①] Damiano Fiorillo 主张从亲戚、朋友、志愿服务和团体组织四个主体来获得社会支持，强调通过提高与亲友联系的频率和寻求帮助的能力、志愿服务和参加正式团体的能力来强化社会支持。[②]

在面对不同的服务对象时，社会支持的载体会有些许类似但又不尽相同。Anna Walsh 等在研究躁狂症人群时，发现来自同龄人、家人、朋友和重要他人的较高水平的社会支持与较低的心理困扰、较少的躁狂症状有极大关联。[③] 光瑞卿等在对社区老年人的研究中提出政府、机构、企业、社区、家庭、社会工作者、志愿者等都可为服务对象提供正式和非正式的支持。[④] 李艳娥认为家庭、朋友、社区、慈善组织、医疗资源以及政策等方面的支持和帮助可增强精神障碍患者的信心。[⑤] 当然，在对女性的研究中，妇联、媒体的作用亦至关重要。还有学者将社会支持与性别差异相结合进行研究，发现在压力很大的时候，女性比男性更有可能提供更大的支持，[⑥] 并且女性比男性更多出于道德原因寻求社会支持。[⑦] 由此看出，社会支持载体的操作化包括正式支持和非正式支持，除了具有血缘关系的亲属和基于地缘或业缘关系的熟人朋友之外则为更广泛的社会支持，但是服务对象困境

---

① 彪巍、肖永康、陈任、秦侠、马颖、胡志：《我国罕见病患者社会支持研究》，《医学与社会》2012 年第 10 期。

② Fiorillo. D. , "Reasons for unmet needs for health care: The role of social capital and social support in some western EU countries." *International Journal of Health Economics and Management* 20 (2020): 79 – 98.

③ Walsh. A. , Fowler. K. , "Examining the influence of social support on psychological distress in a Canadian population with symptoms of mania." *Psychiatric Quarterly* 91 (2020): 251 – 261.

④ 光瑞卿、席晶、程杨：《北京市老年人社会支持度量及其影响因素研究》，《北京师范大学学报》（自然科学版）2020 年第 1 期。

⑤ 李艳娥：《社会工作介入精神障碍患者社会支持网络构建研究》，《智库时代》2020 年第 7 期。

⑥ Taylor. S. E. , Sherman. D. K. , Kim. H. S. , Jarcho. J. , Takagi. K. , Dunagan. M. S. , "Culture and social support: Who seeks it and why?" *Journal of Personality and Social Psychology* 87 (2004): 354 – 362.

⑦ Hamdan-Mansour. A. M. , "Social support and adolescents' alcohol use: An integrative literature review." *Health* 8 (2016): 1166 – 1177. doi: 10. 4236/health. 2016. 812120.

的解决还依赖于各个主体之间的联系与合作。

综上所述，通过对社会支持结构、载体和路径三个方面文献的梳理，可以发现结构层次的文献并不多，并且国内外学者对社会支持理论的运用多以实证研究为主，且大都从医学、心理学的专业角度出发对老年人、青少年和儿童等的健康、心理等进行分析研究，但社会支持视角下社会工作介入研究逐渐增多，研究主体不断拓宽，社会支持的载体与形成路径也因服务对象的差异而有所拓展。

参考上述文献研究，本研究认为整合式社会支持系统中的社会支持结构、社会支持路径、社会支持载体，在系统中各自承担不同的功能，即社会支持结构是社会支持系统的构成及其相互关系，社会支持路径是达成建立社会支持系统目标的道路和方式，社会支持载体是传递社会支持结构能量的工具和平台。

社会支持结构是指社会支持具有一定的结构性，[1] 体现社会支持系统的构成及其相互关系，以探索社会支持的来源，从结构上认识社会支持系统的功能。高校贫困女生具有能力弱势、心理弱势和就业弱势，应该为她们提供能力、心理、就业和榜样等社会支持。能力支持主要是对高校贫困女生的实践能力、创新能力进行培育；心理支持是培养贫困女生的心理优势和克服心理弱势；就业支持是对贫困女生的就业方向、经验积累提供帮助，并培育她们的职业能力；榜样支持指树立榜样，使贫困女生有榜样可学。

社会支持路径是指达成建立社会支持系统目标的道路和方式，通过观念、法律、政策和专业等方式建构起高校贫困女生的社会支持系统。如政策支持是在高等教育的各个环节中形成系统的政策支持，专业支持指社会工作专业支持。

社会支持载体是指能传递社会支持结构能量（资源、救助和服务）的工具和平台，包括高校贫困女生的正式社会支持和非正式社会支持。正式社会支持主要是由政府和高等学校等社会组织实施。非正式支持则主要指来自同辈群体和家庭的支持。同辈群体支持指来自普通同学和贫困同学的支持，尤其是贫困学生建立自组织，相互之间的支持。

通过对社会支持结构、社会支持路径和社会支持载体的研究，为高校贫困女生建构一个立体的多元的整合式社会支持系统，能够使高校贫困女生的社会支持系统更加丰富和完善。

---

① 刘玉连、汪震：《社会支持内涵的新思考》，《科教文汇》（中旬刊）2008 年第 5 期。

第二章　高校贫困女生的现状

一　调查样本概况

此次问卷调查共收集问卷3246份，其中有效数据3231份，有效问卷率99.54%。群体类别及其人数分别为高校贫困女生973人，高校贫困男生657人，高校普通女生926人，高校普通男生675人（见表2－1和表2－2）。

表2－1　实际调查样本数据

单位：人

地区	级别	学校名称	贫困女生	普通女生	贫困男生	普通男生	合计
北京	重点	中国农业大学	66	88	56	79	289
	普通	北京中医药大学	49	51	46	49	195
		中华女子学院	227	218	0	0	445
吉林	重点	东北师范大学	52	56	41	56	205
	普通	长春理工大学	31	59	68	70	228
甘肃	重点	兰州大学	58	50	47	39	194
	普通	甘肃政法学院	84	38	81	61	264
新疆	重点	石河子大学	62	55	51	54	222
	普通	塔里木大学	41	53	35	56	185
四川	重点	四川大学	60	52	42	52	206
	普通	西南民族大学	49	54	46	48	197
湖北	重点	华中科技大学	44	59	47	47	197
内蒙古	普通	内蒙古农业大学	64	58	71	53	246
江西	普通	赣南师范大学	86	35	26	11	158
合计		共14所高校	973	926	657	675	3231

表 2 - 2　调查样本概况（有效样本）

单位：人

类别	贫困	普通	合计
男	657	675	1332
女	973	926	1899
合计	1630	1601	3231

注：表 2 - 2 是性别和群体类型的交叉分析。其中，性别缺失 2 人。群体类型缺失 15 人，交互分析后 3231 人为有效数据。

（一）性别分布

在抽样调查中，男生 1337 人，占总人数的 41.21%，女生 1907 人，占总人数的 58.79%（见图 2 - 1）。

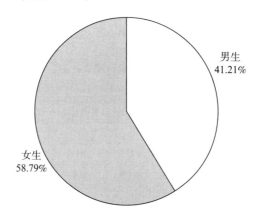

图 2 - 1　调查样本性别分布

说明：图 2 - 1 是性别的单变量频数分析，所以数据与表 2 - 2 数据并不会一致。

（二）年龄分布

此次抽样的高校学生出生年份主要集中在 1992 年至 1999 年，年龄主要集中在 18 岁至 22 岁。其中，23.70% 的学生是 20 周岁，21.18% 的学生是 19 周岁，20.71% 的学生是 21 周岁（见图 2 - 2）。

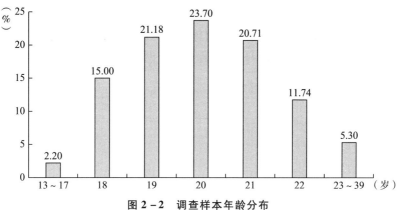

图 2 - 2　调查样本年龄分布

（三）民族分布

抽样的高校学生共包括 29 个少数民族①。其中，82.61% 的学生是汉族，其次是蒙古族（4.08%）、回族（2.90%）、维吾尔族（1.70%）、满族（1.54%）、土家族（1.36%）等（见表 2 - 3）。

表 2 - 3　调查样本民族分布

单位：%

民族	人数	比例	民族	人数	比例	民族	人数	比例
汉族	2675	82.61	藏族	16	0.49	柯尔克孜族	3	0.09
蒙古族	132	4.08	侗族	9	0.28	达斡尔族	3	0.09
回族	94	2.90	白族	7	0.22	羌族	2	0.06
维吾尔族	55	1.70	布依族	7	0.22	保安族	1	0.03
满族	50	1.54	畲族	6	0.19	裕固族	1	0.03
土家族	44	1.36	瑶族	5	0.15	纳西族	1	0.03
哈萨克族	35	1.08	锡伯族	4	0.12	朝鲜族	1	0.03
壮族	33	1.02	黎族	4	0.12	水族	1	0.03
苗族	20	0.62	东乡族	4	0.12	毛南族	1	0.03
彝族	20	0.62	仡佬族	3	0.09	俄罗斯族	1	0.03

（四）户口类型

调查结果显示，73.46% 的高校贫困女生为农业户口，而高校普通学生

---

①　将填写"其他民族"的个案设为缺失，此处民族未明确填写。

中仅有30%左右的学生为农业户口（见图2-3）。

从图2-3可见，高校贫困女生群体中持有农业户口的学生人数远大于高校普通女生群体中持有农业户口的人数，所占比重也远超过高校普通女生。

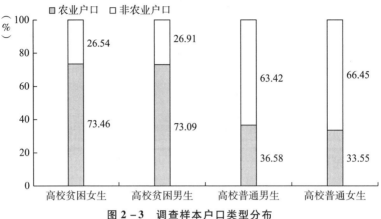

图 2-3　调查样本户口类型分布

二　教育经历

（一）年级分布

参与抽样调查的高校贫困女生中大一学生所占比例最高（27.95%），其次是大三（24.77%）及大四（24.77%）的学生（见表2-4）。

表 2-4　调查样本年级分布

单位：%

高校学生群体	大一	大二	大三	大四
高校贫困女生	27.95	22.51	24.77	24.77
高校普通女生	25.38	25.27	25.92	23.43
高校贫困男生	25.27	25.88	24.66	24.20
高校普通男生	26.37	22.37	25.93	25.33

（二）学科分布

参与调查的高校贫困女生中所占人数比例最大的前三类学科分别为法学（16.65%）、文学（13.46%）和管理学（12.85%）；高校贫困女生中经济学、法学、教育学、文学专业的女生所占比例高于其他三个高校学生群体（见表 2-5）。

表 2-5 调查样本学科分布

单位：%

学科类型	高校贫困女生	高校普通女生	高校贫困男生	高校普通男生
哲学	2.57	1.19	2.59	2.07
经济学	12.64	11.34	5.48	3.26
法学	16.65	15.55	13.55	12.74
教育学	9.35	9.07	1.98	3.11
文学	13.46	13.39	8.37	11.41
历史学	0.51	0.43	0.30	0.59
理学	8.53	12.96	16.44	17.19
工学	10.38	12.42	19.18	18.22
农学	5.45	2.92	9.59	8.15
医学	7.61	7.45	7.61	9.78
管理学	12.85	13.28	14.92	13.48

（三）能力分析

1. 综合能力

通过比较不同群体间综合能力各维度自评分数的均值，了解各群体的能力特征。高校贫困女生与其他三个高校学生群体在创新能力、心理承受能力、计算机水平、综合外语水平和人际交往能力上存在显著的统计学差异。其在创新能力、心理承受能力、计算机水平、综合外语水平维度的得分显著低于其他学生群体，而在人际交往能力维度的得分显著高于其他学生群体（见表 2-6）。

表 2-6 综合能力各因素的比较（M ± SD）

能力维度	高校贫困女生（N = 973）	高校普通女生（N = 926）	高校贫困男生（N = 656）	高校普通男生（N = 675）	F
专业基础知识	3.12 ± 0.674	3.08 ± 0.693	3.13 ± 0.753	3.15 ± 0.773	1.352
创新能力	2.97 ± 0.783	3.12 ± 0.789	3.15 ± 0.79	3.32 ± 0.811	26.508***
心理承受能力	3.63 ± 0.868	3.63 ± 0.878	3.76 ± 0.883	3.78 ± 0.927	6.508***
团队合作能力	3.63 ± 0.749	3.68 ± 0.788	3.68 ± 0.836	3.7 ± 0.821	1.330

65

续表

能力维度	高校贫困女生 （$N = 973$）	高校普通女生 （$N = 926$）	高校贫困男生 （$N = 656$）	高校普通男生 （$N = 675$）	F
计算机水平	2.88 ± 0.773	3.55 ± 0.814	3.52 ± 0.868	3.65 ± 0.895	5.005^{**}
综合外语水平	2.87 ± 0.754	3.06 ± 0.776	3.03 ± 0.841	3.17 ± 0.842	18.403^{***}
人际交往能力	3.5 ± 0.751	3.09 ± 0.801	2.69 ± 0.92	2.96 ± 0.911	30.666^{***}

注：$^{**} P < 0.01$，$^{***} P < 0.001$。

2. 学习主动性

通过比较不同高校学生群体的学习主动性，由不同高校学生群体学习主动性的总体均值[1]可知，四个高校学生群体组间差异显著（$P < 0.001$），高校贫困女生的总体均值最高。

首先，从学习主动性的不同表现方面来分别计算每项主动性的得分，[2]并进行比较。通过比较可知，高校贫困女生在学习主动性上整体得分显著高于其他三个高校学生群体（见表 2 - 7 和表 2 - 8）。

表 2 - 7 学习主动性题项编号

编号	学习主动性
A	我能在公开场合清晰地表达自己的观点
B	我愿意花时间学习自己感兴趣的知识，哪怕与考试内容无关
C	有时我会对老师/书本的观点提出质疑
D	我会主动争取我想要的机会或资源
E	我在学习中有很强的自我管理和控制能力

表 2 - 8 学习主动性各因素比较（M ± SD）

题项	高校贫困女生 （$N = 973$）	高校普通女生 （$N = 926$）	高校贫困男生 （$N = 656$）	高校普通男生 （$N = 675$）	F
A	2.43 ± 0.808	2.39 ± 0.834	2.32 ± 0.831	2.17 ± 0.818	13.271^{***}
B	2.07 ± 0.804	2.00 ± 0.799	1.96 ± 0.78	1.87 ± 0.84	8.426^{***}
C	2.72 ± 0.839	2.77 ± 0.923	2.58 ± 0.87	2.46 ± 0.919	19.324^{***}

---

[1] 总体均值计算方法，将每个学生的五项个人能力得分计总，接着计算不同大学生群体的平均得分。

[2] 将选项"完全符合""比较符合""有时符合""不太符合"以及"很不符合"分别赋5分、4分、3分、2分以及1分，计算四个大学生群体每项个人能力的平均值。

续表

题项	高校贫困女生 ($N = 973$)	高校普通女生 ($N = 926$)	高校贫困男生 ($N = 656$)	高校普通男生 ($N = 675$)	F
D	2.31 ± 0.855	2.30 ± 0.85	2.27 ± 0.845	2.23 ± 0.919	1.294
E	2.54 ± 0.881	2.63 ± 0.896	2.52 ± 0.96	2.63 ± 0.971	3.200^{*}
学习主动性总分	2.414 ± 0.587	2.401 ± 0.628	2.33 ± 0.639	2.272 ± 0.655	8.721^{***}

注：$^{*}P < 0.05$，$^{***}P < 0.001$。

3．学习能力

关于高校学生的学习能力，以成绩排名表示其学习能力的高低。在四个高校学生群体中，高校贫困女生的成绩优秀以及良好所占比例最高，分别为 20.96% 和 42.45%。学习成绩不好的类别中，高校贫困女生人数所占比例最低，为 3.70%（见图 2-4）。

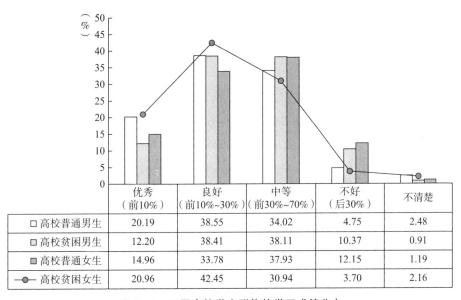

	优秀 （前10%）	良好 （前10%~30%）	中等 （前30%~70%）	不好 （后30%）	不清楚
□ 高校普通男生	20.19	38.55	34.02	4.75	2.48
□ 高校贫困男生	12.20	38.41	38.11	10.37	0.91
▨ 高校普通女生	14.96	33.78	37.93	12.15	1.19
●— 高校贫困女生	20.96	42.45	30.94	3.70	2.16

图 2-4 不同高校学生群体的学习成绩分布

（四）个人荣誉

就荣誉而言，高校贫困女生获得国家级荣誉的学生比例高于其他三个群体，但获得的院系以及省部级荣誉的人数比例低于另外三个群体，仅为 20.86% 和 4.83%。没有得过任何级别奖励的学生比例高于高校普通女生和高校普通男生，为 30.73%（见图 2-5）。

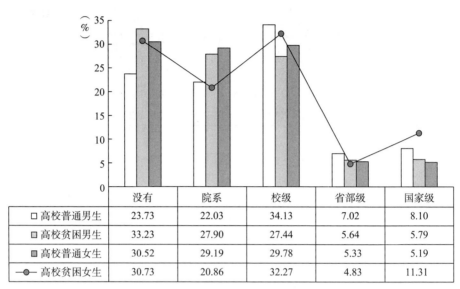

	没有	院系	校级	省部级	国家级
□ 高校普通男生	23.73	22.03	34.13	7.02	8.10
▨ 高校贫困男生	33.23	27.90	27.44	5.64	5.79
▩ 高校普通女生	30.52	29.19	29.78	5.33	5.19
—●— 高校贫困女生	30.73	20.86	32.27	4.83	11.31

图 2 - 5   不同高校学生群体受到的荣誉表彰的级别

（五）大学活动经历

通过计算四个高校学生群体大学经历各维度得分，经 ANOVA 方差分析可知，四个学生群体组间差异显著（$P < 0.05$）。

具体而言，从表 2 - 9 所示各维度的平均分①及显著性水平可知，高校贫困女生与其他三个高校学生群体在活动参与的四个维度上都存在显著的统计学差异。高校贫困女生获取各类专业资格证书（不包括英语四六级证书）的得分高于高校男生。表明高校贫困女生由于家庭经济条件以及人际交往意愿较低，没有参加对外的学术交流和创业尝试，更加倾向于独自学习，考取各类证书。

表 2 - 9   大学经历各因素比较 （M ± SD）

活动项目	高校贫困女生 （$N = 973$）	高校普通女生 （$N = 926$）	高校贫困男生 （$N = 656$）	高校普通男生 （$N = 675$）	F
参与课程以外的学术、科研活动或会议	0.72 ± 0.786	0.76 ± 0.784	0.87 ± 0.82	0.81 ± 0.809	4.816**

①　平均分计算方法：将"没有"赋 0 分，"有 1 次"赋 1 分，"有多次"赋 2 分，分别计算四个大学生群体在每项得分中的平均值。

续表

活动项目	高校贫困女生 （$N = 973$）	高校普通女生 （$N = 926$）	高校贫困男生 （$N = 656$）	高校普通男生 （$N = 675$）	F
到校外或是国内其他地区开会、学习或交流	0.29 ± 0.599	0.36 ± 0.64	0.4 ± 0.674	0.41 ± 0.671	5.529**
获取各类专业资格证书	0.55 ± 0.731	0.61 ± 0.727	0.46 ± 0.653	0.47 ± 0.668	7.376***
参与各种产品孵化项目、开淘宝店等	0.21 ± 0.501	0.22 ± 0.5	0.28 ± 0.576	0.25 ± 0.548	3.204*

注：$^*P < 0.05$，$^{**}P < 0.01$，$^{***}P < 0.001$。

（六）期望学位

高校贫困女生中期望自己的学位是硕士的比例占 44.75%，低于高校普通女生（45.78%）。高校贫困女生期望获得博士学位的比例低于其他三个群体，高校贫困女生不确定自己期望学位的比例高于其他三个群体，这也从一个侧面说明，相比而言，高校贫困女生更加无法明确规划自己的学生生涯（见表 2-10）。

表 2-10 不同高校学生群体的期望学位

单位：%

不同群体	本科	硕士	博士	不确定
高校贫困女生	11.93	44.75	25.21	18.11
高校普通女生	11.44	45.78	25.59	17.17
高校贫困男生	14.63	39.33	28.51	17.53
高校普通男生	16.74	41.78	26.96	14.52

（七）小结

通过数据分析得到以下结论。

1. 学科分布

此次调查的样本中高校贫困女生就读学科以法学、文学和管理学为主，学科分布情况与高校普通女生相似。与男性高校学生群体的专业选择有较大差异，呈现出一定的性别差异。

2．能力差异

学习主动性方面，高校贫困女生更加愿意花时间学习感兴趣的知识、会对老师及书本的观点提出质疑，但在学习中的自我管理和控制能力低于高校普通学生群体。在综合能力上，高校贫困女生在人际交往方面较其他三个高校学生群体得分较高，说明高校贫困女生能够积极面对人际关系。就学习能力而言，高校贫困女生中成绩优秀的同学比例高于其他三个高校学生群体。

3．大学经历

高校贫困女生较注重考取各类专业资格证书（得分高于男高校学生）。很少参加对外的学术交流以及会议，更加倾向于独自学习。较少参与实践创业活动，这或许可以成为提高高校贫困女生实践能力的突破口。

高校贫困女生中获得省部以下级别荣誉的比例比普通高校学生群体的要低，但获得的国家级的荣誉明显高于其他群体。大部分高校贫困女生期望自己能获得硕士学位，很少一部分同学期望自己能获得博士学位。这在一定程度上反映了高校贫困女生的未来规划不是很明确，许多外部以及客观因素使得自身的发展要视情况而定。

三　职业规划

有了契合自身实际情况的职业目标，才会产生进取心，奋发图强；有了努力实现的职业目标，才会点燃激情，勇敢面对前进道路上的一切障碍和挑战。从某种程度上说，高校学生没有职业目标，就不可能采取有效的行动，其职业生涯发展最终将无所建树。职业目标的确立对高校学生未来的职业发展和人生发展的重要性和意义是显而易见的。个人的职业目标会受到多方面的影响。

（一）找工作的经历

从图2-6可见，四个高校学生群体中高校贫困女生有过找工作经历的学生百分比最高，为82.61％，其他三个群体的百分比依次是高校贫困男生70.78％，高校普通女生63.57％，高校普通男生41.10％。其中，高校普通男生中有找工作经历的学生人数占比最小。

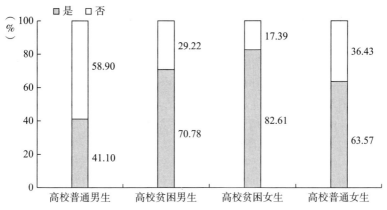

图 2 - 6　不同高校学生群体是否有找工作的经历

（二）工作目的

从图 2 - 7 可见，整体而言，高校学生工作的主要目的为赚钱和锻炼能力，其次为积累工作经验。贫困生以赚钱为工作目的的比例高于其他高校学生群体。且在四个学生群体中，高校贫困女生工作目的是赚钱的比例最高，为 42.29%，最低的是高校普通女生，为 31.75%。而以锻炼能力为工作目的的群体中，高校普通女生的比例最高，为 33.45%；高校贫困女生所占比例最低，为 28.11%。

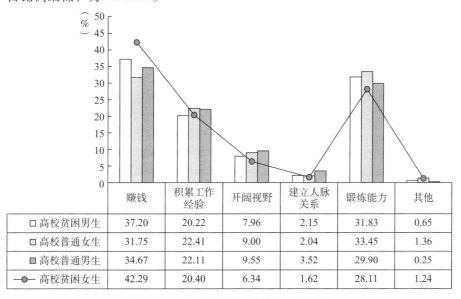

	赚钱	积累工作经验	开阔视野	建立人脉关系	锻炼能力	其他
高校贫困男生	37.20	20.22	7.96	2.15	31.83	0.65
高校普通女生	31.75	22.41	9.00	2.04	33.45	1.36
高校普通男生	34.67	22.11	9.55	3.52	29.90	0.25
高校贫困女生	42.29	20.40	6.34	1.62	28.11	1.24

图 2 - 7　不同高校学生群体的工作目的

（三）职业目标

职业目标反映了高校学生群体的职业追求以及未来的规划程度。高校学生群体以直接找工作和国内升学为主要的职业目标。从图 2 - 8 可见，高校贫困女生中规划以后直接找工作的比例最高，为 37.14%。而在出国留学、未对自身的未来职业进行规划和自主创业方面，高校贫困女生所占比例较低，分别为 3.40%、3.70% 和 3.40%。

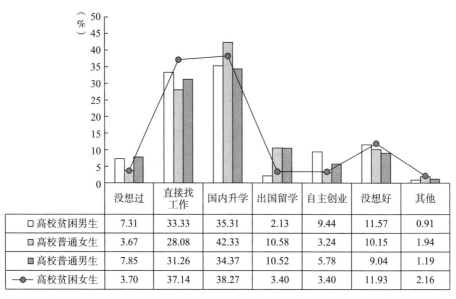

	没想过	直接找工作	国内升学	出国留学	自主创业	没想好	其他
□ 高校贫困男生	7.31	33.33	35.31	2.13	9.44	11.57	0.91
▨ 高校普通女生	3.67	28.08	42.33	10.58	3.24	10.15	1.94
▦ 高校普通男生	7.85	31.26	34.37	10.52	5.78	9.04	1.19
●─ 高校贫困女生	3.70	37.14	38.27	3.40	3.40	11.93	2.16

图 2 - 8   不同高校学生群体的职业目标

（四）工资目标

从图 2 - 9 可见，高校贫困女生对自己第一份工作的期望月收入的平均值（4487.98 元）最低。高校普通男生（5570.19 元）的期望月收入是最高的，高校贫困男生（5092.20 元）次之，总体来说女性高校学生对第一份工作的期望月收入低于男性高校学生。

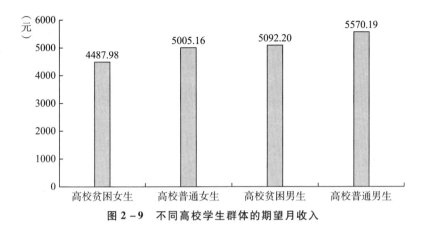

图 2-9 不同高校学生群体的期望月收入

（五）榜样支持

在高校学生群体中，高校贫困女生中有榜样的比例最高，为 82.70%，其次为高校普通女生（78.03%）、高校贫困男生（73.66%）、高校普通男生（72.74%）（见图 2-10）。

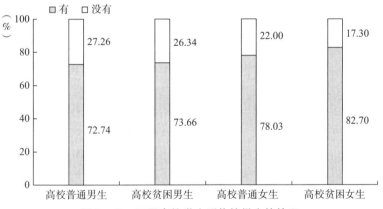

图 2-10 不同高校学生群体榜样支持情况

1. 榜样的性别

从图 2-11 可见，在高校贫困男生和高校普通女生中，以男性为榜样的比例比其他选项高，分别为 53.40% 和 54.58%。而在高校普通男生和高校贫困女生中榜样性别男女都有的比例最高，分别为 63.39% 和 59.58%。

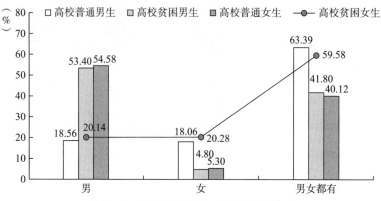

图 2 – 11　不同高校学生群体榜样的性别

2. 榜样的影响程度

从表 2 – 11 可见，就有榜样的 2492 名高校学生来说，其榜样的影响程度也有所不同。高校贫困女生与其他三个高校学生群体相比在榜样影响其生活态度以及学业方面存在显著的统计学差异，而在职业发展和价值观方面没有显著差异。并且，高校贫困女生的榜样对自身学业及生活态度的影响程度得分[①]显著高于其他三个群体。

表 2 – 11　榜样影响的各维度比较 （M ± SD）

项目	高校贫困女生 （N = 802）	高校普通女生 （N = 718）	高校贫困男生 （N = 481）	高校普通男生 （N = 491）	F
职业发展	3.26 ± 1.126	3.26 ± 1.093	3.41 ± 1.093	3.29 ± 1.143	2.277
生活态度	4.1 ± 1.030	4.08 ± 1.052	3.89 ± 1.052	3.96 ± 1.166	4.991 **
学业	3.5 ± 1.167	3.43 ± 1.162	3.45 ± 1.162	3.26 ± 1.231	4.414 **
价值观	3.93 ± 1.080	3.92 ± 1.138	3.86 ± 1.138	3.87 ± 1.201	0.558
其他	2.11 ± 1.338	2.15 ± 1.470	2.25 ± 1.470	1.99 ± 1.381	2.715 *

注：** $P < 0.01$，* $P < 0.05$。

（六） 职业发展

对职业发展中的四个维度分别计算均值[②]进行比较。分值越高表示对职

[①]　平均分计算方法：将"没有"赋 1 分，"有些"赋 3 分，"很大"赋 5 分。分别计算四个大学生群体各项得分的均值。

[②]　平均分计算方法：将"没有"赋 1 分，"有些"赋 3 分，"很大"赋 5 分。分别计算四个大学生群体各项得分的均值。

业发展的规划越明确。

总体而言，计算不同高校学生群体在职业发展的总体均值①，均值越高，说明其职业发展规划越明确。结果显示，高校贫困女生与其他三个高校学生群体相比在职业发展规划上没有差异。

但具体而言，从表 2-12 可见，高校贫困女生与其他三个高校学生群体在"我对自己未来的职业发展有明确规划""我希望自己在事业上能有所作为"以及"我对自己未来的职业发展充满信心"三个维度存在显著的统计学差异。并且高校贫困女生在"我希望自己在事业上有所作为"维度的得分显著高于其他三个高校学生群体。

表 2-12　职业发展比较（M ± SD）

职业发展	高校贫困女生（N = 972）	高校普通女生（N = 925）	高校贫困男生（N = 656）	高校普通男生（N = 673）	F
我对自己未来的职业发展有明确规划	3.33 ± 0.819	3.37 ± 0.854	3.33 ± 0.857	3.44 ± 0.908	2.654 *
我希望自己在事业上能有所作为	4.09 ± 0.758	4.04 ± 0.799	3.98 ± 0.814	4.06 ± 0.835	2.953 *
我对自己未来的职业发展充满信心	3.54 ± 0.825	3.53 ± 0.874	3.6 ± 0.87	3.69 ± 0.88	5.726 **
工作中获得成就感对我来说至关重要	4.02 ± 0.782	3.99 ± 0.808	3.91 ± 0.772	3.98 ± 0.831	2.578
职业发展总分	3.75 ± 0.615	3.73 ± 0.658	3.7 ± 0.658	3.79 ± 0.697	2.037

注：** $P < 0.01$，* $P < 0.05$。

（七）小结

1. 工作经历与目标

高校贫困女生中在就读期间有过找工作经历的比例最高，并且在有过找工作经历的学生中，不同的高校学生群体工作目的也不尽相同。高校贫困女生为了赚钱而工作的比例最高，说明高校贫困女生由于家庭经济拮据，

---

① 总体平均值计算方法，将每位大学生职业规划各项得分求和，然后计算每个大学生群体职业规划总体平均值。

急需通过自己努力赚钱去改善自身的生活条件及减轻家庭的经济负担。同样受到家庭经济条件的限制，许多高校贫困女生在职业目标方面会选择直接找工作，或者选择国内升学，为以后能够更好地实现就业目标提供更高的跳板。而出国留学和自主创业会花费更多的经济和时间成本，家庭条件不允许，因此很少有高校贫困女生会选择这两种职业目标。在期望工资方面，高校贫困女生对自己的能力定位较低，因此对自己第一份工作的期望月工资水平在四个高校学生群体中也是最低的。

2. 榜样支持

高校贫困女生的榜样无性别倾向，榜样在学业以及生活态度方面对其产生的影响最大。

3. 职业发展

高校贫困女生缺乏对自己职业发展的明确规划。可能由于家庭环境不稳定，其未来的职业规划变动概率较大，因此即便为自己拟定明确的职业规划，也可能会由于家庭环境的变化而改变。高校贫困女生很想改变家庭目前的贫困状态，因此在事业上给予自己很高的期望，更加希望自己会有所作为。

四　社会参与

（一）担任学生干部的情况

经此次调查得知，高校贫困女生中担任班级干部的比例最高（34.33%），其次是院系干部（28.78%）。而在高校普通女生中，担任院系级别的学生干部所占比例最高。在高校普通男生群体中，担任院系级干部的学生比例在三个群体中最高，由此可见，高校贫困女生担任院系级别以上的干部比例均低于普通高校学生。并且高校贫困女生中没有担任过任何职务的学生比例比普通学生高（见图2-12）。

（二）社会团体、组织参与情况

在是否参加过社会团体或组织方面，调查结果见表2-13。所有高校学生群体参加的前三位的社会团体或组织是一样的，依次为学校组织（如学生会、社会联合会等）、学生社团（如舞蹈社、足球队等）和社会公益组织（如支教志愿者组织等）。但高校贫困女生在校参加社会公益组织的比例是最高的。

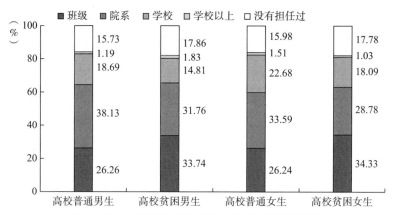

图2-12　不同高校学生群体担任学生干部的级别

表2-13　不同高校学生群体参与社会团体的情况

单位：%

团体组织	高校贫困女生	高校普通女生	高校贫困男生	高校普通男生
学校组织	59.16	66.31	65.30	66.02
学生社团	56.01	57.34	49.09	50.07
社会公益组织	42.39	35.35	31.40	28.00
其他社会团体	19.88	19.81	21.56	18.52
未参加以上任何团体组织	4.52	5.62	6.24	9.33

（三）组织中扮演的角色

本研究对不同学生群体在组织中扮演的角色进行调查，结果见图2-13。

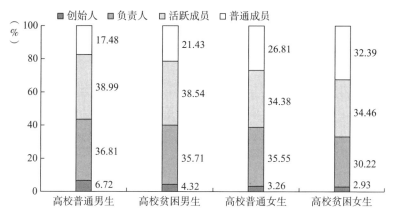

图2-13　不同高校学生群体在组织中扮演的角色

高校贫困女生中是普通成员的比例（32.39%）高于其他三个高校学生群
体，高校普通男生是创始人（6.72%）和负责人（36.81%）的比例高于其
他三个高校学生群体。

（四）政治面貌

在政治面貌方面，从表2-14可见，高校贫困女生中是共青团员的比例
（81.50%）要高于其他三个高校学生群体，而高校普通女生中共产党员或
预备党员的比例（18.18%）高于其他三个高校学生群体。高校贫困女生中
共产党员或预备党员的比例是四个学生群体中最低的，只占16.86%。

表2-14　不同高校学生群体的政治面貌

单位：%

政治面貌	高校贫困女生	高校普通女生	高校贫困男生	高校普通男生
共青团员	81.50	80.41	80.82	79.38
共产党员（包括预备党员）	16.86	18.18	17.05	17.95
其他（请注明）	1.64	1.41	2.13	2.67

（五）人际关系

在日常生活中，不同高校学生群体在人际交流方面也会表现出明显不
同。从表2-15可见，各个高校学生群体所得平均分①反映出，高校贫困女
生与其他三个高校学生群体关系密切人群的排序上，在其他亲人、老师和
一般朋友维度存在显著的统计学差异。高校学生群体日常生活中交流密切
的人群排在第一位的都是父母，排在第二位的是同学。

表2-15　不同高校学生群体人际关系人群排序（M±SD）

人群	高校贫困女生 (N=973)		高校普通女生 (N=926)		高校贫困男生 (N=657)		高校普通男生 (N=675)		F
	排序	均值	排序	均值	排序	均值	排序	均值	2.271
父母	1	3.98±1.623	1	4.05±1.614	1	3.85±1.74	1	3.89±1.685	0.928
其他亲人	5	0.57±1.2	5	0.66±1.31	5	0.63±1.289	5	0.62±1.281	3.726*

---

① 平均分计算方法，将排在第一位赋5分，第二位赋3分，第三位赋1分，分别计算每个大
学生群体在各项所得平均值。

续表

人群	高校贫困女生（$N=973$）		高校普通女生（$N=926$）		高校贫困男生（$N=657$）		高校普通男生（$N=675$）		F 2.271
	排序	均值	排序	均值	排序	均值	排序	均值	
老师	6	0.31 ± 0.871	6	0.41 ± 0.986	6	0.46 ± 1.098	6	0.42 ± 1.026	2.627^{*}
配偶/恋人	4	1.04 ± 1.67	3	1.07 ± 1.638	4	0.88 ± 1.548	4	0.91 ± 1.605	1.383
同学	2	1.64 ± 1.649	2	1.49 ± 1.631	2	1.58 ± 1.657	2	1.61 ± 1.659	0.404
一般朋友	7	0.29 ± 0.774	7	0.28 ± 0.771	7	0.26 ± 0.771	7	0.25 ± 0.761	5.564^{**}
闺蜜	3	1.09 ± 1.604	4	0.92 ± 1.49	3	1.22 ± 1.669	3	1.18 ± 1.669	2.271

注：$^{**}P<0.01$，$^{*}P<0.05$。

（六）获得群体帮助的情况

调查结果显示，高校贫困女生中有48.2%的学生在遇到经济方面的困难时会得到1到2个人的帮助，有42.24%的学生会得到3人及以上的帮助。学习方面，有90%左右的高校贫困女生得到1人及以上的帮助。就业和情感方面，分别有41.87%和43.47%的学生能够得到1到2人的帮助。交友方面，高校贫困女生有41.11%的学生能够得到3人及以上的帮助，但相比其他三个学生群体比例较低（见表2-16）。

表2-16 不同高校学生群体各方面得到的帮助情况

单位：%

具体方面	高校学生群体	没有人	有1、2个人	有3人及以上	没有此类困难
经济方面	高校贫困女生	4.01	48.20	42.24	5.55
	高校普通女生	2.16	41.00	37.47	19.33
	高校贫困男生	5.50	42.29	47.02	5.19
	高校普通男生	3.26	33.68	46.29	16.77
学习方面	高校贫困女生	6.27	45.63	44.91	3.19
	高校普通女生	4.86	45.36	45.25	4.54
	高校贫困男生	8.69	39.63	48.17	3.51
	高校普通男生	4.90	35.31	52.52	7.27
就业方面	高校贫困女生	17.08	41.87	28.81	12.24
	高校普通女生	10.15	42.66	34.02	13.17

续表

具体方面	高校学生群体	没有人	有1、2个人	有3人及以上	没有此类困难
就业方面	高校贫困男生	17.25	40.15	32.21	10.38
	高校普通男生	12.46	35.31	35.91	16.32
情感方面	高校贫困女生	9.35	43.47	33.30	13.87
	高校普通女生	8.32	39.31	37.90	14.47
	高校贫困男生	13.28	42.14	34.05	10.53
	高校普通男生	10.98	34.57	37.98	16.47
交友方面	高校贫困女生	5.76	38.95	41.11	14.18
	高校普通女生	3.78	37.47	43.74	15.01
	高校贫困男生	7.33	32.82	47.02	12.82
	高校普通男生	5.79	29.82	42.73	21.66

（七）小结

1. 社交网络

高校贫困女生中担任班级级别干部的比例最高，很少有同学担任过学校以上级别的干部，同时高校贫困女生较多地参加社会公益组织，表明她们更加有爱心，乐于助人，愿意为社会以及有需要的人群提供帮助，更加愿意回馈社会。同时，在参加的组织中以担任普通成员为主，而高校普通男生则更具有领导力和号召力。

2. 人际关系

高校贫困女生与父母、同学和闺蜜的关系最为密切。当高校贫困女生在经济、学习和就业、情感方面遇到困难时，能够得到1到2个人的帮助。

五　生活方式

（一）费用承担情况

1. 学费

从图2-14和图2-15可见，高校贫困女生学费的来源主要是父母（65.88%）以及银行贷款（22.20%）。高校普通男生和女生中90%以上学生的学费由父母承担，向银行贷款的学生比例仅为3%左右。高校贫困男生的学费来源构成比例与高校贫困女生基本相当，高校普通男生的学费来源构成比例与高校普通女生的基本相当。

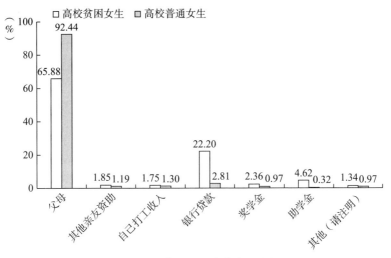

图 2 - 14　高校女生学费来源途径

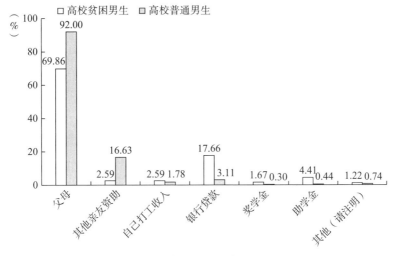

图 2 - 15　高校男生学费来源途径

2. 生活费

从生活费来看，高校贫困女生生活费的主要来源是父母（74.61%）和自己打工的收入（10.17%），同时，高校贫困女生中将奖学金（4.32%）和助学金（6.78%）作为生活费来源的人数高于其他三个高校学生群体。而高校普通女生生活费的主要来源是父母（93.20%）；高校贫困男生的生活费来源与高校贫困女生的比例基本相当，高校普通男生的生活费来源与高校普通女生的比例基本相当（见图 2 - 16 和图 2 - 17）。

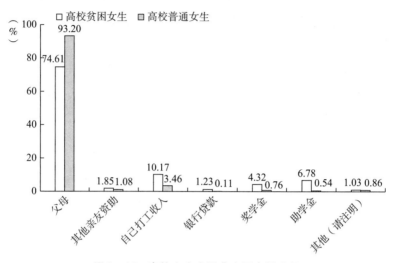

图 2 - 16　高校女生生活费主要来源途径

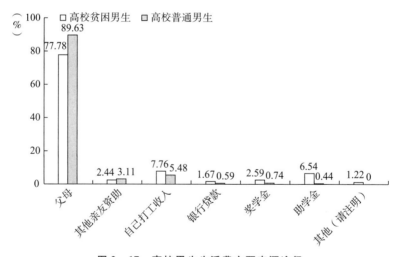

图 2 - 17　高校男生生活费主要来源途径

（二）月平均生活费

对调查结果进行差异检验发现，不同高校学生群体之间在生活费水平上存在显著差异（$P < 0.001$），高校贫困女生的月均生活费显著低于其他三个学生群体，为 1210.14 元，高校普通男生的月均生活费最高，为 2060.44 元，比高校贫困女生的月均生活费高出 850.3 元（见图 2 - 18）。

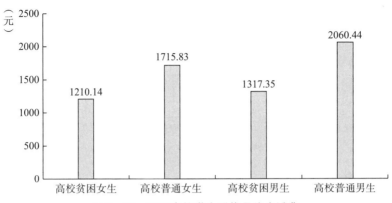

图 2 – 18 不同高校学生群体月均生活费

（三）消费结构

不同高校学生群体的消费结构也有很大差异。调查结果显示，高校贫困女生与其他三个高校学生群体在消费结构方面存在显著的统计学差异。除必要的生活开支（服装/服饰）之外，高校贫困女生排在第二位的消费主要用途为学习/深造，且这一项目的得分显著高于其他三个群体的得分。[①]而在美容/美发、保健/健身方面，高校贫困女生得分显著低于其他三个高校学生群体（见表2 – 17）。

表 2 – 17 消费结构比较（M ± SD）

消费结构	高校贫困女生 （N = 973）		高校普通女生 （N = 926）		高校贫困男生 （N = 657）		高校普通男生 （N = 675）		F
	排序	均值	排序	均值	排序	均值	排序	均值	
服装/服饰	1	2.8 ± 2.191	1	3.15 ± 2.118	1	1.88 ± 2.234	1	1.92 ± 2.246	66.970***
美容/美发	6	0.25 ± 0.967	5	0.54 ± 1.343	7	0.26 ± 1	7	0.32 ± 1.056	13.040***
抽烟喝酒	9	0.04 ± 0.444	9	0.04 ± 0.406	9	0.16 ± 0.813	8	0.23 ± 0.947	15.435***
保健/健身	7	0.21 ± 0.904	7	0.24 ± 0.96	6	0.33 ± 1.141	6	0.42 ± 1.261	6.227***
旅游/休闲娱乐	4	0.93 ± 1.717	2	1.55 ± 1.995	5	0.93 ± 1.742	2	1.57 ± 2.069	30.048***
学习/深造	2	1.83 ± 2.207	3	1.07 ± 1.838	2	1.59 ± 2.115	4	1.33 ± 1.994	23.554***
个人交往	3	0.98 ± 1.658	4	0.78 ± 1.562	3	1.46 ± 1.959	3	1.41 ± 1.916	27.846***

① 计分方式为将排在第一位的消费用途赋5分，排在第二位的消费用途赋3分。大学生群体对消费用途进行排序打分，分别计算四个大学生群体对于九个消费用途的排序均值。

续表

消费结构	高校贫困女生 （N = 973）		高校普通女生 （N = 926）		高校贫困男生 （N = 657）		高校普通男生 （N = 675）		F
	排序	均值	排序	均值	排序	均值	排序	均值	
通信	5	0.67 ± 1.437	6	0.32 ± 1.035	4	1 ± 1.736	5	0.49 ± 1.324	33.817***
其他	8	0.18 ± 0.863	8	0.21 ± 0.934	8	0.23 ± 0.959	9	0.2 ± 0.922	0.366

注：*** $P < 0.001$。

（四）出行

出行方式能够反映群体的经济及人际交往情况，因此，此次研究对高校学生群体的生活方式进行了调查，了解高校贫困女生的出行方式。

1. 出行距离

从不同高校学生群体的出行距离可知，四个高校学生群体中 65% 以上的学生到过外省，其中高校贫困女生到过外省的比例最大，为 77.49%，其次是高校贫困男生（74.89%）、高校普通女生（71%）、高校普通男生（69.63%）（见图 2 - 19）。

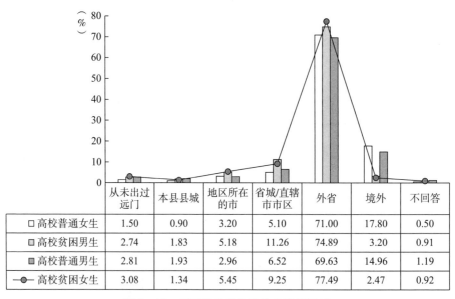

	从未出过 远门	本县县城	地区所在 的市	省城/直辖 市市区	外省	境外	不回答
□ 高校普通女生	1.50	0.90	3.20	5.10	71.00	17.80	0.50
□ 高校贫困男生	2.74	1.83	5.18	11.26	74.89	3.20	0.91
▨ 高校普通男生	2.81	1.93	2.96	6.52	69.63	14.96	1.19
—●— 高校贫困女生	3.08	1.34	5.45	9.25	77.49	2.47	0.92

图 2 - 19　不同高校学生群体的出行区域

2. 出行目的

高校贫困女生出行目的为求学的比例（42.96%）高于其他三个高校学

生群体。而高校普通女生和高校普通男生出行的主要目的为旅游，分别占58.86%和55.41%，比例明显高于另外两个高校学生群体（见图2-20）。

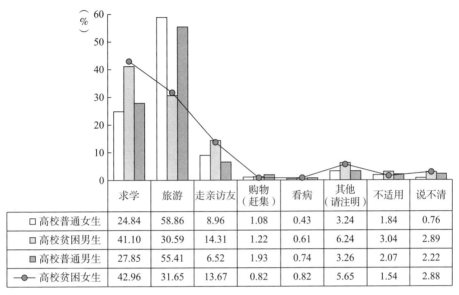

	求学	旅游	走亲访友	购物（赶集）	看病	其他（请注明）	不适用	说不清
□高校普通女生	24.84	58.86	8.96	1.08	0.43	3.24	1.84	0.76
□高校贫困男生	41.10	30.59	14.31	1.22	0.61	6.24	3.04	2.89
■高校普通男生	27.85	55.41	6.52	1.93	0.74	3.26	2.07	2.22
—●—高校贫困女生	42.96	31.65	13.67	0.82	0.82	5.65	1.54	2.88

图 2-20　不同高校学生群体的出行目的

（五）小结

1. 费用承担

高校贫困女生学费的主要来源为父母以及银行贷款，生活费的主要来源是父母以及自己外出打工的收入。高校贫困女生由于家庭经济条件有限，在父母的收入不足以缴纳学费时选择向银行贷款；除此之外，也有许多学生使用生源地贷款以及助学贷款方式缴纳学费。高校贫困女生的生活费除来源于父母外，很大一部分来源于自己的打工收入，表明高校贫困女生在心理上更加迫切想帮助家庭减轻经济负担，更愿通过自身的努力改善生活。

2. 生活费及消费结构

高校贫困女生的月均生活费显著低于其他三个高校学生群体，她们将生活费主要用于学习深造，很少会将生活费投入到美容美发、抽烟喝酒和健身方面。除了满足基本生活，高校贫困女生更注重追求知识，且致力于提升自己希望在未来能够改变目前的贫困状态，而在休闲娱乐方面非常节约。

3. 出行

绝大部分高校贫困女生最远的出行距离是到过省外，以学业和实习实践为主。由于家庭贫困，她们很少有机会出境或者出国。较普通高校学生来说，高校贫困女生将学业和实习实践作为出行的主要目标。

六　健康状况

（一）身体健康状况

1. 总体情况

就身体的总体情况而言，不同高校学生群体之间差异不显著。高校学生群体大部分学生的身体状况良好。在高校贫困女生群体中身体不好的人数比例高于高校普通女生，占 3.70%（见图 2 - 21）。

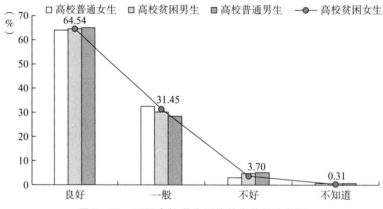

图 2 - 21　不同高校学生群体的身体健康状况

2. 身体质量指数

此部分通过计算各高校学生群体的身体质量指数[1]来反映不同高校学生群体的身体健康状况。计算出四个高校学生群体的身体质量指数后，按照医学上身体质量划分标准[2]将高校学生群体的身体质量进行划分（见表 2 - 18）。四个高校学生群体中大部分学生的身体质量处于标准范围中。而女生跟男生相比，过轻的学生比例较高。而男生中体重过重的学生比例要高于女生。并且，高校贫困女生中肥胖的比例仅为 0.74%，低于其他三个高校学生群体。

---

[1]　身体质量指数（BMI）是一个用于公众健康研究的统计工具。计算公式为 $BMI = 体重（kg）÷身高^2（m）$。

[2]　医学上将成人的 BMI 数值划分为五个标准范围，$BMI < 18.5$，过轻；$18.4 < BMI < 23.9$，正常；$24 < BMI < 27.9$，过重；$28 < BMI < 32$，肥胖；$BMI > 32$，过于肥胖。

表 2 - 18　不同高校学生群体的身体质量指数

单位：%

高校学生群体	胖瘦情况				
	过轻	正常	过重	肥胖	过于肥胖
高校贫困女生	23.17	70.56	4.25	0.74	1.28
高校普通女生	24.08	66.37	6.44	1.22	1.89
高校贫困男生	12.48	70.40	13.60	3.20	0.32
高校普通男生	10.44	68.54	17.45	3.43	0.16

3. 锻炼强度及时间、频率

从不同高校学生群体的锻炼强度来看，高校贫困女生做轻微运动（如散步、做广播操等）的人数比例低于高校普通女生，为 39.88%，但做小强度（如消遣娱乐性的打排球、打乒乓球、慢跑、打拳等）及中等强度（如骑自行车、跑步等）、大强度不持久运动（如打羽毛球、篮球、网球，踢足球等）的人数比例要高于高校普通女生，分别为 22.20% 和 27.85%、6.58%（见表 2 - 19）。

表 2 - 19　不同高校学生群体的锻炼强度

%

锻炼强度	高校贫困女生	高校普通女生	高校贫困男生	高校普通男生
轻微运动	39.88	43.52	23.29	22.26
小强度的不太紧张的运动	22.20	21.81	22.68	21.22
中等强度的较激烈的持久运动	27.85	22.14	23.90	23.74
呼吸急促、出汗很多的大强度的，但并不持久的运动	6.58	5.72	22.07	23.29
呼吸急促、出汗很多的大强度的持久运动	3.50	6.80	8.07	9.50

就锻炼的时间而言，高校贫困女生以及高校普通女生的锻炼时间大部分集中在 21 至 30 分钟，且前者比例高于后者，分别为 34.94% 和 31.86%（见表 2 - 20）。

表 2 - 20　不同高校学生群体的锻炼时间

单位：%

锻炼时间	高校贫困女生	高校普通女生	高校贫困男生	高校普通男生
10 分钟及以下	6.89	10.26	6.24	8.16

续表

锻炼时间	高校贫困女生	高校普通女生	高校贫困男生	高校普通男生
11 至 20 分钟	26.00	24.08	16.29	16.62
21 至 30 分钟	34.94	31.86	28.77	24.33
31 至 59 分钟	20.97	20.41	24.35	22.26
60 分钟及以上	11.20	13.39	24.35	28.64

从活动频率来看，四个学生群体的锻炼频率大部分都在每周 1 至 2 次。而在每周 3 至 5 次频率上，高校贫困女生的比例高于高校普通女生和高校贫困男生，为 23.43%（见表 2 - 21）。

表 2 - 21   不同高校学生群体的锻炼频率

单位：%

锻炼频率	高校贫困女生	高校普通女生	高校贫困男生	高校普通男生
一个月 1 次以下	4.11	5.83	4.72	5.33
一个月 2 至 3 次	16.96	19.33	17.05	18.67
每周 1 至 2 次	38.34	35.75	42.01	37.78
每周 3 至 5 次	23.43	22.79	21.77	25.93
大约每天 1 次	14.49	13.07	13.55	11.41
不运动	2.67	3.24	0.91	0.89

4. 医院治疗情况

从图 2 - 22 可见，当生病时，高校贫困女生中会去医院进行治疗的比例低于另外三个高校学生群体，为 66.67%。

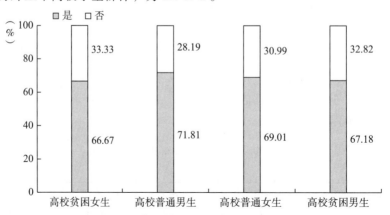

图 2 - 22   不同高校学生群体生病时去医院治疗情况

5．体检频率

对于高校学生对自己身体的重视程度来说，体检频率是其中非常重要的衡量指标。从图2－23可见，高校贫困女生中没有体检过的学生比例高于其他学生群体，为52%，并且两年进行一次体检的比例（6.58%）低于其他三个学生群体。

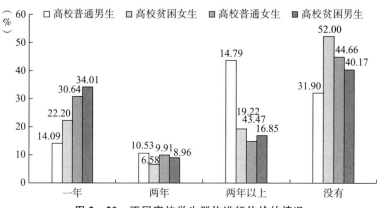

图2－23　不同高校学生群体进行体检的情况

（二）心理健康状况

1．总体情况

经过单因素方差分析发现，整体而言，组间显著性水平为$P = 0.691 > 0.05$，故四个高校学生群体之间在心理健康方面差异不显著。从图2－24可见，大部分高校学生的心理健康状况处于良好和一般的范畴间，高校学生群体之间的心理健康状况基本一致。

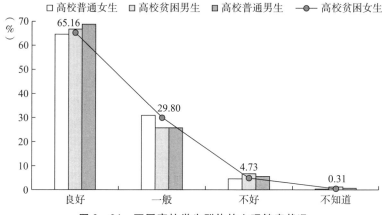

图2－24　不同高校学生群体的心理健康状况

2．心理压力来源

计算压力各维度的得分①得到表 2 - 22，由此可知，高校贫困女生与其他三个高校学生群体在就业压力、恋爱或婚姻、经济压力、生活空虚缺少目标、身材相貌方面存在显著差异。高校贫困女生和高校贫困男生排在前三位的压力来源分别为学习或科研、就业、经济；高校普通女生排在前三位的压力来源分别为学习或科研、就业、生活空虚缺少目标，高校普通男生排在前三位的压力来源是学习或科研、就业、恋爱或婚姻。

表 2 - 22　心理压力来源比较（M ± SD）

压力来源	高校学生群体								F
	高校贫困女生（N = 973）		高校普通女生（N = 926）		高校贫困男生（N = 657）		高校普通男生（N = 675）		
	排序	均值	排序	均值	排序	均值	排序	均值	
学习或科研	1	3.09 ± 2.25	1	3.2 ± 2.211	1	2.94 ± 2.271	1	2.96 ± 2.289	2.338
就业	2	1.84 ± 2.115	2	1.49 ± 1.982	2	1.82 ± 2.102	2	1.61 ± 2.071	5.757**
恋爱或婚姻	7	0.34 ± 1.058	5	0.47 ± 1.281	4	0.62 ± 1.429	3	0.87 ± 1.648	22.167**
人际关系	4	0.5 ± 1.288	4	0.57 ± 1.378	6	0.44 ± 1.248	6	0.41 ± 1.172	2.332
经济	3	0.84 ± 1.588	6	0.45 ± 1.234	3	0.76 ± 1.526	5	0.54 ± 1.326	14.042***
身体健康	9	0.14 ± 0.738	9	0.19 ± 0.841	8	0.14 ± 0.713	8	0.17 ± 0.768	0.909
生活空虚缺少目标	5	0.46 ± 1.253	3	0.67 ± 1.526	5	0.54 ± 1.352	4	0.57 ± 1.409	3.632*
身材相貌	8	0.18 ± 0.788	7	0.33 ± 1.061	9	0.07 ± 0.51	9	0.17 ± 0.797	13.253***
人身安全	11	0.01 ± 0.187	11	0.02 ± 0.26	11	0.02 ± 0.321	11	0.03 ± 0.321	0.998
家人健康	6	0.38 ± 1.142	8	0.3 ± 1.024	7	0.34 ± 1.141	7	0.28 ± 0.987	1.495
其他	10	0.02 ± 0.297	10	0.06 ± 0.477	10	0.04 ± 0.422	10	0.07 ± 0.576	1.882

注：*** $P < 0.001$，** $P < 0.01$，* $P < 0.05$。

3．身体意向

身体意向是指个体对自己身体的认知和评价。比较不同高校学生对自己身体的看法可知，高校贫困女生与其他学生群体在尊重自己身体、认为自己身材还不错、关注身体所需以及安逸于自己体型方面的看法存在显著

---

① 平均分计算方法：将排"第一位"的压力源赋 5 分，排"第二位"的压力源赋 3 分，基于四个大学生群体分别计算 11 个压力源的平均值。

差异。高校贫困女生在尊重自己身体方面得分①显著高于高校男生，但低于高校普通女生；而自觉身材还不错方面的得分显著低于高校男生，但高于高校普通女生；在关注身体所需方面的得分显著低于普通高校学生群体，但高于高校贫困男生；安逸于自己体型方面的得分显著低于男高校学生，但高于高校普通女生（见表 2 - 23）。

表 2 - 23　身体意向得分（M ± SD）

身体意向	高校学生群体				F
	高校贫困女生（N = 973）	高校普通女生（N = 925）	高校贫困男生（N = 657）	高校普通男生（N = 673）	
我尊重自己的身体	4.1 ± 0.851	4.12 ± 0.888	3.99 ± 0.918	4.03 ± 0.945	3.791*
我自觉我的身材还算不错	3.09 ± 1.076	3.05 ± 1.073	3.3 ± 1.07	3.26 ± 1.127	9.869***
我的身材有些还算不错的地方	3.4 ± 0.98	3.45 ± 1.006	3.49 ± 0.992	3.47 ± 1.081	1.163
我对我的身材抱有正面的态度	3.62 ± 0.943	3.62 ± 0.971	3.69 ± 0.978	3.68 ± 1.019	1.043
我关注我的身体所需	3.79 ± 0.858	3.82 ± 0.888	3.69 ± 0.951	3.8 ± 0.954	2.944*
我喜欢我的身体	3.64 ± 0.947	3.69 ± 0.999	3.72 ± 0.997	3.73 ± 0.998	1.471
我欣赏我自己所拥有独特和不同的体型	3.35 ± 1.037	3.37 ± 1.094	3.44 ± 1.056	3.48 ± 1.117	2.527
我用正面的态度来对待我的身体，例如：抬高头和对人微笑	3.92 ± 0.881	3.95 ± 0.889	3.84 ± 0.912	3.87 ± 0.962	2.209
我安逸于自己的体型（不想改变）	2.82 ± 1.137	2.8 ± 1.183	3.04 ± 1.085	2.94 ± 1.184	7.120***
虽然我不像媒体上的人物那么吸引人，但我仍然觉得自己美丽	3.39 ± 1.005	3.45 ± 1.062	3.37 ± 1.011	3.41 ± 1.088	1.006
总分	3.51 ± 0.698	3.53 ± 0.731	3.56 ± 0.755	3.567 ± 0.776	0.436

注：*** $P < 0.001$，* $P < 0.05$。

----

① 分数计算方法，将"从不"赋 1 分，"极少"赋 2 分，"偶尔"赋 3 分，"经常"赋 4 分，"总是"赋 5 分。分别计算每个大学生群体中十种情况下每一种情况的均值，即平均分。

（三）小结

1．身体健康

总体来说，高校贫困女生在身体健康以及心理健康方面与其他三个高校学生群体不存在显著差异，大部分高校贫困女生的 BMI 指数都在正常范围。高校贫困女生更倾向于每周 1 至 2 次以及每周 3 至 5 次的运动，都在 11 至 30 分钟之内的中小强度锻炼，由此看出高校贫困女生比较注重身体的锻炼。但可能由于对身体的重视程度较弱或物质条件差等，高校贫困女生生病时及时去医院治疗的意识要比其他高校学生群体弱，超过一半的高校贫困女生从来没有体检过。在高校提供医保的情况下，就医和体检的比例低，一方面需要加大对医保政策的宣传，另一方面可以考虑建立针对高校贫困女生的医保政策。

2．心理健康

高校贫困女生认为学习或科研压力、就业压力和经济压力让自己感到苦恼。然而就恋爱和婚姻及生活空虚缺少目标来说，高校贫困女生承受的压力显著小于其他高校学生群体，可能因为高校贫困女生面临的经济以及就业压力较大，首要任务是改变贫困的现状及尽快就业，而恋爱和婚姻不是首要考虑的问题。高校贫困女生比较尊重自己的身体，但不太关注自己身体所需，并且相比男高校学生来说比较想改变自己的体型。

七　价值观表现

从各群体价值观各个维度的得分[①]来看，高校贫困女生与其他三个高校学生群体在价值观的六个维度上的得分均呈现显著的统计学差异。

高校女生在"女性的能力不比男性差""女性的职责是相夫教子"维度的得分显著高于高校男生。并且高校贫困女生在"事业成功的女人往往没有女人味""有志者事竟成""出身比努力更重要"维度的得分显著高于其他三个高校学生群体。而在"寒门难出贵子"维度的得分显著低于其他三

---

① 其中正向维度为"女性的能力不比男性差""寒门难出贵子""有志者事竟成"，故将"非常赞同"赋 5 分，"比较赞同"赋 4 分，"不一定"赋 3 分，"不太赞同"赋 2 分，"很不赞同"赋 1 分。逆向维度为"女性的职责就是相夫教子""事业成功的女人往往没有女人味""出身比努力更重要"，将"非常赞同"赋 1 分，"比较赞同"赋 2 分，"不一定"赋 3 分，"不太赞同"赋 4 分，"很不赞同"赋 5 分。分别计算四个大学生群体在价值观各维度赞同程度的平均分值。

个高校学生群体（见表 2 – 24）。

表 2 – 24　价值观比较（M ± SD）

价值观	高校学生群体				F
	高校贫困女生 （N = 973）	高校普通女生 （N = 925）	高校贫困男生 （N = 657）	高校普通男生 （N = 673）	
女性的能力不比男性差	4. 26 ± 0. 966	4. 38 ± 0. 923	3. 96 ± 1. 005	4. 03 ± 1. 087	31. 285 ***
女性的职责是相夫教子	4. 09 ± 0. 930	4. 10 ± 0. 979	3. 48 ± 0. 998	3. 51 ± 1. 061	95. 619 ***
寒门难出贵子	2. 37 ± 1. 039	2. 47 ± 1. 043	2. 57 ± 1. 084	2. 68 ± 1. 131	12. 416 ***
事业成功的女人往往没有女人味	3. 99 ± 0. 906	3. 97 ± 0. 931	3. 43 ± 0. 964	3. 49 ± 1. 039	78. 772 ***
有志者事竟成	4. 1 ± 0. 834	4. 03 ± 0. 88	3. 94 ± 0. 876	3. 82 ± 0. 986	13. 709 ***
出身比努力更重要	3. 26 ± 1. 002	3. 14 ± 0. 987	3. 15 ± 1. 043	3. 04 ± 1. 084	6. 350 ***

注：*** $P < 0.001$。

从表 2 – 24 可见，高校贫困女生认为女性的能力并不比男性的差，并且不太赞同女性的职责是相夫教子的观点。虽然家庭贫困，但她们认为通过自己的不懈努力和奋斗，仍能出人头地。高校贫困女生更加赞同有志者事竟成的观点。同时，高校贫困女生并不很赞同出身比努力更重要的观点。总体来说，虽然高校贫困女生出身贫寒，但她们依旧认为可以通过后天的奋斗弥补出身的贫寒。由此可见，高校贫困女生的内心更加坚定，认为自己虽然身为女性且家庭贫困，但更有坚强的意志战胜生活和学习中的困难。

八　对学生资助的看法

（一）获得政策支持的实质体现

高校学生群体获得政策支持的具体体现是获得各项资助，包括助学贷款、奖学金、勤工助学、助学金等。根据实际调查，计算不同群体获得各项资助的平均金额，结果见表 2 – 25。在助学贷款这项中，高校贫困女生以及高校贫困男生获得的资助较多，平均值分别为 2235. 67 元和 2377. 11 元；从奖学金、勤工助学以及助学金来看，高校贫困女生以及高校贫困男生获得的资助比其他两个群体高。

表 2 - 25   不同高校学生群体获得各项资助情况

单位：元/学年

高校学生群体	助学贷款	奖学金	勤工助学	助学金
高校贫困女生	2235.67	1013.56	538.85	2660.83
高校普通女生	352.74	672.66	306.11	2211.67
高校贫困男生	2377.11	835.91	663.96	3038.03
高校普通男生	347.82	477.87	301.42	2557.71

（二）贫困认定

1. 是否进行贫困认定

调查结果见图 2 - 25，高校贫困女生中申请贫困认定且批准的学生比例均高于其他三个学生群体，并且有较少的高校贫困女生申请但没被批准（5.76%）。

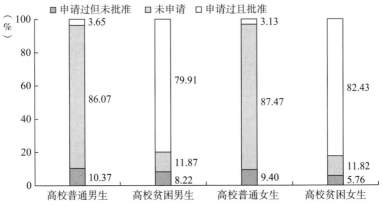

图 2 - 25   不同高校学生群体贫困认定情况

2. 贫困认定的匹配程度

高校贫困女生对于所在学校当前正在实行的贫困生认定的评价影响着对政策支持的评价。从图 2 - 26 可见，高校贫困女生中有 70.91% 的学生认为认定的困难程度与真实情况比较匹配，但有个别认定的学生经济不困难，说明存在贫困认定弄虚作假的行为。高校贫困女生中有 17.99% 的学生认为认定的困难程度与真实情况全部符合，高于其他三个高校学生群体。

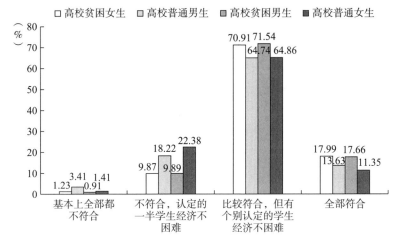

图2-26　不同高校学生群体对困难认定程度与真实情况匹配程度的评价

（三）政策支持的力度

1. 资助政策对学习生活费用的解决程度

来自国家、学校或者社会的资助解决学习及生活费用的程度从一定程度上反映了政策支持的力度。从图2-27可见，申请并批准的高校学生获得的资助都能部分解决高校学生的学习及生活费用。其中高校贫困女生中仅有13.55%的学生认为获得的资助全部解决了自己的学习及生活费用，且较其他三个群体比例低；另外，有81.30%的高校贫困女生获得的资助能够部分解决自己的学习及生活费用。

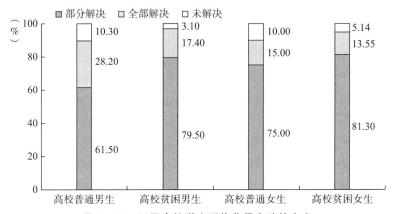

图2-27　不同高校学生群体获得资助的力度

2．对高校学生资助政策资助力度的评价

从图2-28可见，高校贫困女生认为对贫困生的资助力度适当的人数比例高于其他三个学生群体，为71.22%，并且有27.24%的学生认为资助政策的资助力度不足，仅有1.54%的高校贫困女生认为资助过度。

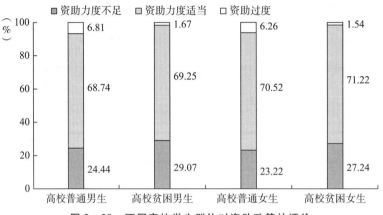

图2-28　不同高校学生群体对资助政策的评价

（四）对资助的认同度及了解度

1．对资助的认同程度

将九种对资助政策的看法进行编号，经方差分析可知，四个高校学生群体对国家、社会和学校给予学生资助的看法均存在显著差异。整体而言，高校贫困学生每个维度的得分[①]均显著高于普通高校学生。其中，高校贫困女生在G、H、I项的得分显著高于其他三个高校学生群体。另外，高校贫困男生对A-F政策的认同度高于高校女生，而高校贫困女生对G-I项政策的认同度高于高校男生，说明在对以下几项政策的认同度上存在性别的不同（见表2-26和表2-27）。

表2-26　对国家、社会和学校给予学生资助的看法

编号	对资助政策的看法
A	学生资助使我更加坚信只有共产党才能够建设好中国

①　平均分计算方法：将"非常认同"赋5分，"比较认同"赋4分，"认同"赋3分，"不太认同"赋2分，"很不认同"赋1分，分别计算四个大学生群体在每一项对资助政策看法的均值。

续表

编号	对资助政策的看法
B	学生资助提升了我对政府解决贫困生就学难的信心
C	学生资助使我对中国未来发展充满希望
D	学生资助使我坚信只有共产党才能带领中国走向富强
E	学生资助使我更坚信马克思主义理论是科学真理
F	学生资助提升了我对政府处理百姓关注问题的满意度
G	学生资助使我更愿意参加思政学习（如党课）
H	学生资助提升我参加校园活动、公益活动的积极性
I	学生资助提升我对社会热点问题（如精准扶贫）的关注

表2－27　对国家、社会和学校给予学生资助的看法比较

题项编号	高校贫困女生 （$N = 971$）	高校普通女生 （$N = 924$）	高校贫困男生 （$N = 656$）	高校普通男生 （$N = 672$）	F
A	3.89 ± 0.955	3.52 ± 1.055	3.94 ± 1.029	3.63 ± 1.102	31.386^{***}
B	3.94 ± 0.942	3.67 ± 0.995	3.98 ± 0.963	3.71 ± 1.026	20.795^{***}
C	3.91 ± 0.958	3.61 ± 1.001	3.95 ± 0.97	3.71 ± 1.027	22.122^{***}
D	3.86 ± 0.976	3.56 ± 1.027	3.94 ± 0.996	3.65 ± 1.055	24.262^{***}
E	3.77 ± 1.002	3.51 ± 1.047	3.8 ± 1.054	3.62 ± 1.075	14.592^{***}
F	3.93 ± 0.954	3.67 ± 0.984	3.94 ± 0.959	3.71 ± 1.035	17.321^{***}
G	3.7 ± 1.052	3.38 ± 1.105	3.68 ± 1.091	3.47 ± 1.129	18.100^{***}
H	3.86 ± 1.019	3.49 ± 1.069	3.84 ± 1.017	3.62 ± 1.079	25.717^{***}
I	3.86 ± 0.994	3.54 ± 1.024	3.85 ± 0.995	3.67 ± 1.041	20.046^{***}

注：$^{***} P < 0.001$。

2．对资助的了解程度

对资助的了解程度反映了资助政策的宣传力度及执行效果。从表2－28可见，不同高校学生群体对资助的了解程度，四个高校学生群体差异显著（$P < 0.001$）。从四个高校学生群体的平均分①高低可知，贫困生对资助的了解程度高于高校普通学生。但其中，高校贫困女生对资助的了解程度低于高校贫困男生。

---

① 将"很了解"赋4分，"一般了解"赋3分，"了解很少"赋2分，"完全不知道"赋1分，分别计算四个大学生群体的平均得分。

表 2 – 28　不同高校学生群体对资助政策的了解程度

高校学生群体	高校贫困女生 （$N = 973$）	高校普通女生 （$N = 926$）	高校贫困男生 （$N = 656$）	高校普通男生 （$N = 675$）	F
了解程度	2.90 ± 0.568	2.60 ± 0.688	2.97 ± 0.592	2.68 ± 0.746	59.071^{***}

注：$^{***} P < 0.001$。

（五）社会资助的获得及来源

1. 社会资助的获得

对于社会资助的获得情况而言，总体来说，贫困生中获得过社会资助的人数比例要高于普通学生。高校贫困男生相比其他三个高校学生群体获得过社会资助的比例（29.40%）较高，其次是高校贫困女生（25.41%）、高校普通女生（9.51%）和高校普通男生（8.43%）（见图 2 – 29）。

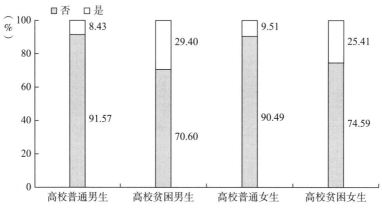

图 2 – 29　不同高校学生群体获得社会资助的情况

2. 社会资助获得的来源

在获得过社会资助的 582 名高校学生中，社会资助获得的来源如图 2 – 30 所示。结合图和对社会资助的来源途径进行方差分析可知，高校学生群体在不同的社会资助来源间存在显著的差异（$P < 0.001$）。社会资助的来源较为集中，高校贫困女生的社会资助主要来源于企业家（25.93%）、地方政府（20.99%）和社会爱心人士（20.99%）。并且高校贫困女生获得名人基金会（18.93%）和社会爱心人士资助（20.99%）的比例高于其他三个高校学生群体。同时可以看出，高校贫困女生中获得地方政府（20.99%）和企业家（25.93%）资助的学生比例明显低于其他三个学生群体。因此需要拓宽对高校贫困女生的资助渠道。

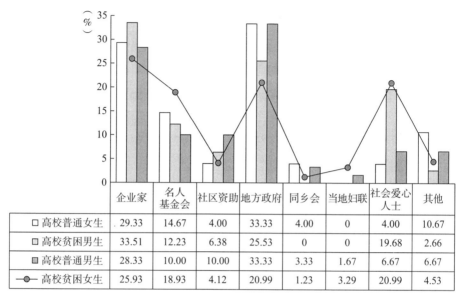

	企业家	名人基金会	社区资助	地方政府	同乡会	当地妇联	社会爱心人士	其他
□ 高校普通女生	29.33	14.67	4.00	33.33	4.00	0	4.00	10.67
□ 高校贫困男生	33.51	12.23	6.38	25.53	0	0	19.68	2.66
▨ 高校普通男生	28.33	10.00	10.00	33.33	3.33	1.67	6.67	6.67
—●— 高校贫困女生	25.93	18.93	4.12	20.99	1.23	3.29	20.99	4.53

图 2 – 30   不同高校学生群体获得社会资助的来源

（六）资助政策效果的问题描述

从表 2 – 29 可见，高校贫困生认为资助政策中资助方式单一。其中，高校贫困女生的比例（45.02%）高于高校贫困男生（42.68%）。而普通高校学生群体主要认为资助政策只资助提供贫困证明的学生。

表 2 – 29   不同高校学生群体对资助政策效果的评价

单位：%

政策资助效果	高校贫困女生	高校普通女生	高校贫困男生	高校普通男生
只资助提供贫困证明的学生	26.72	43.30	28.81	38.58
资助力度不足	20.25	10.80	20.27	12.61
资助方式单一	45.02	28.94	42.68	31.75
无偿资助带来浪费	7.30	14.04	7.93	15.13
资助过度	0.72	2.92	0.30	1.93

（七）对高校学生资助的看法与评价

1. 对高校学生资助政策公平性的评价

总体而言，四个高校学生群体在对资助政策的公平性评价方面存在显著差异。通过计算不同高校学生群体对资助政策公平性评价的平均得分①可知，高校贫困女生和高校贫困男生得分为 3.42 分，高校普通女生得分为 3.07 分，高校普通男生得分为 3.11 分，由此可见，高校贫困生对资助政策的公平性评价显著高于高校普通学生群体（见表 2 - 30）。

表 2 - 30　对资助政策公平性的评价比较

高校学生群体	高校贫困女生 （$N = 973$）	高校普通女生 （$N = 926$）	高校贫困男生 （$N = 656$）	高校普通男生 （$N = 675$）	F
公平性	3.42 ± 0.785	3.07 ± 0.841	3.42 ± .873	3.11 ± 0.946	40.734***

注：*** $P < 0.001$。

2．对高校学生资助政策看法的评价

关于高校学生群体对高校学生资助看法的赞同程度，计算结果②见表 2 - 31。四个高校学生群体在"应增加高校开展被资助家庭情况调查的经费"以及"应将违反资助协议的行为列入个人社会信用记录"两个维度存在显著的统计学差异。相对其他群体，高校贫困女生不希望开展家庭情况调查，也不希望违反资助协议后被记录在信用档案。

表 2 - 31　不同高校学生群体对政策看法的评价

评价	高校贫困女生 （$N = 972$）	高校普通女生 （$N = 926$）	高校贫困男生 （$N = 657$）	高校普通男生 （$N = 675$）	F
资助应增加参加公益活动等方面的责任	3.88 ± 0.767	3.9 ± 0.779	3.9 ± 0.757	3.97 ± 0.787	1.975
应增加高校开展被资助家庭情况调查的经费	3.79 ± 0.737	3.9 ± 0.791	3.88 ± 0.74	3.9 ± 0.77	4.532**
应加强勤工助学岗位的开发和资助力度	3.99 ± 0.803	3.99 ± 0.811	4 ± 0.795	3.97 ± 0.806	0.270
应将违反资助协议的行为列入个人社会信用记录	3.81 ± 0.785	3.98 ± 0.822	3.91 ± 0.795	4.02 ± 0.815	11.261***

注：*** $P < 0.001$，** $P < 0.01$。

---

① 平均分计算方法，将"很不公平"赋1分，"不公平"赋2分，"一般"赋3分，"比较公平"赋4分，"很公平"赋5分，计算每个大学生群体公平性评分的均值。

② 平均分计算方法：将"很赞同"赋5分，"比较赞同"赋4分，"赞同"赋3分，"不太赞同"赋2分，"很不赞同"赋1分，计算每个大学生群体在每一项对资助政策看法评价下的均值。

（八）小结

1．贫困认定及获得资助情况

大部分高校贫困女生认为认定的困难程度与真实情况比较符合，但有个别认定的学生经济不困难，存在个别贫困认定弄虚作假的行为。高校贫困女生中贫困认定通过的覆盖率较高。同时高校贫困女生获得的奖学金高于其他三个高校学生群体，在助学贷款、助学金以及勤工助学维度获得资助低于高校贫困男生，但高于高校普通学生。高校贫困女生获得的资助能够部分解决学习及生活费用，较少的高校贫困女生认为能够全部解决。总体而言，大部分高校贫困女生认为政策的支持力度适当，但仍有一部分认为资助力度不足。

2．对资助的认同度及了解度

高校贫困女生对国家、社会和学校给予学生资助的看法，认同度显著高于高校普通学生群体，对资助政策的了解程度虽低于贫困男高校学生但高于高校普通学生群体。

3．社会资助的获得及来源

关于获得的社会资助的来源，高校贫困女生获得社会资助的主要来源是企业家、地方政府和社会爱心人士，但从地方政府获得的资助比例低于其他三个高校学生群体，因此地方政府应加强对高校贫困女生的资助。

4．对高校学生资助政策的看法与评价

高校贫困女生认为资助政策中存在的最大问题就是资助方式单一，说明资助主体需要使资助方式多元化。高校贫困生认为资助政策比较公平，对资助政策公平性的肯定高于高校普通学生群体。同时高校贫困女生对于"应增加高校开展被资助家庭情况调查的经费"以及"应将违反资助协议的行为列入个人社会信用记录"的认同度低于其他三个高校学生群体。由此表明，高校贫困女生不希望开展家庭情况调查，也不希望违反资助协议后被记录在诚信档案，相比其他高校学生群体，高校贫困女生较不愿意承担社会责任，需要获得更多积极鼓励和正向引导。

九　能力支持和就业支持

（一）能力支持

1．参加创新实践活动的频率

高校学生参加创新实践活动的客观情况有助于高校学生创新实践能力

的提升。经方差分析可知，四个高校学生群体组间差异显著（$P < 0.001$）。从表 2－32 可见，参加创新实践活动得分最高的为高校贫困男生（1.79），其次是高校普通男生（1.70）、高校贫困女生（1.59）和高校普通女生（1.57）。

表 2－32　不同高校学生群体参加创新实践的活动（M ± SD）

高校学生群体	高校贫困女生 （$N = 973$）	高校普通女生 （$N = 926$）	高校贫困男生 （$N = 656$）	高校普通男生 （$N = 675$）	F
参加频率	1.59 ± 0.884	1.57 ± 0.915	1.79 ± 0.835	1.70 ± 0.891	10.418 ***

注：*** $P < 0.001$。

2．勤工助学情况

勤工助学是学校实施劳动教育的形式之一，其经历及途径会影响高校学生获得的实际就业支持。经调查可知，有 62.27% 的高校贫困女生有过勤工助学的经历，其次是高校贫困男生（60.09%）、高校普通男生（35.56%）、高校普通女生（29.58%），高校贫困女生有过勤工助学经历的比例是四个高校学生群体中最高的（见图 2－31）。

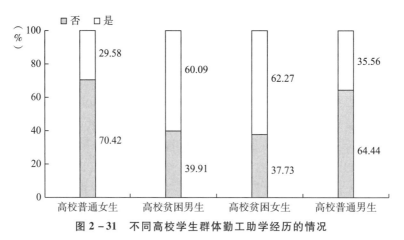

图 2－31　不同高校学生群体勤工助学经历的情况

3．勤工助学的途径

就有过勤工助学经历的高校学生来说，高校贫困女生中 38.41% 的学生的勤工助学岗位主要由学校的勤工助学中心提供，其次有 27.92% 的高校贫困女生是同学推荐的岗位。而高校普通女生中有 33.33% 的同学的勤工助学岗位主要由同学推荐，其次是学校勤工助学中心提供（21.97%）（见图 2－32）。

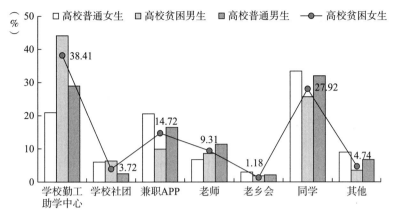

图 2-32 不同高校学生群体勤工助学岗位获得途径

4. 提高实践能力的途径

从图 2-33 可见，高校学生群体比较倾向的实践途径为参加社会实践，并且高校贫困女生中选择此途径的人数比例最高，为 46.87%，其次为高校贫困男生（41.40%）、高校普通女生（40.6%）。另外，高校贫困女生选择的途径排第二位的为勤工助学，比例为 15.52%。

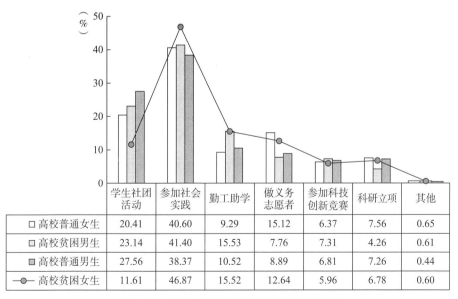

	学生社团活动	参加社会实践	勤工助学	做义务志愿者	参加科技创新竞赛	科研立项	其他
□ 高校普通女生	20.41	40.60	9.29	15.12	6.37	7.56	0.65
□ 高校贫困男生	23.14	41.40	15.53	7.76	7.31	4.26	0.61
▨ 高校普通男生	27.56	38.37	10.52	8.89	6.81	7.26	0.44
●— 高校贫困女生	11.61	46.87	15.52	12.64	5.96	6.78	0.60

图 2-33 不同高校学生群体选择的实践途径

（二）就业支持

1. 家庭提供的就业支持

对于家庭提供的就业支持情况，高校贫困女生中有 75.1% 的学生得到了来自家庭的心理情感支持，高于其他方面支持的比例；其次是来自家庭的资金支持（37.76%），比例低于其他三个高校学生群体，仅有 19.24% 的高校贫困女生能够得到家庭提供的人脉介绍。而普通高校学生中得到来自家庭的心理情感支持以及资金支持的比例相当（见图 2 - 34）。

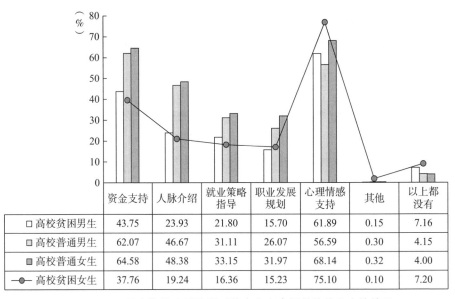

	资金支持	人脉介绍	就业策略指导	职业发展规划	心理情感支持	其他	以上都没有
□ 高校贫困男生	43.75	23.93	21.80	15.70	61.89	0.15	7.16
□ 高校普通男生	62.07	46.67	31.11	26.07	56.59	0.30	4.15
■ 高校普通女生	64.58	48.38	33.15	31.97	68.14	0.32	4.00
─●─ 高校贫困女生	37.76	19.24	16.36	15.23	75.10	0.10	7.20

图 2 - 34　不同高校学生群体得到的来自家庭提供的就业支持情况

2. 学校提供的项目支持

从表 2 - 33 可见，整体来看，学校提供的支持项目为职业生涯规划辅导的比例在各学生群体中都是最高的。其中，高校贫困女生群体所在的学校中大部分提供的支持项目为职业生涯规划指导，所占人数比例为 79.22%，相比其他支持项目比例最高，其次是就业指导课（66.56%），举办招聘会（65.12%），举办成功人士讲座（59.47%），安排实习（51.17%）。

表 2－33　不同高校学生所在学校提供的项目支持情况

单位：%

高校学生群体	职业生涯规划辅导	就业指导课	举办招聘会	成功人士讲座	安排实习	其他	不知道
高校贫困女生	79.22	66.56	65.12	59.47	51.75	0.21	1.75
高校普通女生	81.10	69.22	70.95	62.42	56.48	0.32	2.38
高校贫困男生	73.52	63.47	63.01	53.73	49.32	0.61	1.83
高校普通男生	72.59	65.63	64.89	59.85	51.11	0.00	2.52

3. 就业扶持政策

从图 2－35 可见，大部分高校学生对鼓励和引导毕业生到城乡基层就业的政策以及对困难毕业生的就业援助政策比较了解；但对于鼓励和引导毕业生到城乡基层就业的这一项政策，高校贫困女生了解的人数比例低于其他三个学生群体，为 63.17%。同时，在鼓励支持女大学生就业创业的政策方面，高校贫困女生对其了解的人数比例也不高，为 21.46%，较其他三个群体比例低。

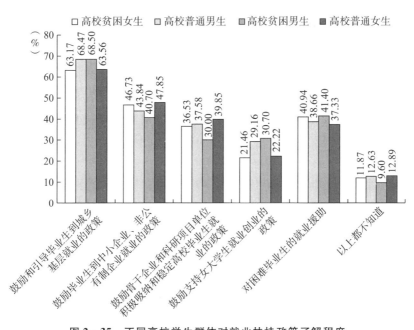

图 2－35　不同高校学生群体对就业扶持政策了解程度

4．创业想法

创业想法会影响高校学生职业生涯的选择。调查结果显示，高校贫困女生中有52.98%的学生有创业的想法，人数比例高于高校普通女生（45.13%）但低于高校贫困男生（64.38%）和高校普通男生（54.60%）。由此可见高校贫困女生创业的观念相比高校男生还不是很强（见图2-36）。

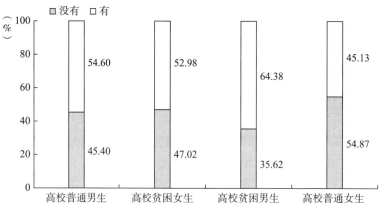

图2-36　不同高校学生群体的创业选择

（三）小结

1．能力支持

高校贫困男生以及高校普通男生参加创新实践活动的频率较高。大部分高校贫困女生有勤工助学的经历，比例高于其他三个高校学生群体，由此可见，高校贫困女生由于经济条件限制等更愿意以勤工助学的形式在课余时间参加劳动，一方面减轻家庭负担，另一方面获得实践经验，丰富简历。高校贫困女生勤工助学的主要途径为学校的勤工助学中心提供以及同学推荐。高校贫困学生认为参加社会实践是提高自身实践能力的主要途径，还认为勤工助学也是提高自身实践能力的一个重要途径。

2．就业支持

家庭只能较多地为高校贫困女生提供心理情感上的支持，由于家庭经济条件和父母受教育程度的限制，较少家庭能提供资金、职业规划的指导以及人脉的支持。高校贫困女生创业观念较男生弱。

另外，高校贫困女生所在学校主要提供的项目支持为职业生涯规划辅导和就业指导课。能够帮助高校贫困女生尽早明确职业目标，提供具有实际意义的就业指导课，使其尽快适应就业。学校除提供职业生涯规划辅导外，应多鼓励高校贫困女生参与招聘会或成功人士的讲座。

高校贫困女生对就业扶持政策的感知程度较其他高校学生群体来说低。对于引导毕业生到城乡基层就业的政策以及鼓励支持女大学生就业创业的政策，高校贫困女生还比较缺乏了解，国家及学校对政策的宣传和引导力度不够大，因此，国家需要加大鼓励支持女大学生就业创业的政策宣传力度，使更多的高校贫困女生了解相关支持政策。

十　家庭情况

（一）家庭人口数量

家庭人口数量也是影响家庭经济条件的一个重要因素。此次调查统计，高校贫困女生中有 75.95% 不是独生子女；高校普通女生中仅有 46.44% 不是独生子女；高校贫困男生中不是独生子女的比例为 66.21%；高校普通男生中不是独生子女的仅有 41.63%（见图 2－37）。

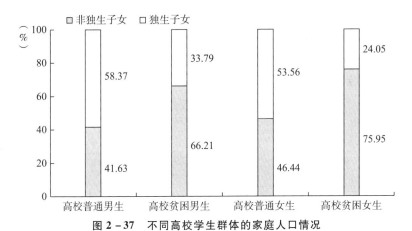

图 2－37　不同高校学生群体的家庭人口情况

（二）父母受教育情况

家庭中父母的受教育程度反映一个家庭的基本素养。不同高校学生群体父母的受教育程度见图 2－38、图 2－39。

1. 父亲的受教育程度

从图 2 – 38 可见，高校贫困女生父亲的受教育程度大部分集中在初中程度（38.58%），其次是小学（24.38%）、高中（18.83%）、中专/中技（5.04%）、大学专科（4.42%）、不识字或识字很少（3.70%）、大学本科（3.09%）。而高校普通学生父亲的受教育程度大多都在初中、高中、大学专科和大学本科。

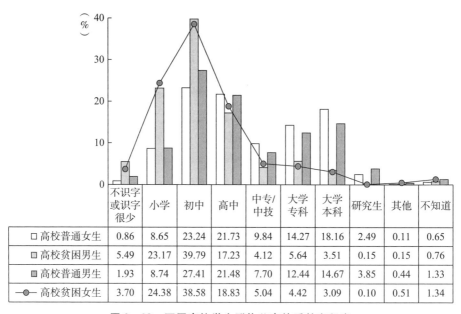

	不识字或识字很少	小学	初中	高中	中专/中技	大学专科	大学本科	研究生	其他	不知道
□ 高校普通女生	0.86	8.65	23.24	21.73	9.84	14.27	18.16	2.49	0.11	0.65
▨ 高校贫困男生	5.49	23.17	39.79	17.23	4.12	5.64	3.51	0.15	0.15	0.76
▨ 高校普通男生	1.93	8.74	27.41	21.48	7.70	12.44	14.67	3.85	0.44	1.33
─●─ 高校贫困女生	3.70	24.38	38.58	18.83	5.04	4.42	3.09	0.10	0.51	1.34

图 2 – 38　不同高校学生群体父亲的受教育程度

高校贫困女生群体父亲的受教育程度在较低学历的人数多于高校普通女生群体，而其中受教育程度较高的人数明显低于高校普通女生群体。

2. 母亲的受教育程度

整体而言，从图 2 – 39 可见，高校贫困女生中母亲的受教育程度大多集中在小学（31.65%）、初中（34.12%），高中（12.74%），大学专科（2.98%）、大学本科（2.57%）、研究生（0.51%）学历的母亲很少。而普通高校学生母亲的受教育程度大多集中在初中、高中、中专/中技、大学专科和大学本科。高校贫困女生母亲受教育水平较高的比例明显低于普通高校学生。

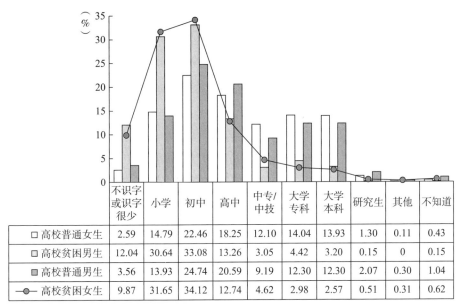

	不识字或识字很少	小学	初中	高中	中专/中技	大学专科	大学本科	研究生	其他	不知道
□ 高校普通女生	2.59	14.79	22.46	18.25	12.10	14.04	13.93	1.30	0.11	0.43
□ 高校贫困男生	12.04	30.64	33.08	13.26	3.05	4.42	3.20	0.15	0	0.15
▣ 高校普通男生	3.56	13.93	24.74	20.59	9.19	12.30	12.30	2.07	0.30	1.04
●— 高校贫困女生	9.87	31.65	34.12	12.74	4.62	2.98	2.57	0.51	0.31	0.62

图 2 - 39 不同高校学生群体母亲的受教育程度

(三) 父母的职业状况

1. 父亲的职业状况

从图 2 - 40 可见，高校贫困女生中父亲是农业劳动者所占比例较大，为 35.19%，其次是打零工、半失业人员 15.65%，自由职业者 10.39%，产业工人 9.98%，无业/失业/待业人员 5.56%，其他中父亲去世的学生占 3.6%，还有的父亲职业为农民工和牧民。而高校普通女生中父亲是自由职业者（15.44%）居多，国家/社会管理者（12.20%）次之，其他职业中有学生的父亲是大学教授、警察、医生、护士等。

2. 母亲的职业状况

高校贫困女生群体中母亲的职业状况见图 2 - 41。其中母亲的职业是农业劳动者（31.55%）的居多，其次是无业/失业/待业人员 13.67%，打零工、半失业人员有 13.16%，家务劳动者 11.92%。而高校普通女生中母亲主要从事的职业为自由职业者（14.15%），其次是办事人员（11.88%），其他职业中有很多母亲是教师、公务员等。

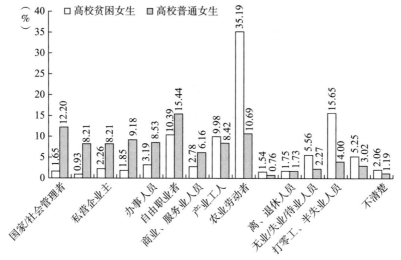

图 2-40　不同高校学生群体父亲的职业状况

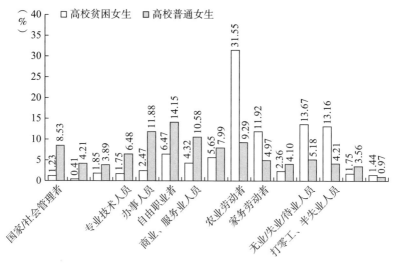

图 2-41　不同高校学生群体母亲的职业状况

（四）父母全年总收入

父母的收入是家庭的主要收入来源，家庭收入是衡量一个家庭贫困与否以及生活水平的重要指标。

总体而言，高校贫困学生父母的年收入集中在一万至三万元，而高校普通学生父母的年收入在三万至十万元。具体来说，从图 2-42 可见，高校贫困女生家庭收入主要为一万至三万元（44.65%）；而高校普通女生中大部分的收入为三万至十万元（28.83%）。从另一方面来看，家庭总收入在十万至二十万元水平中，高校贫困女生群体只有1.65%，而高校普通女生有19.55%。

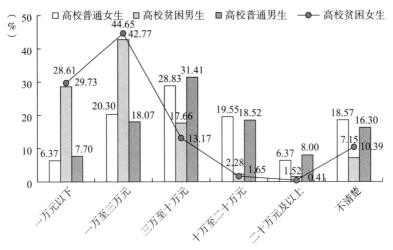

图2-42　不同高校学生群体父母的总收入情况

（五）家庭条件差异

从表2-34可见，四个高校学生群体在家庭经济条件上存在显著差异。高校贫困女生普遍认为自己的家庭条件不太好，平均分①为2.16分，得分显著低于其他三个高校学生群体。

表2-34　不同高校学生群体对自己家庭条件的评价（M±SD）

高校学生群体	高校贫困女生（$N=973$）	高校普通女生（$N=926$）	高校贫困男生（$N=656$）	高校普通男生（$N=675$）	F
家庭经济情况	2.16 ± 0.789	2.96 ± 0.737	2.25 ± 0.884	3.02 ± 0.871	255.409^{***}

注：$^{***}P<0.001$。

（六）致困原因

在认为自己家庭经济条件不是很好的高校学生中，认为导致贫困的原因各有不同。其中，主要的致困原因有三个，父母受知识水平等限制收入低，父母身体状况不佳，家中兄弟姊妹较多压力大，所占比例分别是62.02%、

---

①　平均分计算方法：将"非常好"赋5分，"比较好"赋4分，"一般"赋3分，"不太好"赋2分，"很不好"赋1分，"不确定"设为缺失，分别计算每个大学生群体得分的平均值。

46.59% 、36.35% （见图 2 - 43）。

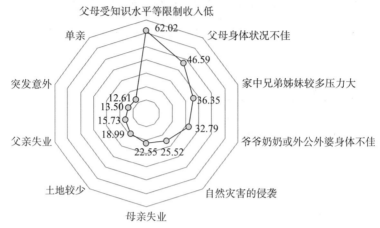

图 2 - 43　经济条件不好的学生群体致困原因分析

（七） 父母的职业期望

四个高校学生群体在父母职业期望的程度方面具有显著差异。总体而言，高校贫困生父母对其的期望显著高于高校普通学生。就高校贫困女生来说，其父亲对其的职业期望程度所得平均分①高于母亲。并且高校贫困女生的父亲对其职业的期望显著高于高校普通学生，但低于高校贫困男生（见表 2 - 35 和表 2 - 36）。

表 2 - 35　不同高校学生群体父亲的职业期望程度比较

高校学生群体	高校贫困女生 （$N = 888$）	高校普通女生 （$N = 865$）	高校贫困男生 （$N = 604$）	高校普通男生 （$N = 633$）	F
父亲的职业期望	2.15 ± 0.686	1.98 ± 0.703	2.31 ± 0.66	2.14 ± 0.711	28.056***

注：*** $P < 0.001$。

表 2 - 36　不同高校学生群体母亲的职业期望程度比较

高校学生群体	高校贫困女生 （$N = 919$）	高校普通女生 （$N = 869$）	高校贫困男生 （$N = 622$）	高校普通男生 （$N = 630$）	F
母亲的职业期望	2.12 ± 0.708	1.99 ± 0.719	2.29 ± 0.674	2.17 ± 0.705	22.534***

注：*** $P < 0.001$。

---

① 平均分计算方法：将"期待很高"赋 4 分，"期待比较高"赋 3 分，"没有特别高的期待"赋 2 分，"不清楚"赋 1 分，分别计算四个大学生群体父母期望程度的均值。

（八）父母期待与自身不一致

当父母的期待与自己的想法不一致时，不同高校学生群体的做法各有不同。从图 2－44 可见，当与父母期待的想法不一致时，有 72.25% 的高校贫困女生以自己的意见为主，比例高于其他三个高校学生群体。但选择其他选项的同学大部分是将父母的意见作为参照，将自己的意见和父母的意见相结合。

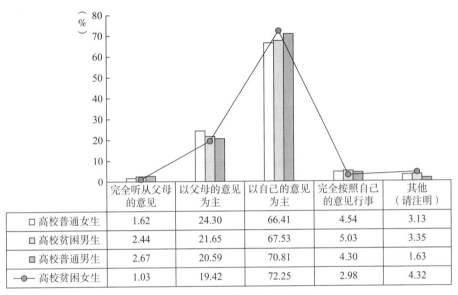

	完全听从父母的意见	以父母的意见为主	以自己的意见为主	完全按照自己的意见行事	其他（请注明）
□ 高校普通女生	1.62	24.30	66.41	4.54	3.13
□ 高校贫困男生	2.44	21.65	67.53	5.03	3.35
□ 高校普通男生	2.67	20.59	70.81	4.30	1.63
●— 高校贫困女生	1.03	19.42	72.25	2.98	4.32

图 2－44　当父母期待与自己不一致时不同高校学生群体采取的行为

（九）父母的期待造成的心理压力

父母对子女的期待会给子女造成不同程度的压力。从表 2－37 可见，父母的期待给高校学生群体造成的心理压力大致在轻度压力与中等压力之间（均值在 2～3 分）。其中，高校贫困女生心理压力程度所得的平均分[1]较其他三个高校学生群体来说最高，为 2.59 分。

---

①　平均分计算方法：将"完全没有压力"赋 1 分，"轻度压力"赋 2 分，"中等压力"赋 3 分，"很有压力"赋 4 分，"高强度压力"赋 5 分，分别计算四个大学生群体心理压力程度得分的平均值。

表 2 – 37　父母的期待给不同高校学生群体造成的心理压力程度

	高校学生群体				F
	高校贫困女生 （$N = 973$）	高校普通女生 （$N = 926$）	高校贫困男生 （$N = 657$）	高校普通男生 （$N = 675$）	
父母的期待	2.59 ± 0.912	2.34 ± 0.911	2.57 ± 0.855	2.43 ± 0.940	15.135^{***}

注：$^{***} P < 0.001$。

（十）小结

1. 家庭客观情况

高校贫困女生中有兄弟姐妹的比例高于其他三个群体。就家庭经济条件来说，高校贫困女生的父母全年收入主要为一万至三万元，普遍认为自己家庭经济条件不太好，并在四个高校学生群体中家庭经济条件最差。高校贫困女生认为父母受知识水平等限制收入低，父母的身体状况不佳是家庭经济条件不好的重要原因。

2. 家庭中父母概况

由于父母的受教育程度大都在小学、初中和高中阶段，高校贫困女生中父母大多从事农业劳动等不稳定的职业，失业及半失业的人数较多，并有一部分高校贫困女生属于单亲家庭，父亲或母亲去世或者离婚，家庭全年的总收入较低，家庭贫困。

3. 父母对子女的期望

高校贫困生父母对其的职业期望比高校普通学生父母的职业期望更高。高校贫困女生本身家庭条件及其他物质方面不如高校普通女生，父母自身职业较不稳定，故对子女的职业期望较高，这也说明高校贫困女生群体面临更高的职业期望，承受着比家庭条件和生活水平较好的高校普通女生更重的压力和负担。当自己意见与父母不一致时，大部分高校贫困女生都会以自己的意见为主，可见高校贫困女生父母由于对职业的认知有限，无法给予她们充分的建议，因此高校贫困女生在遇到事情上更有主见，可以考虑配套家庭的知识和资讯教育。

第三章 高校贫困女生的弱势处境

高校贫困女生是高校学生中的一个特殊弱势群体。相比于一般高校贫困学生，她们承受着来自家庭、社会和自身等方面更大的压力，因此在身心、就业和家庭等方面比其他女高校学生存在更加明显的弱势。本章从高校贫困女生的家庭层面，例如家庭人口数量多、经济负担重、收入低及父母受教育水平低和就业弱势等方面来分析该群体的家庭环境弱势及就业弱势；学校层面，例如综合能力弱、活动参与少、创新能力弱、领导力及组织力欠缺、群体支持缺乏等方面来分析该群体的能力弱势以及支持弱势；心理层面，例如就业压力和经济压力大、缺乏职业发展信心、心理承受能力弱等方面来分析该群体的心理弱势。从三个方面将调查结果与新时代的背景相结合，分析高校贫困女生的弱势处境，以提醒高校教育工作者通过性别教育、健全帮扶体系、加强贫困观教育、开展心理咨询等途径，引导高校贫困女生积极、健康、和谐地发展。

一 家庭层面

（一）家庭人口数量较多

以是不是独生子女、高校学生群组类别为自变量，以家庭经济条件为因变量，做双因素方差分析，以进一步揭示是不是独生子女对家庭经济条件的影响在不同高校学生群组类别间是否存在差异（见表 3 - 1）。

表 3 - 1 双因素方差分析

源	III 型平方和	df	均方	F
高校学生群组类别	180.419	1	180.419	267.678***

源	III 型平方和	df	均方	F
是不是独生子女	8.775	1	8.775	13.018***
是不是独生子女 * 高校学生群组类别	9.360	1	9.360	13.887***
误差	2179.768	3234	0.674	
校正的总计	2442.072	3237		

注:*** $P < 0.001$。

结果显示,调整 R^2 为 0.107,表示自变量能够解释因变量总变异的10.7%。另外,是不是独生子女与高校学生群组类别的主效应达到显著性水平($P < 0.001$),并且是不是独生子女与高校学生群组类别的交互效应显著($P < 0.001$)。这说明是不是独生子女对家庭经济条件具有显著影响,同理,高校贫困女生与非高校贫困女生群体的群组类别在家庭经济条件上也具有显著差异。并且是不是独生子女对家庭经济条件的影响程度在不同高校学生群组类别中有显著的统计学差异。这表明,高校贫困女生和非高校贫困女生群体间,独生子女情况对家庭经济条件的影响存在明显不同。

(二) 父母的文化程度较低

由图 2-38—图 2-41 可知,高校贫困女生父母的受教育程度大都在小学、初中和高中。由于受教育水平的限制,高校贫困女生父母大都是农业劳动者,半失业人员或打零工人员。

(三) 家庭收入低

由图 2-42 可知,高校贫困女生家庭收入主要为一万至三万元,处于较低的收入水平;并且由表 2-34 可见,高校贫困女生在家庭经济情况自评方面得分显著低于其他三个高校学生群体,表明其家庭经济情况相比其他三个高校学生群体较差。

(四) 较少出远门

从表 3-2 可见,高校贫困女生中出过境的比例低于其他三个高校学生群体。另外高校贫困女生中从未出过远门的比例要高于其他三个学生群体。大部分高校贫困女生最远的出行距离是到过省外,以学习和实习实践为主。较高校普通学生来说,高校贫困女生将学习和实习实践作为生活出行的主要目的。并且由调查可知，高校贫困女生选择其他选项的，出行目的大部分为兼职、打工和参加社会实践。而高校普通女生选择其他选项的出行目的为外出比赛、交流学习。

表 3 - 2 高校贫困女生出行距离

单位：%

出行距离	高校贫困女生	高校普通女生	高校贫困男生	高校普通男生
从未出过远门	3.08	1.50	2.74	2.81
本县	1.34	0.90	1.83	1.93
地区所在的市	5.45	3.20	5.18	2.96
省城/直辖市市区	9.25	5.10	11.26	6.52
外省	77.49	71.00	74.89	69.63
境外	2.47	17.80	3.20	14.96
不回答	0.92	0.50	0.91	1.19

（五）勤工助学经历与生活费

对于学费和生活费的结构差异来说，由前述图 2 - 14—图 2 - 17 可知，高校贫困女生与其他三个高校学生群体相比，学费来自父母的学生比例最低，向银行贷款的比例最高。而对于生活费来说，高校贫困女生的生活费主要来源于父母及自己的打工收入，且相比其他三个学生群体，以自己打工收入为生活费的学生比例最高。与此同时，高校贫困女生的月均生活费相比其他三个学生群体是最低的。

同时，本部分使用双因素方差分析以进一步了解勤工助学的经历与生活费高低的关系在各高校学生群组间是否存在差异。以生活费作为因变量，以是否有勤工助学的经历和高校学生群组类别作为自变量，进行双因素方差分析。

结果显示，是否有勤工助学经历与高校学生群组类别的主效应达到显著性水平（$P < 0.01$，$P < 0.001$），但是否有勤工助学经历与高校学生群组类别的交互效应不显著（$P > 0.05$）。这说明是否有勤工助学经历对生活费具有显著影响，同理，高校贫困女生与非高校贫困女生的群组类别在生活费高低上也具有显著差异。但是否有勤工助学经历对生活费的影响程度在不同高校学生群组类别中没有统计学差异（见表 3 - 3）。

表 3 – 3　双因素方差分析

源	III 型平方和	df	均方	F
勤工助学经历	65 397 297.409	1	65 397 297.409	7.707 **
高校学生群组类别	110 546 062.380	1	110 546 062.380	13.028 ***
勤工助学经历 * 高校学生群组类别	7 992 414.546	1	79 92 414.546	0.942
误差	27 187 025 962.817	3204	8 485 338.940	
校正的总计	27 413 552 681.312	3207		

注：*** P < 0.001，** P < 0.01。

（六）就业支持弱势

从表 3 – 4 可见，高校贫困女生获得资金支持（37.76%）的比例低于其他三个高校学生群体，并且仅有 19.24% 的高校贫困女生能够得到家庭提供的人脉介绍，低于其他三个学生群体。与此同时，高校贫困女生中仍有 7.20% 的学生从来没有得到过来自家庭的资金支持、人脉介绍、就业策略指导、职业发展规划、心理情感支持和其他方面的支持。

表 3 – 4　高校贫困女生就业支持弱势状况

单位：%

就业支持	高校贫困女生	高校贫困男生	高校普通男生	高校普通女生
资金支持	37.76	43.75	62.07	64.58
人脉介绍	19.24	23.93	46.67	48.38
以上都没有	7.20	7.16	4.15	4.00

二　学校层面

（一）综合能力弱势

通过比较综合能力各项均值及总分①可知，高校贫困女生与其他三个高校学生群体在综合能力方面存在显著的统计学差异。其中，高校贫困女生的综合能力总分显著低于其他三个高校学生群体，且在创新能力、计算

① 计算方法同个人能力总体均值计算方法。

118

机水平、综合外语水平四个维度的得分低于其他三个高校学生群体（见表3-5）。

表3-5 高校贫困女生能力弱势维度

能力维度	高校贫困女生 （$N = 973$）	高校普通女生 （$N = 926$）	高校贫困男生 （$N = 656$）	高校普通男生 （$N = 675$）	F
创新能力	2.97 ± 0.783	3.12 ± 0.789	3.15 ± 0.79	3.32 ± 0.811	26.508^{***}
心理承受能力	3.63 ± 0.868	3.63 ± 0.878	3.76 ± 0.883	3.78 ± 0.927	6.508^{***}
计算机水平	2.88 ± 0.773	3.55 ± 0.814	3.52 ± 0.868	3.65 ± 0.895	5.005^{**}
综合外语水平	2.87 ± 0.754	3.06 ± 0.776	3.03 ± 0.841	3.17 ± 0.842	18.403^{***}
综合能力总分	3.23 ± 0.514	3.32 ± 0.531	3.28 ± 0.601	3.39 ± 0.551	12.413^{***}

注：$^{***}P < 0.001$，$^{**}P < 0.01$。

（二）活动参与较少

通过计算高校学生互动参与的总体均值[①]可知，高校贫困女生的大学经历总得分低于其他三个高校学生群体，因此可知高校贫困女生的大学经历显著少于其他三个高校学生群体。其中，高校贫困女生在参与学术科研活动、到国内外学习交流和自主创业方面的得分低于其他三个学生群体。相对而言，高校贫困男生参与课程以外的学术、科研活动和参与各种产品孵化项目、开淘宝店的得分较高，高校普通女生获取各类专业资格证书的比例较高，高校普通男生到校外或是到国内其他地区开会、学习或交流的得分较高（见表3-6）。

表3-6 高校贫困女生活动参与情况

活动项目	高校贫困女生 （$N = 973$）	高校普通女生 （$N = 926$）	高校贫困男生 （$N = 656$）	高校普通男生 （$N = 675$）	F
参与课程以外的学术、科研活动或学术会议	0.72 ± 0.786	0.76 ± 0.784	0.87 ± 0.82	0.81 ± 0.809	4.816^{**}
到校外或是国内其他地区开会、学习或交流	0.29 ± 0.599	0.36 ± 0.64	0.4 ± 0.674	0.41 ± 0.671	5.529^{**}

---

① 每个大学生群体在四项大学经历得分总计后的均值。

续表

活动项目	高校贫困女生 （N = 973）	高校普通女生 （N = 926）	高校贫困男生 （N = 656）	高校普通男生 （N = 675）	F
参与各种产品孵化项目、开淘宝店等	0.21 ± 0.501	0.22 ± 0.5	0.28 ± 0.576	0.25 ± 0.548	3.204 *
大学经历总分	0.44 ± 0.428	0.49 ± 0.454	0.5 ± 0.478	0.49 ± 0.475	2.708 *

注：** $P < 0.01$，* $P < 0.05$。

（三） 创新实践活动参加频率低

由表 2 - 32 可见，高校贫困女生参加创新实践活动的频率得分虽然高于高校普通女生，但显著低于高校男生群体。由此可知，高校贫困女生较少参加创新实践活动，由于家庭经济条件较差，高校贫困女生会利用课余时间参加勤工助学或努力学习，不是十分注重自身创新能力的提高。

（四） 领导力、组织力欠缺

由图 2 - 13 可知，高校贫困女生在组织内担任负责人和创始人的比例与其他三个高校学生相比最低，分别为 30.22% 和 2.93% 。有可能是因为高校贫困女生自身生活环境及特殊的成长经历，社交圈较小，大多存在自卑心理，对自身缺乏信心，在号召力和领导力上有待提高。

（五） 群体支持缺乏

从表 3 - 7 可见，高校贫困女生在学习方面、就业方面、情感方面和交友方面能获得 3 人及以上帮助的比例低于其他三个高校学生群体。由于人际交往缺乏或其他客观原因，高校贫困女生获得多人群体支持较少。

表 3 - 7　高校贫困女生群体支持缺乏状况

支持状况	高校学生群体	没有人	有 1、2 个人	有 3 人及以上	没有此类困难
学习方面	高校贫困女生	6.27	45.63	44.91	3.19
	高校普通女生	4.86	45.36	45.25	4.54
	高校贫困男生	8.69	39.63	48.17	3.51
	高校普通男生	4.90	35.31	52.52	7.27

支持状况	高校学生群体	没有人	有1、2个人	有3人及以上	没有此类困难
就业方面	高校贫困女生	17.08	41.87	28.81	12.24
	高校普通女生	10.15	42.66	34.02	13.17
	高校贫困男生	17.25	40.15	32.21	10.38
	高校普通男生	12.46	35.31	35.91	16.32
情感方面	高校贫困女生	9.35	43.47	33.30	13.87
	高校普通女生	8.32	39.31	37.90	14.47
	高校贫困男生	13.28	42.14	34.05	10.53
	高校普通男生	10.98	34.57	37.98	16.47
交友方面	高校贫困女生	5.76	38.95	41.11	14.18
	高校普通女生	3.78	37.47	43.74	15.01
	高校贫困男生	7.33	32.82	47.02	12.82
	高校普通男生	5.79	29.82	42.73	21.66

三　心理层面

（一）就业压力及经济压力较大

从表3-8可见，高校贫困女生就业压力以及经济压力的得分显著高于其他三个高校学生群体。高校贫困女生由于家庭经济基础差以及处于弱势中，在社会就业中存在比其他群体更大的难度，在家庭和生活中承担着更大的经济压力和就业压力。父母的职业期望对高校贫困女生造成的心理压力显著高于其他三个学生群体，高校贫困女生的就业压力和经济压力较大，排名相对靠前。由此可知，高校贫困女生不仅承受着较大的职业期望压力，也承受着较大的就业压力和经济压力。

表3-8　高校贫困女生的就业压力和经济压力

高校学生群体	高校贫困女生 ($N=973$)		高校普通女生 ($N=926$)		高校贫困男生 ($N=657$)		高校普通男生 ($N=675$)		F
	排序	均值	排序	均值	排序	均值	排序	均值	
就业压力	2	1.84 ± 2.115	2	1.49 ± 1.982	2	1.82 ± 2.102	2	1.61 ± 2.071	5.757^{**}
经济压力	3	0.84 ± 1.588	6	0.45 ± 1.234	3	0.76 ± 1.526	5	0.54 ± 1.326	14.042^{***}

注：$^{**}P<0.01$，$^{***}P<0.001$。

（二） 职业发展缺乏信心

从表3-9可见，高校贫困女生在"我对自己未来的职业发展充满信心"维度的得分较低。高校贫困女生由于家境贫寒，以及受家庭环境影响，对自身缺乏信心，对自己未来的职业发展也缺乏相应的信心。

表3-9 高校贫困女生职业发展

职业发展	高校贫困女生 （N=972）	高校普通女生 （N=925）	高校贫困男生 （N=656）	高校普通男生 （N=673）	F
我对自己未来的职业发展充满信心	3.54±0.825	3.53±0.874	3.6±0.87	3.69±0.88	5.726**
职业发展总分	3.75±0.615	3.73±0.658	3.7±0.658	3.79±0.697	2.037

注：** $P<0.01$。

（三） 心理承受能力较弱

由表2-6可见，高校贫困女生在心理承受能力维度的得分显著低于高校普通男生和高校贫困男生，与高校普通女生相当。可见，高校贫困女生在心理承受方面能力较男生弱。

四　小结

（一） 家庭层面

1. 家庭客观情况

是不是独生子女对家庭经济条件具有显著影响。高校贫困女生家庭经济基础较差，故是不是独生子女的因素对高校贫困女生的家庭经济条件影响较大。就家庭经济条件来说，高校贫困女生的父母全年收入大约在一万至三万元，普遍认为自己家庭经济条件不太好，并在四个高校学生群体中家庭经济条件最差。高校贫困女生认为父母受知识水平等限制收入低，父母的身体状况不佳是家庭经济条件不好的主要原因。

2. 父母概况

由于父母的受教育程度大都在小学、初中和高中阶段，高校贫困女生的父母大多从事农业劳动等不稳定的职业，失业及半失业的人数较多，并有一部分高校贫困女生属于单亲家庭，父亲或母亲去世或者离婚，家庭全年的总收入较低，家庭贫困。

3．就业支持弱势

高校贫困女生生活费的主要来源是父母以及自己打工的收入。家庭只能较多的为高校贫困女生提供心理情感上的支持，由于家庭经济条件和父母受教育程度的限制，较少家庭能提供资金、职业规划的指导以及人脉支持。高校贫困女生父母的受教育水平较低，对职业的认知有限，无法给予她们更多的就业方面的支持。

（二）学校层面

1．能力与社交弱势

在综合能力上，高校贫困女生的创新能力及心理承受能力、综合外语水平、计算机水平明显低于其他三个高校学生群体。其根源还是在于贫困的现状及生理的情况限制了自身能力的发展及综合素质的提高。

高校贫困女生很少参加校外的科研会议、学术交流及开淘宝店，一方面由于集体社会活动难免会发生额外的开销，许多高校贫困女生家庭经济条件有限，对这类活动缺乏参与的积极性；另一方面因为不注重人际交往能力的锻炼，高校贫困女生参加创新实践活动的频率低于高校男生，因此高校贫困女生需多参加创新实践活动，提升自身的实践能力。高校贫困女生的社交网络比较狭窄，因此接触不到更广泛的社交圈。同时，在参加的组织中以普通成员为主，担任负责人及创始人的比例较其他群体低。有可能是因为高校贫困女生由于自身生活环境及特殊的成长经历，大多存在自卑心理，对自身缺乏信心，在号召力和领导力上有待提高。大部分高校贫困女生最远的出行距离是到过省外，以学习和实习实践为主，由于家庭贫困，很少有机会出境或者出国。较普通高校学生来说，高校贫困女生将学习和实习实践作为出行的主要目的。

2．群体支持弱势

高校贫困女生在学习和就业、交友方面能得到 3 人及以上帮助的较少。说明高校贫困女生在经济、就业、学习、情感和交友方面处于群体支持弱势。

（三）心理层面

1. 就业弱势和经济弱势

高校贫困女生较其他群体来说更认为就业压力和经济压力让自己感到苦恼。由于高校贫困女生的家庭经济基础差以及属于女性弱势群体，在社会就业中存在比其他群体更大的难度，在家庭和生活中承担着更大的经济压力和就业压力，因此高校贫困女生处在经济贫困与心理贫困的环境中。

2. 心理承受能力弱势

高校贫困女生对自己的职业发展缺乏一定的信心，家庭由于贫困等，很少能为其职业发展提供更多有效的支持，这同样对高校贫困女生的心理健康有影响。与高校普通女生相比，高校贫困女生承受的心理压力更大，而承受能力更弱，面临的心理问题更多、更为突出，若不给予足够的重视将导致高校贫困女生个性的不健全发展，给自身、家庭及社会带来隐患。同时，这种心理弱势也会直接影响高校贫困女生日后就业和事业的发展。

第四章　高校贫困女生的社会支持状况

一　高校贫困女生社会支持概况

将社会支持分为家庭支持、同学朋友支持和老师支持，与高校学生的综合能力弱势、职业发展弱势、心理健康弱势、心理承受能力弱势做相关分析，得到的结果见表4－1。

表4－1　高校学生弱势与社会支持的相关分析

弱势与支持	综合能力弱势	职业发展弱势	心理健康弱势	心理承受能力	家庭支持	同学朋友支持	老师支持	总体支持
综合能力弱势	1							
职业发展弱势	0.361**	1						
心理健康弱势	－0.307**	－0.194**	1					
心理承受能力	0.677**	0.210**	－0.328**	1				
家庭支持	0.261**	0.343**	－0.186**	0.135**	1			
同学朋友支持	0.286**	0.351**	－0.172**	0.147**	0.773**	1		
老师支持	0.257**	0.271**	－0.143**	0.108**	0.574**	0.687**	1	
总体支持	0.300**	0.354**	－0.185**	0.142**	0.863**	0.910**	0.879**	1

注：** $P < 0.01$。

可以看出，家庭支持、同学朋友支持、老师支持和总体支持情况均与综合能力弱势、职业发展弱势和心理承受能力成正相关，而与心理健康弱势负相关。

（一）家庭层面

在家庭就业支持与职业发展的关系上，为了进一步揭示家庭提供的就业支持对高校贫困女生和非高校贫困女生[①]职业发展影响效果的差异，在此使用回归分析方法进行研究。以每位同学家庭就业支持的总分[②]作为自变量进入线性回归，以分析家庭提供的就业支持对高校贫困女生和非高校贫困女生职业发展的影响。得到高校贫困女生和非高校贫困女生群体两个线性方程。变量选入和提出的检验水准分别为 0.05 和 0.01。

由于影响高校学生职业发展的因素很多，家庭的就业支持因素只是其中较小的一部分，因此，经过计算得到调整后的 R^2 为 0.003，表示高校贫困女生职业发展的变化有 0.3% 可由家庭提供的就业支持解释。两个回归方程的显著性水平均小于 0.05，具有统计学意义。

对高校贫困女生来说，每位同学的总得分的相关系数显著水平小于 0.05，故家庭提供的就业支持对高校贫困女生的职业发展影响程度较大。

就非高校贫困女生群体而言，得到的 R^2 为 0.017，说明非高校贫困女生群体职业发展的变化有 1.7% 可由家庭提供的就业支持解释。由此可知家庭提供的就业支持对非高校贫困女生群体也有显著影响（见表 4-2）。

表 4-2 家庭就业支持与高校学生职业规划的回归分析

群体类别	调整 R^2	模型	非标准化系数		标准系数	t
			B	标准误差		
高校贫困女生	0.003	（常量）	3.682	.036		101.550 ***
		总得分	0.038	.019	.066	2.058 *
非高校贫困女生	0.017	（常量）	3.602	0.026		136.455 ***
		总得分	0.065	0.01	0.13	6.257 ***

注：*** $P < 0.001$，* $P < 0.05$。

（二）学校层面

1. 社会支持对学生综合能力的影响

为了进一步了解社会支持（分为家庭、同学朋友、老师三个维度）对高校学生综合能力（与学习主动性总体均值计算方法相同）的影响，用平均值计算方法计算每个维度的得分。以家庭、同学朋友、老师为自变量，

[①] 非高校贫困女生指的是高校贫困男生、高校普通男生和高校普通女生。

[②] 计算方法：在资金支持、人脉介绍、就业策略指导、职业发展规划、心理情感支持和其他这六个选项中每选一项得 1 分，计算每个学生选择选项后的总分。

以高校学生的综合能力为因变量进入回归方程。根据回归分析方法得到调整的 R^2 为 0.091，表示家庭、老师和同学朋友支持力度的改变能够解释学生综合能力 9.1% 的改变。整个回归方程的显著性小于 0.05，表示方程具有统计学意义。

进入回归方程式的显著变量有三个，其中同学朋友的解释力最佳，其次为老师，再次为家庭。自变量对因变量同样具有明显的预测作用（见表 4-3）。

表 4-3　社会支持与高校学生总体综合能力的回归分析

调整 R^2	模型	非标准化系数		标准系数	t
		B	标准误差		
0.091	（常量）	2.507	0.046		54.462***
	家庭	0.063	0.019	0.089	3.366**
	同学朋友	0.106	0.022	0.143	4.800***
	老师	0.064	0.014	0.107	4.607***

注：*** $P < 0.001$，** $P < 0.01$。

根据自变量的非标准化系数的大小可知，同学朋友的支持对学生综合能力的影响程度最大，其次是来自老师的支持，再次是家庭。

针对高校贫困女生而言，经过单因素方差分析可知，调整后的 R^2 为 0.068，表示家庭、老师和同学朋友支持力度的变化能够解释高校贫困女生综合能力 6.8% 的变化。并且回归方程的显著性小于 0.05，故此方程具有统计学意义。此外经回归分析得到结果见表 4-4。

表 4-4　社会支持与高校贫困女生综合能力的回归分析

调整 R^2	模型	非标准化系数		标准系数	t
		B	标准误差		
0.068	（常量）	2.608	0.080		32.454***
	家庭	0.010	0.032	0.014	0.295
	同学朋友	0.102	0.037	0.139	2.766*
	老师	0.083	0.024	0.143	3.444**

注：*** $P < 0.001$，** $P < 0.01$，* $P < 0.05$。

从表 4-4 可见，同学朋友、老师的社会支持能够正向预测对高校贫困女生的综合能力的影响。由回归方程系数可知，同学朋友（0.102）对高校贫困学生的支持影响最大，其次是老师（0.083），家庭（0.010）对高校贫困女生综合能力的支持效果不是很好，因此家庭应予以高校贫困女生更多的支持和帮助。

2. 社会支持对学生学习能力的影响

在划分的成绩等级①中，成绩排名在前 10% 的为优秀，前 10% ~ 30% 的为良好，前 30% ~ 70% 的为中等，后 30% 的为不好。以家庭、同学朋友、老师为自变量，以高校学生的学习能力为因变量进入回归分析，进一步了解各方社会支持对高校学生学习能力的影响效果。从表 4 - 5 可见，同学朋友以及教师的支持对高校学生整体的学习能力具有良好的预测作用。由相关系数可知，学习能力的提升主要受同学朋友（0.094）的帮助最大，其次为老师的支持帮助（0.069），调整后的 R^2 为 0.024，表示家庭、老师和同学朋友支持力度的改变能够解释高校学生学习能力 2.4% 的改变。并且方程的显著性小于 0.05，方程具有统计学意义。同学朋友给予的帮助越大，高校学生的学习能力越能得到有效提高。

表 4 - 5　社会支持与高校学生整体学习能力的回归分析

调整 R^2	模型	非标准化系数		标准系数	t
		B	标准误差		
0.024	（常量）	2.056	0.075		27.423***
	家庭	0.024	0.030	0.022	0.806
	同学朋友	0.094	0.036	0.081	2.623**
	老师	0.069	0.022	0.074	3.061**

注：*** $P < 0.001$，** $P < 0.01$。

对于高校贫困女生而言，从调整后的 R^2 可知，家庭、老师和同学朋友支持力度的改变能够解释高校贫困女生学习能力变化的 3.4%。并且回归方程的显著性小于 0.001，表明方程具有统计学意义。老师能够正向预测高校贫困女生的学习能力。由此可知，高校贫困女生的学习能力主要受老师（0.132）的影响，其次受同学朋友支持（0.051）的影响，再次为家庭支持（0.025）（见表 4 - 6）。

---

① 将此题中的选项"不清楚"设为缺失值，不参与均值与回归的计算。

表4-6　社会支持与高校贫困女生学习能力的回归分析

调整 R^2	模型	非标准化系数		标准系数	t
		B	标准误差		
0.034	（常量）	2.175	0.130		16.681 ***
	家庭	0.025	0.052	0.024	0.481
	同学朋友	0.051	0.060	0.044	0.849
	老师	0.132	0.039	0.145	3.405 **

注：*** $P < 0.001$，** $P < 0.01$。

3. 社会支持对创新实践活动参加频率的影响

参加创新活动的频率一方面反映了高校学生对创新活动的重视程度，另一方面反映了创新活动对于提升高校学生创新能力的有效程度。以家庭、同学朋友和老师为自变量，以创新活动参加的频率为因变量进入线性回归分析，以分析社会支持三个维度对高校学生参加创新活动频率的影响。

从表4-7可见，家庭、老师和同学朋友支持力度的改变能够解释高校学生参加创新实践活动频率变化的9.7%。回归方程的显著性小于0.001，表明方程具有统计学意义。同时，家庭、同学朋友和老师的支持对高校学生参加创新实践活动的频率具有明显的预测作用。其中，家庭支持对高校学生参加创新实践活动的频率具有负向预测作用。而同学朋友和老师对高校学生参加创新实践活动频率具有正向预测作用。并且老师对高校学生参加创新实践活动的频率影响较大。

表4-7　社会支持与高校学生参加创新实践活动频率的回归分析

调整 R^2	模型	非标准化系数		标准系数	t
		B	标准误差		
0.097	（常量）	1.647	0.074		22.231 ***
	家庭	-0.096	0.030	-0.084	-3.192 **
	同学朋友	0.161	0.036	0.135	4.519 ***
	老师	0.252	0.022	0.259	11.234 ***

注：*** $P < 0.001$，** $P < 0.01$。

针对高校贫困女生而言，其回归方程的显著性小于0.001，该方程具有显著的统计学意义。老师的支持对高校贫困女生创新活动参加频率具有明显的预测作用。由此可知，高校贫困女生创新实践活动的参加频率主要受来自老师支持的显著影响（见表4-8）。

表4-8　社会支持与高校贫困女生参加创新实践活动频率的回归分析

调整 R^2	模型	非标准化系数		标准系数	t
		B	标准误差		
0.071	（常量）	1.780	0.138		12.891***
	家庭	-0.011	0.055	-0.009	-0.195
	同学朋友	0.010	0.063	0.008	0.156
	老师	0.272	0.041	0.273	6.578***

注：*** $P < 0.001$。

4．参加创新实践活动的频率与创新能力的关系

以参加创新实践活动的频率为自变量，以创新能力作为因变量分高校贫困女生和非高校贫困女生两个群组进入线性回归，得到两个回归方程。

就高校贫困女生而言，所得回归方程调整 R^2 为0.09，表示在高校贫困女生中，参加创新实践活动频率的变异能够解释创新能力变异的9%。同时自变量系数的显著性水平小于0.001，说明参加创新实践活动的频率对高校贫困女生的创新能力具有显著影响。同理可知，在非高校贫困女生的组别中，参加创新实践活动的频率能够解释因变量总变异的5.5%。同时可知创新实践活动的参加频率对非高校贫困女生的创新能力具有显著影响（见表4-9）。

表4-9　参加创新实践活动的频率与创新能力的回归分析

群体类别	调整 R^2	模型	非标准化系数		标准系数	t
			B	标准误差		
高校贫困女生	0.09	（常量）	2.276	0.074		30.719***
		创新实践活动参加频率	0.267	0.027	0.302	9.864***
非高校贫困女生	0.055	（常量）	2.618	0.052		50.710***
		创新实践活动参加频率	0.212	0.018	0.236	11.573***

注：*** $P < 0.001$。

5. 参加社会团体组织情况与人际交往能力的关系

以参加的社会团体组织[①]为自变量，以人际交往能力为因变量，进入回归，以分析参加社会团体组织情况对高校贫困女生和非高校贫困女生人际交往能力的影响。从而得到两个回归方程，结果见表 4 - 10。两个回归方程的显著性水平均小于 0.05，具有统计学意义。

表 4 - 10 参加社会团体组织情况与人际交往能力的相关分析

群体类别	调整 R^2	模型	非标准化系数		标准系数	t
			B	标准误差		
高校贫困女生	0.034	（常量）	3.232	0.051		63.955 ***
		参加社会团体组织	0.147	0.025	0.186	5.884 ***
非高校贫困女生	0.037	（常量）	3.289	0.035		94.364 ***
		参加社会团体组织	0.166	0.018	0.194	9.389 ***

注：*** $P < 0.001$。

在高校贫困女生中，调整 R^2 为 0.034，即参加社会团体组织的变化能解释人际交往能力变化的 3.4%。从自变量相关系数的显著性可知，自变量显著性小于 0.001，具有极其显著的统计学意义，且参加社会团体组织情况对高校贫困女生的人际交往能力产生显著影响。同理可知，在非高校贫困女生中，自变量的变异能够解释因变量总变异的 3.7%。且由自变量系数的显著性可知，参加社会团体组织的情况对非高校贫困女生的人际交往能力产生显著影响。

为了进一步比较参加社会团体组织的情况对人际交往能力的影响在不同高校学生群组间有何差异，在此使用回归分析，引入交互变量[②]，以参加社会团体组织、高校学生群组类别以及交互变量为自变量，以人际交往能力为因变量，进入回归分析，结果见表 4 - 11。

[①] 参加的社会团体组织得分计算方法：在学校组织、学生社团、社会公益组织、其他社会团体这四个选项中每选一项得 1 分，计算每个学生选择选项后的总分。

[②] 此处的交互变量 = 参加社会团体组织的得分 * 大学生群组类别（0 = 非高校贫困女生，1 = 高校贫困女生）。

表4－11　回归方程的调节效应

调整 R^2	模型	非标准化系数		标准系数	t
		B	标准误差		
0.016	（常量）	3.289	0.034		97.001***
	参加社会团体组织	0.166	0.017	0.198	9.651***
	交互变量	－0.019	0.032	－0.022	－0.590
	高校学生群组类别	－0.056	0.064	－0.031	－0.881

注：*** $P < 0.001$。

结果显示，该回归方程的显著性水平小于0.001，具有统计学意义。参加社会团体组织情况变量的相关系数极其显著，但高校学生群组类别变量的相关系数不显著，说明参加社会团体组织情况对人际交往能力的影响在不同高校学生群组上没有显著的不同。

6. 学校提供的就业支持与职业规划的关系

采用强迫进入法，以职业生涯规划辅导、就业指导课、举办招聘会、开办成功人士讲座、安排实习和其他作为自变量，以职业发展得分为自变量，分别做高校贫困女生和非高校贫困女生群体两个组别的回归分析，结果见表4－12。两个回归方程的显著性（$P < 0.05$）均具有统计学意义。

表4－12　学校提供的就业支持与不同高校学生职业发展的回归分析

群体类别	调整 R^2	模型	非标准化系数		标准系数	t
			B	标准误差		
高校贫困女生	0.010	（常量）	3.583	0.052		69.221***
		职业生涯规划辅导	0.052	0.050	0.034	1.032
		就业指导课	0.088	0.044	0.068	1.999*
		举办招聘会	0.028	0.045	0.022	0.622
		开办成功人士讲座	0.003	0.043	0.002	0.062
		安排实习	0.082	0.042	0.067	1.963
		其他（请注明）	－0.337	0.434	－0.025	－0.776
非高校贫困女生	0.020	（常量）	3.562	0.034		104.316***
		职业生涯规划辅导	0.099	0.035	0.063	2.831**

续表

群体类别	调整 R^2	模型	非标准化系数		标准系数	t
			B	标准误差		
非高校贫困女生	0.020	就业指导课	0.054	0.033	0.038	1.655
		举办招聘会	-0.032	0.033	-0.022	-0.978
		开办成功人士讲座	0.056	0.032	0.041	1.757
		安排实习	0.110	0.031	0.082	3.593***
		其他（请注明）	-0.461	0.251	-0.038	-1.835

注：*** $P < 0.001$，** $P < 0.01$，* $P < 0.05$。

对高校贫困女生组别的回归方程来说，其调整后的 R^2 为 0.01，即学校提供的各项就业支持的变异可解释高校贫困女生职业发展总变异的 1%。进入回归方程的显著变量有两个，以"就业指导课"的预测力最佳。而对于非高校贫困女生群体组别的回归方程来说，学校提供的就业支持各个维度的变化能解释因变量变化的 2%。因变量中职业生涯规划辅导以及安排实习的预测力较好，表明学校提供的职业生涯规划辅导以及安排实习对非高校贫困女生群体的职业生涯规划产生显著影响。

由此可知，学校安排的实习对非高校贫困女生群体的职业发展产生影响，就业指导课对高校贫困女生的影响显著，而职业生涯规划辅导则对非高校贫困女生影响显著。

（三）身心层面

1. 社会支持对心理健康状况的影响

使用问卷中的自评条目"总的来说，您觉得您目前的心理健康状况如何？"的回答作为高校学生心理健康状况的标准[①]，以家庭、同学朋友和老师三个维度为自变量，以高校学生的心理健康状况为因变量进入回归，分析社会支持的三个维度对学生心理健康状况的影响。

从表 4-13 可见，自变量可解释因变量总变异的 3.6%。回归方程的显著性小于 0.001，故方程具有显著的统计学意义。进入回归方程的显著变量有两个，分别为家庭的支持和同学朋友的支持，这两个维度均能正向预测高校学生整体的心理健康状况。家庭支持对高校学生群体的心理承受能力

---

① 将此题中的"不清楚"选项设为缺失值，不参与均值及回归的计算。

有显著影响，而同学朋友影响较小。家庭对高校学生的支持越多，高校学生的心理健康状况越良好。

表 4-13　社会支持与高校学生整体心理健康状况的回归分析

调整 R^2	模型	非标准化系数		标准系数	t
		B	标准误差		
0.036	（常量）	2.062	0.051		40.6247***
	家庭	0.086	0.021	0.114	4.157***
	同学朋友	0.051	0.024	0.064	2.071*
	老师	0.022	0.015	0.034	1.445

注：*** $P < 0.001$，* $P < 0.05$。

针对高校贫困女生来说，回归方程的显著性小于 0.001，故方程具有显著的统计学意义。进入回归方程的显著变量为家庭，并且其对高校贫困女生的心理健康状况有正向的预测作用，即来自家庭的支持会对高校贫困女生的心理健康状况产生重要影响，家庭对其支持越多，高校贫困女生的心理健康状况越良好（见表 4-14）。

表 4-14　社会支持与高校贫困女生心理健康状况的回归分析

调整 R^2	模型	非标准化系数		标准系数	t
		B	标准误差		
0.023	（常量）	3.172	0.095		33.309***
	家庭	0.124	0.038	0.159	3.252**
	同学朋友	-0.004	0.044	-0.005	-0.095
	老师	0.008	0.029	0.012	0.277

注：*** $P < 0.001$，** $P < 0.01$。

2. 社会支持对职业发展的影响分析

将家庭、同学朋友和老师作为自变量，高校学生的职业发展作为因变量，进入回归，以分析社会支持的三个维度对高校学生职业发展的影响效果。结果见表 4-15，社会支持能够有效解释职业发展总变异的 13.6%。回归方程的显著性小于 0.001，故方程具有显著的统计学意义。家庭支持和同学朋友的支持对职业规划有显著的正向影响，而老师支持对职业发展没有显著影响。

表 4 – 15　社会支持与高校学生职业发展的回归分析

调整 R^2	模型	非标准化系数		标准系数	t
		B	标准误差		
0.136	（常量）	2.560	0.053		47.935[***]
	家庭	0.146	0.022	0.173	6.684[***]
	同学朋友	0.166	0.026	0.188	6.437[***]
	老师	0.030	0.016	0.042	1.881

注：[***] $P < 0.001$。

相对于高校贫困女生而言，家庭、老师和同学朋友支持力度的改变能够解释高校贫困女生职业规划 10.8% 的改变。回归方程的显著性小于0.001，故方程具有显著的统计学意义。且家庭和同学朋友的支持对高校贫困女生的职业发展具有显著的正向预测作用（见表 4 – 16）。

表 4 – 16　社会支持与高校贫困女生职业发展的回归分析

调整 R^2	模型	非标准化系数		标准系数	t
		B	标准误差		
0.108	（常量）	2.737	0.094		29.081[***]
	家庭	0.106	0.038	0.131	2.798[**]
	同学朋友	0.166	0.043	0.189	3.849[***]
	老师	0.032	0.028	0.047	1.152

注：[***] $P < 0.001$，[**] $P < 0.01$。

3. 社会支持对心理承受能力的影响

使用问卷中的自评条目"与同龄人相比，您如何评价自己的心理承受能力？"的回答作为高校学生心理承受能力的标准，以家庭、同学朋友和老师的社会支持为自变量，以高校学生的心理承受能力为因变量进入回归，以分析社会支持的三个维度对学生心理承受能力的影响（见表 4 – 17）。

表 4 – 17　社会支持与高校学生整体心理承受能力的回归分析

调整 R^2	模型	非标准化系数		标准系数	t
		B	标准误差		
0.022	（常量）	3.034	0.077		39.327[***]
	家庭	0.059	0.031	0.052	1.883

调整 R^2	模型	非标准化系数		标准系数	t
		B	标准误差		
0.022	同学朋友	0.119	0.037	0.100	3.215 **
	老师	0.010	0.023	0.010	0.411

注：*** $P < 0.001$，** $P < 0.01$。

由上表中调整后的 R^2 可知，家庭、老师和同学朋友支持力度的改变能够解释高校贫困女生心理承受能力 2.2% 的改变。并且回归方程的显著性小于 0.001，故方程具有显著的统计学意义。进入回归方程的显著变量为同学朋友。由此可知，同学朋友的支持对高校学生的心理承受能力具有明显的预测作用。高校学生群体的心理承受能力受到同学朋友支持的影响，而很少受到家庭支持和老师支持的影响。

而对于高校贫困女生来说，回归方程的显著性小于 0.001，故方程具有显著的统计学意义。从表 4 - 18 可见，同学朋友的社会支持能够正向预测高校贫困女生的心理承受能力。

表 4 - 18　社会支持与高校贫困女生心理承受能力的回归分析

调整 R^2	模型	非标准化系数		标准系数	t
		B	标准误差		
0.019	（常量）	2.998	0.139		21.519 ***
	家庭	0.012	0.056	0.011	0.223
	同学朋友	0.160	0.064	0.129	2.503 *
	老师	0.018	0.042	0.018	0.434

注：*** $P < 0.001$，* $P < 0.05$。

4. 身体锻炼、体检情况及身体健康状况的相关分析

由于变量均为定序变量，对高校贫困女生和非高校贫困女生的身体锻炼频率、锻炼强度和体检频率、锻炼的时间长度与身体健康状况[①]做 Spearman 相关分析。结果显示，无论高校贫困女生还是非高校贫困女生锻炼的时间长度与身体的健康状况都呈显著的正相关关系。而体检频率与两个高校学生组别的身体健康状况不相关。不同的是非高校贫困女生中，锻炼强度和

---

① 此处健康状况"不知道"选项设为缺失。下同。

频率与身体健康状况呈显著正相关（见表4-19和表4-20）。

表4-19　高校贫困女生身体锻炼、体检情况与身体健康状况的相关分析

项目	身体健康状况		体检频率		锻炼频率		锻炼强度		锻炼的时间长度	
	r	P	r	P	r	P	r	P	r	P
身体健康状况	1.000		0.046	0.156	0.011	0.741	0.049	0.128	0.082[*]	0.010
体检频率	0.046	0.156	1.000		0.047	0.145	0.056	0.081	0.066[*]	0.040
锻炼频率	0.011	0.741	0.047	0.145	1.000		0.187[**]	<0.001	0.127[**]	<0.001
锻炼强度	0.049	0.128	0.056	0.081	0.187[**]	<0.001	1.000		0.410[**]	<0.001
锻炼的时间长度	0.082[*]	0.010	0.066[*]	0.040	0.127[**]	<0.001	0.410[**]	<0.001	1.000	

注：[**] $P<0.01$，[*] $P<0.05$。

表4-20　非高校贫困女生身体锻炼、体检情况与身体健康状况的相关分析

项目	身体健康状况		体检频率		锻炼频率		锻炼强度		锻炼的时间长度	
	r	P	r	P	r	P	r	P	r	P
身体健康状况	1.000		0.019	0.364	0.046[*]	0.028	0.129[**]	0.000	0.140[**]	<0.001
体检频率	0.019	0.364	1.000		0.040	0.059	0.045[*]	0.031	0.044[*]	0.037
锻炼频率	0.046[*]	0.028	0.040	0.059	1.000		0.162[**]	<0.001	0.188[**]	<0.001
锻炼强度	0.129[**]	<0.001	0.045[*]	0.031	0	<0.001	1.000		0.510[**]	<0.001
锻炼的时间长度	0.140[**]	<0.001	0.044[*]	0.037	0.188[**]	<0.001	.510[**]	<0.001	1.000	

注：[**] $P<0.01$，[*] $P<0.05$。

5. 身体意向、价值观与心理健康状况的相关分析

将高校贫困女生和非高校贫困女生的身体意向、价值观[①]与心理健康状况做 Spearman 相关分析，结果显示，无论高校贫困女生还是非高校贫困女生，身体意向以及价值观与高校学生群体的心理健康状况都有显著的正相关关系（见表4-21和表4-22）。

[①] 价值观总均分计算方法：六项价值观每项得分相加后除以项数，得到每位学生价值观总体均值。

表 4 – 21　高校贫困女生身体意向、价值观与心理健康状况的相关分析

项目	心理健康状况		身体意向		价值观	
	r	P	r	P	r	P
心理健康状况	1.000		0.271**	<0.001	0.065*	0.043
身体意向	0.271**	<0.001	1.000		0.135**	<0.001
价值观	0.065*	0.043	0.135**	<0.001	1.000	

注: $^{**}P<0.01$, $^{*}P<0.05$。

表 4 – 22　非高校贫困女生身体意向、价值观与心理健康状况的相关分析

项目	心理健康状况		身体意向		价值观	
	r	P	r	P	r	P
心理健康状况	1.000		0.307**	<0.001	0.120**	<0.001
身体意向	0.307**	<0.001	1.000		0.179**	<0.001
价值观	0.120**	<0.001	0.179**	<0.001	1.000	

注: $^{**}P<0.01$。

（四）小结

1. 家庭层面

无论高校贫困女生还是非高校贫困女生家庭提供的就业支持对学生的职业发展都具有明显的预测作用。家庭为高校学生提供的就业支持越多，越有利于高校学生职业的发展。

2. 学校层面

相对于高校学生整体，高校贫困女生的综合能力受老师以及同学朋友支持的影响较大，而不受家庭支持的影响。由于高校贫困女生家庭条件较其他高校学生群体差，且家庭不能够提供更多的实质性帮助，因此，高校贫困女生的综合能力很大程度上依靠自己的努力而提升，同时受到老师和同学朋友支持的影响，支持力度越强，高校贫困女生的综合能力得到的提升越高。学习能力方面，老师对高校贫困女生的影响较大。

参加创新实践活动方面，老师对高校贫困女生参加创新实践活动频率有正向的影响，而家庭和同学朋友的支持对其没有影响。这提示我们，在生活、学习中，要多给贫困生以各方面的支持，无论是客观上还是主观上的，是物质上还是精神上的，要更加注重主观上、精神上的支持。

参加创新实践活动的频率对高校贫困女生和非高校贫困女生的创新能

力有显著的预测能力。虽然参加社会团体组织情况对高校学生的人际交往能力有显著影响，但在高校贫困女生和非高校贫困女生群组中不存在明显不同。因此可知，增加创新活动的趣味性以及丰富开展方式有利于提高高校贫困女生的创新能力。学校提供的"就业指导课"对高校贫困女生的职业规划影响较大，"职业生涯规划辅导"对非高校贫困女生的职业发展影响显著。可能由于高校贫困女生的经济条件有限，她们希望可以更早就业，帮助家庭减少经济负担。而非高校贫困女生则受家庭经济条件的影响较小，因此有更多时间从长远发展角度出发进行规划，需要详细的职业生涯规划的辅导。

3. 身心层面

首先，同学朋友的支持对高校贫困女生的心理承受能力具有正向影响。同学朋友的支持水平越高，其心理承受能力会越强。高校贫困女生由于人际网络较窄，学校里的同学以及朋友是其主要的交友对象，因此当遇到困难时，来自同学和朋友的支持鼓励尤其重要。家庭的支持对高校贫困女生的心理健康影响较大，家庭提供的支持越多，高校贫困女生的心理健康状况越良好。

其次，来自家庭以及同学朋友的支持对高校贫困女生的职业发展具有正向的影响，其中同学朋友的影响较大。对于高校贫困女生来说，其职业发展的定位受家庭经济条件的影响较大，由于家庭贫困，高校贫困女生想通过自身的努力来彻底改变自身条件以及家庭的经济情况，因此高校贫困女生对自身职业发展定位较高。

最后，锻炼时间的长度与高校贫困女生和非高校贫困女生的身体健康状况呈正相关，锻炼时间越长越有利于高校学生身体健康。锻炼强度与高校贫困女生的身体健康状况不存在显著相关，但与非高校贫困女生呈显著正相关。身体意向和个人的价值观对高校贫困女生和非高校贫困女生的心理健康状况具有正向影响。对身体的看法越积极，价值观越正面，越有利于高校贫困女生形成良好的心理。

二 "高校学生社会支持量表"分层研究

（一）高校不同群体的社会支持比较

将社会支持量表中的符合程度赋予相应的分值，"完全符合"记作 5

分,"比较符合"记作 4 分,"有时符合"记作 3 分,"不太符合"记作 2 分,"很不符合"记作 1 分。社会支持量表按帮助来源划分为 3 组,分别为来自家庭的帮助、来自同学朋友的帮助、来自大学老师和辅导员的帮助。(结果见表 4 – 23)

表 4 – 23　分组前高校不同学生群体的社会支持情况比较（M ± SD）

题目序号	高校贫困女生 （N = 973）	高校普通女生 （N = 926）	高校贫困男生 （N = 657）	高校普通男生 （N = 673）	F
1	3.2 ± 1.124	3.67 ± 1	3.43 ± 1.013	3.79 ± 0.987	53.059***
2	3.28 ± 1.015	3.7 ± 0.966	3.5 ± 0.897	3.77 ± 0.891	46.737***
3	3.58 ± 0.972	3.86 ± 0.905	3.67 ± 0.886	3.87 ± 0.901	19.897***
4	3.17 ± 0.956	3.36 ± 1.005	3.37 ± 0.895	3.56 ± 0.962	21.718***
5	3.34 ± 0.881	3.51 ± 0.922	3.49 ± 0.827	3.6 ± 0.942	12.725***
6	3.57 ± 0.836	3.72 ± 0.859	3.57 ± 0.83	3.73 ± 0.884	9.092***
7	3.1 ± 0.997	3.14 ± 1.052	3.38 ± 0.912	3.39 ± 1.026	18.323***
8	3.13 ± 1.006	3.16 ± 1.071	3.39 ± 0.942	3.43 ± 1.049	17.379***
9	3.16 ± 1.001	3.22 ± 1.052	3.41 ± 0.923	3.49 ± 1.004	18.95***
10	3.38 ± 1.006	3.59 ± 1.062	3.31 ± 1.007	3.43 ± 1.074	11.029***
11	3.61 ± 0.862	3.74 ± 0.909	3.49 ± 0.901	3.56 ± 1.004	10.358***
12	2.7 ± 1.094	2.73 ± 1.198	2.99 ± 1.049	3.03 ± 1.181	17.691***
13	3.35 ± 0.989	3.58 ± 1.009	3.33 ± 0.973	3.45 ± 1.04	11.682***
14	3.56 ± 0.836	3.65 ± 0.898	3.46 ± 0.86	3.53 ± 0.992	6.03***
15	2.76 ± 1.069	2.78 ± 1.172	3.07 ± 1.017	3.1 ± 1.134	21.426***
16	2.57 ± 1.108	2.66 ± 1.236	2.9 ± 1.123	2.97 ± 1.194	21.706***
17	3.15 ± 1.072	3.63 ± 1.027	3.37 ± 1.003	3.65 ± 0.936	48.261***
18	3.38 ± 0.945	3.7 ± 0.957	3.48 ± 0.945	3.72 ± 0.87	27.657***
19	3.5 ± 0.932	3.82 ± 0.942	3.55 ± 0.906	3.8 ± 0.876	27.117***
20	3.04 ± 0.99	3.21 ± 1.072	3.26 ± 0.934	3.43 ± 0.993	20.837***
21	3.24 ± 0.909	3.39 ± 0.981	3.35 ± 0.888	3.55 ± 0.927	15.209***
22	3.32 ± 0.903	3.47 ± 0.968	3.38 ± 0.909	3.57 ± 0.938	10.484***
23	2.9 ± 1.023	2.95 ± 1.114	3.2 ± 0.96	3.26 ± 1.065	23.236***
24	2.97 ± 1.013	3.01 ± 1.103	3.24 ± 0.963	3.33 ± 1.046	21.991***
25	3.05 ± 1.007	3.07 ± 1.114	3.27 ± 0.974	3.35 ± 1.046	15.667***

注:*** $P < 0.001$。

从表 4－23 可见，高校贫困女生与其他三个高校学生群体在社会支持量表中的 25 个条目上均存在显著的统计学差异。以高校学生群体的类型来分析，高校贫困女生的家庭会在能力发展上提出一些建议，并对高校贫困女生的就业或继续深造给予鼓励。同时，高校贫困女生的同学朋友对其能力发展给予鼓励和赞赏，并且当她们遇到烦恼、困惑、心理压力或挫折时会向同学朋友诉说和寻求帮助。

高校普通女生中，家庭给予该群体在能力发展方面多种资源支持，在能力发展上给出建议，提出过鼓励和赞赏，对其就业深造提出建议。

分维度①之后可看出，高校贫困女生与其他三个高校学生群体在受到的社会支持上存在显著的统计学差异。从表 4－24 可见，高校贫困女生获得的社会支持主要来源于家庭和同学朋友，但高校贫困女生得到的来自家庭、同学朋友和老师辅导员的支持得分显著低于其他三个高校学生群体。

表 4－24　高校不同学生群体受到的不同维度层面社会支持情况比较（M ± SD）

学生群体	高校贫困女生（N = 973）	高校普通女生（N = 925）	高校贫困男生（N = 657）	高校普通男生（N = 673）	F
家庭	3.35 ± 1.763	3.70 ± 0.790	3.45 ± 0.748	3.68 ± 0.741	43.017***
同学、朋友	3.36 ± 0.699	3.51 ± 0.771	3.42 ± 0.704	3.57 ± 0.778	12.863***
老师、辅导员	2.97 ± 0.886	3.01 ± 0.976	3.24 ± 0.813	3.30 ± 0.914	25.711***
社会支持总分	3.23 ± 0.688	3.40 ± 0.735	3.37 ± 0.689	3.52 ± 0.730	23.264***

注：*** $P < 0.001$。

总体而言，高校贫困女生与其他三个高校学生群体在社会支持上存在显著差异。高校贫困女生的得分显著低于其他三个高校学生群体。

（二）性别与贫困对高校学生社会支持水平的影响

研究结果显示性别和贫困均对总的社会支持水平产生影响，不存在性别和贫困的交互效应（$F = 0.64$，$df = 1$，$P = 0.43$）。贫困（$B = -0.17$，$P < 0.01$）比性别为男（$B = 0.10$，$P < 0.01$）对社会支持水平影响更大。

按照上述的分析方法，将各分量表及分量表中的具体社会支持构成

① 将第 1、2、3、10、13、17、18、19 题作为家庭维度，将第 4、5、6、11、14、20、21、22 题作为同学、朋友维度，将第 7、8、9、12、15、16、23、24、25 题作为学校的老师、辅导员维度，计算每个大学生群体在家庭维度、同学朋友维度和学校维度总分的均值。

（能力、心理和就业）条目进行平均并作为因变量，分别用性别为男和贫困作为自变量（经过检验，在各回归模型中性别和贫困均未产生交互效应）进行回归分析，得到以下结果。

性别对家庭支持不产生影响（$F = 0.10$，$df = 1$，$P = 0.75$），贫困对家庭支持产生影响（$B = -0.27$，$P < 0.01$）。研究结果表明，在家庭支持方面，不存在男生和女生的差别。贫困生家庭支持要低于非贫困生。

具体来看，性别和贫困对家庭能力支持及家庭心理支持具有显著影响。但性别对家庭就业支持未产生影响，贫困对家庭就业支持具有显著影响。性别为男对家庭能力支持产生正影响（$B = 0.09$，$P < 0.01$），但对家庭心理支持具有负影响（$B = -0.14$，$P < 0.01$）。贫困对家庭支持中的各项构成均具有负面影响，对能力、心理和就业支持的回归系数分别为 -0.30、-0.17 和 -0.31。

性别对朋友支持未产生显著影响，贫困对朋友支持产生负面影响（$B = -0.15$，$P < 0.01$）。但性别和贫困均对朋友支持中的三个构成产生影响。性别为男对朋友能力支持（$B = 0.08$，$P = 0.01$）和朋友就业支持（$B = 0.11$，$P < 0.01$）具有正影响，但对朋友心理支持具有负影响（$B = -0.17$，$P < 0.01$）。贫困对朋友支持中的各项构成均具有负面影响，对能力、心理和就业支持的回归系数分别为 -0.17、-0.08 和 -0.18。

性别和贫困均对学校支持产生影响，回归系数分别为 0.26（$P < 0.01$）和 -0.07（$P < 0.05$），男生获得的学校支持高于女生。在学校支持的构成上，性别为男均产生正影响，对应能力、心理和就业支持的回归系数分别为 0.24、0.27 和 0.26。贫困对学校能力支持和学校心理支持未产生显著影响，对就业支持产生负面影响（$B = -0.07$，$P < 0.05$）。

（三）小结

调查中所使用的社会支持量表的内部信度、结构效度均符合统计要求。总体而言，高校贫困女生受到的社会支持力度低于其他三个群体。限于家庭经济条件与父母的受教育程度和职业情况，高校贫困女生的家庭大部分只能提供情感、精神上的支持，很少能够在人际关系以及资金上提供支持，因此其得到家庭维度的支持显著小于其他三个高校学生群体。同时可知，高校贫困女生在同学朋友和老师辅导员处得到的支持同样少于其他三个高校学生群体。具体而言，高校贫困女生的同学朋友对其能力发展给予鼓励和赞赏，并且当她们遇到烦恼、困惑、心理压力、挫折时会向同学朋友诉说和寻求帮助，但是总计得分较低。老师、辅导员会在能力发展上为高校贫困女生提出一些建议，并对高校贫困女生的就业或继续深造给予鼓励。

高校贫困女生的帮助来源主要是家庭和同学朋友，其次为老师。但总体来说，高校贫困女生受到的社会支持力度低于其他三个群体。因此，国家和社会应加大对高校贫困女生的支持力度，促进她们全面、健康发展。

应用新编制的量表探索性别和贫困对大学生支持水平的影响，结果显示贫困对于非正式社会支持的影响更大，而性别对于正式社会支持影响更大。具体分析时发现是家庭和朋友作为支持载体时，能力支持上男生均大于女生，而心理支持上女生均高于男生，两相抵消造成的。以往研究均发现高校女生获得的社会支持高于男生。与以往研究不同，本研究发现除非正式社会网络中的心理支持外，女生获得的社会支持其实是低于男生的。以往研究测量的是一般社会支持，而本研究侧重社会支持中的心理、就业和能力这三方面的特殊支持，这提醒研究者在关注社会支持时，特别是在关注性别差异时，应区分具体支持。在学校支持代表的正式社会支持中，贫困生处于绝对劣势。总体来看，贫困女生相较贫困男生和非贫困生群体而言，社会支持水平最低。研究表明在贫困女生的社会支持系统中，应该加强正式支持，特别是能力支持和就业支持，这对解决她们的就业难问题可能有所帮助。

三 "整合式社会支持系统"

以往多项研究证明，社会支持对缓解压力、增加生活满意度和主观幸福感具有正向作用，[1] 尤其是针对贫困人口，社会支持能够降低经济社会地位较低出身的人面对压力的过激反应，[2] 因此贫困生的社会支持无疑具有重要作用。但贫困生社会支持的性别差异较少被提及，事实上，贫困女生群体承受着更大的个体和社会压力，亟待更具针对性的研究，本书以高校贫困女生的社会支持为研究对象，这一特殊群体的社会支持境况和社会支持系统，对促进教育性别平等化具有重要意义。

此外，已有的社会支持研究多为单一维度的研究，社会支持的结构、

① Siedlecki K. L. , et al. , "The relationship between social support and subjective well-being across age." *Social Indicators Research* 2（2014）：561 – 576.

② John-Henderson N. A. , et al. , "Socioeconomic status and social support." *Psychological Science* 26（2015）：1620 – 1629.

载体和路径是分离的、散在的。本研究认为社会支持的各个维度应该整合为一个系统，互相关联、打破壁垒，才能够发挥其最大的作用。

因此，本研究将支持结构、支持载体与支持路径结合，尝试建构整合式社会支持系统。

（一）关于社会支持结构、载体、路径维度及贫困女生的社会支持研究

1. 社会支持结构维度

社会支持结构指社会支持具有一定的结构性,[①] 体现社会支持的构成及其相互关系，从结构上认识社会支持系统的功能。对贫困大学生的资助是贫困生社会支持研究的重要问题，很多研究关注经济方面的支持，包括资助政策、形式、对象等。有研究梳理了贫困生资助的历史与现状,[②] 认为现行资助体系的"奖、贷、勤、补、减"之间各行其是，各项资助相互独立，不能构成一个系统，应将各项资助措施作为一个整体考虑。[③] 类似的研究认为对贫困生的资助存在对象不确定、资助形式刻板单一、资助效果不明显的问题，应该构建大数据视域下按需分层助学的精准资助模式，确定资助对象、需求和资助形式。[④] 也有研究指出高校贫困生的助学政策支持的类型比较多，但人均资助类型比较少，困难补助的保障水平比较高，获得了困难补助的同学补助金额平均数为 237.64 元。[⑤] 越来越多的研究发现，仅对贫困生实施物质方面的帮助是不够的，因此，对贫困生支持结构的研究，由关注贫困生经济方面的需求，扩展到更加全面的社会支持结构。比如，黄永斌从社会支持的视角分别分析了贫困生的经济维度、情感维度和关系维度支持，并在分析传统资助方式缺点的基础上，建议建立"五位一体"的资助网络。[⑥]

① 刘玉连、汪震：《社会支持内涵的新思考》,《科教文汇》（下旬刊）2008 年第 7 期。
② 高丽芝、董灿明、段连丽：《中国高校贫困生资助体系的历史与现状研究》,《思想战线》2015 年第 S1 期。
③ 冯涛：《和谐社会背景下的高校贫困学生资助体系重构》,《教育评论》2007 年第 4 期。
④ 罗丽琳：《大数据视域下高校精准资助模式构建研究》,《重庆大学学报》（社会科学版）2018 年第 2 期。
⑤ 黎春娴：《高校贫困生的社会支持及其对价值观影响的研究》，博士学位论文，上海大学，2009，第 77 页。
⑥ 黄永斌：《社会支持视阈下的贫困大学生多维资助方式探析》,《福州大学学报》（哲学社会科学版）2014 年第 4 期。

2. 社会支持载体维度

社会支持载体指高校贫困女生获得支持的来源或主体，分为正式社会支持和非正式社会支持两种。正式社会支持主要是由政府和高等学校等社会组织实施。非正式社会支持则主要指来自同辈群体和家庭的支持。社会支持载体也称社会支持网络，已有研究发现贫困生社会支持载体主要包括国家、群体、家人等提供社会支持的组织和个人。许传新与王平认为，社会支持的载体包括国家支持系统、群体支持系统和个人支持系统，其中国家支持系统包括法律法规、优惠政策和协调功能，群体支持系统包括学校和其他社会群体，个人支持系统包括以血缘为基础的支持和以价值取向为基础的个体支持。[1] 也有研究认为多维的社会支持包括家人、朋友和其他重要人物。[2]

3. 社会支持路径维度

社会支持路径是指达成建立社会支持系统目标的方式和机制，通过观念、法律、政策和专业等方式建构起高校贫困女生的社会支持系统。但是以往的研究并没有将政策、法律、观念、专业作为社会支持的路径维度进行研究。

观念社会支持路径在以往研究中并未纳入社会支持系统，而是作为独立的变量出现，比如有研究发现性别观念、社会支持和经济状况均对女性"工作—家庭"冲突有显著影响，[3] 这里性别观念并未与社会支持建立起关系。贫困生资助的政策在社会支持研究中往往作为支持结构中的物质支持出现，而不是作为实现目标的手段与路径出现。因此，本研究将观念和政策作为社会支持实现的路径纳入整合式的社会支持系统。

4. 社会支持结构与载体的关系研究

有研究对支持载体与支持结构之间的关系进行了初步的探索，但没有将各维度的社会支持作为体系进行探讨，仍然是"散在式的社会支持"。比如张长伟的研究发现，高校贫困生的社会支持主要包括经济支持、情感支持、社会交往和信息支持，其中正式社会支持提供经济帮助，而非正式社

① 许传新、王平：《高校贫困生的社会支持因素分析》，《社会》2002 年第 7 期。
② Zimet G. D., Dahlem N. W., Zimet S. G., et al., "The multidimensional scale of perceived social support." *Journal of Personality Assessment* 52 (1988)：30 – 41.
③ 张琪、张琳：《青年女性"工作—家庭"冲突的影响因素及其平衡机制研究》，《中国青年研究》2018 年第 4 期。

会支持提供情感帮助。① 类似的，也有学者发现非正式社会支持的情感支持较强，而经济支持较弱，老师和朋友会提供信息支持和学习方面的建议。② 但这种支持载体和支持结构的关系探讨的研究并未将其作为研究核心关注点，两者的关系也并未得到数据的支持，并且这种联系也是较为松散、尚未形成体系的，有待进一步发展和完善。

5. 贫困女生社会支持研究

贫困生的社会支持研究强调了对贫困生支持的全面性，但从性别视角专门针对贫困女生社会支持的研究较少，对贫困女生的特殊弱势处境的支持缺乏足够的关注。虽然有研究表明高等教育的扩招促进了教育性别平等化，③ 但获得了更多教育机会的贫困女生在大学期间的各方面弱势状况依然不容忽视。有研究发现贫困女生是高校学生中的一个特殊弱势群体，她们承受着来自社会、学校和家庭等方面更大的压力，研究还显示高职贫困女生的整体心理健康水平低于高职非贫困女生，女大学生发展障碍明显，限制女大学生发展的主要障碍来自心理、生理、情感、经济、性别歧视以及学校女性教育的缺乏。④

多项研究均提出以健全社会支持来改善贫困女生的弱势处境。肖群鹰等人对贫困女生社会支持网的调查表明，贫困女生的社会支持利用情况不好，不仅规模小，而且存在大量隔离人群，应提高贫困女生的社会支持质量以解决上述问题。⑤ 肖慧欣等研究发现贫困女生的社会支持对其心理健康具有显著影响，应该着重强调通过个案工作等方式对其进行主体意识建立的救助及自我赋权，建立自助型社会支持网络；利用团体工作手法，帮助贫困女生群体建立互助型社会支持网络；采用社区工作手法，帮助贫困女

---

① 张长伟：《高校贫困生的正式社会支持网络探析》，《河南师范大学学报》（哲学社会科学版）2017 年第 4 期。

② 黎春娴：《高校贫困生的社会支持及其对价值观影响的研究》，博士学位论文，上海大学，2009，第 77 页。

③ 张兆曙、陈奇：《高校扩招与高等教育机会的性别平等化——基于中国综合社会调查（CGSS 2008）数据的实证分析》，《社会学研究》2013 年第 2 期。

④ 赵立莹、刘蕾：《觉醒中的迷茫：当前女大学生发展障碍实证研究》，《中华女子学院学报》2009 年第 3 期；胡英娣：《高职贫困女大学生的心理问题调查及教育对策》，《河北师范大学学报》（教育科学版）2010 年第 7 期。

⑤ 肖群鹰、刘慧君、班理：《贫困女大学生社会支持网络调查分析》，《高教探索》2007 年第 5 期。

生建立拓展型社会支持网络。[1] 有研究认为贫困女生在应对就业性别歧视时，应构建同学朋友、家长、学校、劳动仲裁部门、法律、政府部门等社会支持网络。[2] 高校学生工作者应从激励贫困生各种能力充分发展出发，优化其健康成长的教育机制和发展空间，从而有效提升他们的综合成长力和社会化水平。[3] 可见，针对贫困女生的社会支持研究将重点放在了支持载体和支持结构上，对支持路径的涉及较少，也未探讨各个支持维度的关系。

综上所述，以往的研究已从贫困生资助体系研究发展为贫困生的社会支持结构研究，这些研究虽然关注到了贫困生的各项需求，但多从支持载体的单一维度进行研究；社会支持载体研究是从支持提供者的维度进行研究，支持路径的研究往往将路径与结构或等而视之或独立看待。对社会支持结构和社会支持载体关系的探讨有一些发展，但仍未成为学者们关注的焦点。本节将支持结构、支持载体和支持路径这三个不同维度的社会支持综合起来研究，提出"整合式社会支持系统"，它是整合社会支持结构、社会支持路径和社会支持载体的体系，即以社会支持载体为依托，通过社会支持路径，输送社会支持结构中的各类资源、救助和服务的整合式体系。

（二）研究设计

1. 数据来源

本研究数据来源于课题组对 14 所高校进行的"新时期高校学生群体社会支持"问卷调查。

2. 变量

整合式社会支持系统包含社会支持载体、社会支持路径和社会支持结构三个方面，并试图探讨三者之间的关系，因此，本研究重要的变量是社会支持载体、社会支持路径和社会支持结构，而这三个因子各由多个观测变量构成。

根据经典的研究，社会支持载体包括家庭、朋友和重要的他人，[4] 本研究将社会支持载体操作化为家庭支持、群体支持和学校支持，学校代表朋

① 肖慧欣、林修全、黄萌、廖震华、刘芳：《高等医学院校贫困女大学生社会支持状况调查及干预》，《南京医科大学学报》（社会科学版）2013 年第 3 期。
② 佟新、梁萌：《女大学生就业过程中的性别歧视研究》，《妇女研究论丛》2006 年第 S2 期。
③ 黄莺、周明宝：《贫困大学生的社会化及成长力研究》，《中国高教研究》2010 年第 3 期。
④ Siedlecki. K. L. , et al. , "The relationship between social support and subjective well-being across age." *Social Indicators Research* 2（2014）：561 - 576.

友，群体代表重要的他人。支持载体依据社会支持量表进行测量，其中家庭支持由三个指标构成，指家庭在资源、心理和就业三个方面提供的支持；群体支持指同学、朋友在资源、心理和就业三个方面提供的支持；学校支持指大学老师和辅导员在资源、心理和就业三个方面提供的支持。

社会支持结构的研究认为支持不应只包含物质支持，还应包含情感的和关系性的支持，[①] 本研究的社会支持结构包括能力支持、心理支持、就业支持和榜样支持，其中就业支持和能力支持包含物质支持，心理支持是情感性支持，而榜样支持是关系性的支持。

能力支持指对高校贫困女生的实践能力、创新能力进行培育，涉及的变量是贫困女生参加创新活动的频率。

心理支持是培养贫困女生的心理优势和克服心理弱势，包含两个变量，即"情感方面遇到困难时能得到多大帮助"和"交友方面遇到困难时能得到多大帮助"。

就业支持是对贫困女生的就业经历、经验提供帮助，并培育她们的职业能力，包含三个变量，第一个变量涉及的问卷问题是"就业方面遇到困难时，有人能够提供建议或者帮助吗？"；第二个变量是家庭在就业方面的帮助，包括资金、人脉、就业策略指导和职业发展规划四个方面；第三个变量是学校在就业方面提供的帮助，包括职业生涯规划指导、就业指导课、举办招聘会、开办成功人士讲座和安排实习四种支持方式。

榜样支持指树立榜样，使贫困女生有榜样可学。榜样对受访者具有正向影响。

实现社会支持的手段包括政策支持、法律支持、观念支持和专业支持。其中法律支持无法针对个人进行测量，并且目前在高校社工的专业支持并未发展起来，因此二者无法作为指标纳入社会支持路径的模型。

本研究的社会支持路径主要包括观念支持和政策支持，其中观念支持以"父亲对受访者的期望""母亲对受访者的期望"和"期望对受访者是否产生压力"三个指标进行测量，父母对受访者的期望越高代表观念支持越多，而因为期望产生的压力越大，则观念支持路径越少。

政策支持主要涉及受访者对相关政策的认知和认同度，包括对国家资助政策的认同度、对学校实施资助政策的了解程度、对贫困生认定与真实

---

① 高丽芝、董灿明、段连丽：《中国高校贫困生资助体系的历史与现状研究》，《思想战线》2015 年第 S1 期。

情况的匹配度的认同度和对资助政策公平性的评价，对政策的了解度和认同度越高代表政策路径发挥的作用越大（见表4-25）。

表4-25 高校贫困女生整合式社会支持系统变量

因子	一级指标	二级指标
社会支持载体	家庭支持	家庭提供的资源支持
		家庭提供的心理方面支持
		家庭提供的就业方面支持
	群体支持	同学、朋友提供的资源支持
		同学、朋友提供的心理方面支持
		同学、朋友提供的就业方面支持
	学校支持	老师、辅导员提供的资源支持
		老师、辅导员提供的心理方面支持
		老师、辅导员提供的就业方面支持
社会支持路径	观念支持	父亲对您未来职业发展的期待高吗
		母亲对您未来职业发展的期待高吗
		父母的期待是否给您造成心理压力
	政策支持	对国家资助政策的认同度
		对学校实施资助政策的了解程度
		对贫困生认定与真实情况的匹配度认同度
		对资助政策的公平性评价
社会支持结构	就业支持	就业方面遇到困难时，有人能够提供建议或者帮助吗
		家庭在就业方面的帮助，包括资金、人脉、就业策略指导和职业发展规划四个方面
		学校在就业方面提供的帮助，包括职业生涯规划指导、就业指导课、举办招聘会、开办成功人士讲座和安排实习四种支持方式
	心理支持	情感方面遇到困难时能得到多大帮助
		交友方面遇到困难时能得到多大帮助
	能力支持	参加创新活动的频率
	榜样支持	榜样在职业发展、生活态度、学业和价值观方面对你的影响

3. 模型

本研究使用 Mplus 7.0 建构结构方程模型，探讨贫困女生的社会支持载体、支持路径和支持结构之间的关系。从图4-1可见，本研究假设支持结构是由榜样支持、就业支持、心理支持和能力支持综合而成的潜变量，支持载体是由家庭支持、群体支持和学校支持综合而成的潜变量，支持路径是由观念支持和政策支持综合形成的潜变量。支持结构、支持载体和支持路径之间相互影响，具有显著的相关关系，从而形成了整合式的社会支持系统。

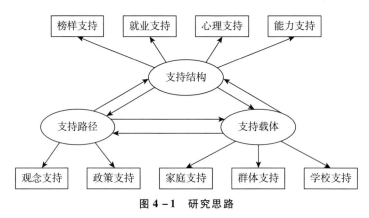

图4-1 研究思路

（三）描述统计结果

为了解女大学生社会支持系统的状况，本研究将贫困女生、普通女生、贫困男生和普通男生的支持体系进行对比研究。数值为贫困女生、普通女生、贫困男生和普通男生在每一项的得分情况。

从表4-26可见，从支持结构角度看，贫困女生与普通女生在获得的能力支持方面并没有显著的区别，但低于贫困男生和普通男生，说明女大学生在能力支持方面总体上弱于男大学生，可能的原因是男生相对于女生来说，更愿意参加到拓展能力的创新活动中。心理支持方面，贫困女生低于普通女生和普通男生，但高于贫困男生，贫困女生显示出了心理支持弱势。就业支持方面，贫困女生弱于普通女生和普通男生，但依然略强于贫困男生。总的来说，在支持结构方面，贫困女生无论从能力、心理、就业还是榜样方面均显示出相对的弱势地位，但在心理支持、就业支持和榜样支持方面略强于贫困男生，说明贫困女生的支持结构弱势又存在一定的异质性。

表 4 - 26　高校贫困女生与其他群体支持结构比较

支持结构	高校贫困女生	高校普通女生	高校贫困男生	高校普通男生
能力支持	1.58	1.57	1.79	1.70
心理支持	5.15	5.29	5.07	5.40
就业支持	8.57	9.86	8.53	9.47
榜样支持	16.89	16.84	16.85	16.39

从表 4 - 27 可见，从支持载体角度看，贫困女生获得的家庭支持、群体支持和学校支持与其他三个群体相比均为最少，可以发现在支持载体方面高校贫困女生处于明显的弱势地位，需要家庭、群体和学校三方面共同努力，进而改善贫困女生的支持载体弱势。

表 4 - 27　高校贫困女生与其他群体支持载体比较

支持载体	高校贫困女生	高校普通女生	高校贫困男生	高校普通男生
家庭支持	26.80	29.56	27.64	29.46
群体支持	26.85	28.05	27.37	28.53
学校支持	23.76	24.09	25.96	26.38

从表 4 - 28 可见，从支持路径角度看，女大学生获得的观念支持略高于普通女生，而低于贫困男生和普通男生，这是由于父母对男孩的期望更高，尤其是对贫困男生寄予厚望，这一份观念支持从另一个角度来看也是一种压力。政策支持的统计结果显示，贫困女生和贫困男生均高于普通男生和普通女生，这是因为不需要接受国家政策支持的群体对其关注和了解较少，进而对其认同度和公平性认可也较低，而贫困生则了解熟悉相关政策，自然得到的政策支持较高。

表 4 - 28　高校贫困女生与其他群体支持路径比较

支持路径	高校贫困女生	高校普通女生	高校贫困男生	高校普通男生
观念支持	7.70	7.63	8.06	7.88
政策支持	44.11	40.48	44.37	41.48

通过上述描述统计可以发现，贫困女生的社会支持系统处于相对弱势的地位，但并非处于绝对的弱势，贫困女生的社会支持状况与其他群体相比具有特殊性，十分有必要对其进行专门的研究。

由表 4 - 29 可见，从支持结构与支持载体的角度看，能力支持与学校支持的相关性最大，心理支持主要来源于家庭和群体，就业支持与家庭、群体和学校均有较强的相关性，说明贫困女生从家庭、群体和学校均能够获得就业支持，而主要从学校获得能力方面的支持，心理支持更多来源于家庭和同辈群体。学校在心理方面的支持有待加强。从支持路径与支持载体的角度看，观念支持主要通过家庭这一载体实现，而政策支持这一路径则最主要通过学校来实现。从变量的相关性分析可以初步发现支持结构、支持载体和支持路径之间的关系，下面将运用结构方程模型详细地探讨三者之间的关系。

表 4 - 29　变量相关性分析

	家庭支持	群体支持	学校支持	能力支持	心理支持	就业支持	榜样支持	观念支持	政策支持
家庭支持	1.000								
群体支持	0.735	1.000							
学校支持	0.521	0.642	1.000						
能力支持	0.137	0.191	0.284	1.000					
心理支持	0.193	0.195	0.079	0.041	1.000				
就业支持	0.362	0.301	0.256	0.095	0.212	1.000			
榜样支持	0.172	0.186	0.157	0.080	0.107	0.155	1.000		
观念支持	0.224	0.153	0.171	0.099	0.043	0.071	0.130	1.000	
政策支持	0.231	0.299	0.303	0.085	0.031	0.089	0.138	0.176	1.000

（四）结构方程模型结果

上文分别对支持结构、支持载体和支持路径进行描述统计分析，然而三者之间的关系是怎样的，整合式社会支持系统是否能够得到数据支持，仍然没有明晰。为了明晰三者之间的关系，形成贫困女生的支持整合体系，笔者运用结构方程模型进行分析。显然，支持结构、支持路径和支持载体是相对抽象性和概括性的变量，需要将观测变量进行验证性因子分析，从而得到以上三个潜变量，进而进行三者间关系的结构方程模型分析。由于验证性因子分析涉及的变量较多是定序变量，模型的参数值没有真实含义，因此本研究主要关注因子分析模型的显著性和方向。结构方程模型的 WRMR 值为 2.501，小于 10，说明模型拟合状况较好。

首先，支持结构需要指明对高校贫困女生进行哪些方面的支持，根据前文，本研究包括能力支持、就业支持、心理支持和榜样支持。高校贫困女生主要具有能力弱势、心理弱势和就业弱势，应该为她们提供能力、心理、就业和榜样等社会支持。结构方程模型结果显示，能力支持、就业支持、榜样支持和心理支持均在 0.001 的置信度下显著，与潜变量支持结构正向相关。因此，榜样支持、就业支持、心理支持和能力支持构成了贫困女生的支持结构，且榜样支持、就业支持、心理支持和能力支持越高，其支持结构越完善、越稳固。

其次，社会支持路径指达成建立社会支持系统目标的方式，通过观念、法律、政策和专业等方式建构起高校贫困女生的社会支持系统。结构方程模型结果显示，观念支持和政策支持均在 0.001 置信度下与支持路径正相关，说明观念支持和政策支持构成了贫困女生的支持路径，获得的观念支持和政策支持越多，其社会支持路径越通畅，达成社会支持的方式越可行、有效。

再次，社会支持载体是高校贫困女生获得社会支持的来源，包括正式社会支持和非正式社会支持。正式社会支持主要是由政府和高等学校等社会组织实施，非正式社会支持则主要来自同辈群体和家庭的支持。同辈群体支持指来自普通同学和贫困同学的支持，尤其是贫困学生建立自组织，相互之间的支持。本研究对支持载体变量来自贫困女生的包括家庭、群体（同学和朋友）和学校提供的支持进行验证性因子分析，模型结果显示在 0.001 的置信水平下，家庭支持、群体支持和学校支持显著地形成了支持载体潜变量，且是正向的关系，即家庭、群体和学校给予贫困女生的支持越多，其社会支持载体越稳固。

最后，从图 4-2 可见，支持结构、支持载体和支持路径三者之间存在显著的双向相关关系。支持载体与支持结构在 0.001 的置信度下正向相关，标准化的相关系数为 0.550，二者的相关性较强。说明支持载体是支持结构中资源、救助和服务的依托，家庭、群体和学校是就业支持、心理支持、能力支持和榜样支持得以实现的基础；反之，支持结构是支持载体的内容，没有支持结构，支持载体就无法发挥其作用。支持载体与支持路径之间在 0.05 置信度下，相关系数为 0.485，二者之间也存在较强的相关性。支持路径是支持载体得以实现的保障，家庭支持、群体支持和学校支持通过观念、政策支持等路径实现，没有畅通的支持路径，支持载体即使提供支持，也无法使得支持内容付诸实践；反之，观念与政策支持路径依托于支持载体，没有支持载体，观念和政策支持也无法实施。支持结构与支持路径在 0.001 的置信水平下显著，相关系数为 0.247，低于支持结构与支持载体、支持载体与支持路径之间的相关度。说明支持结构与支持路径之间的关系并不特别紧密，可能的一个解释是支持结构与支持路径并不直接发生关联，缺乏支持载体，支持路径不能非常有效地实现支持结构的内容。总之，贫困女生的社会支持结构、支持载体和支持路径是相互依存的整体，三者密切相关，只有形成整合式社会支持系统才能更好地帮助贫困女生。

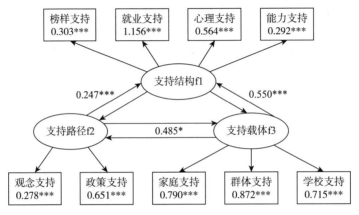

图 4 - 2　结构方程模型结果

说明: *** P < 0.001，* P < 0.05。

综上所述，本研究认为"整合式社会支持系统"包括社会支持结构、社会支持路径和社会支持载体，即以社会支持载体为依托，通过社会支持路径，输送社会支持结构中的各类资源、救助和服务。本研究的结果说明贫困女生的支持结构、支持载体和支持路径三者构成了不可分割的支持体系。

（五）小结

本研究基于全国 14 所高校的"新时期高校学生群体社会支持"问卷调查数据，通过描述统计和结构方程模型发现，第一，贫困女生在支持载体方面处于弱势，即家庭、群体和学校对女大学生的支持低于其他群体，而在支持结构和支持载体方面，贫困女生的弱势显示出些许差别；第二，贫困女生的支持结构由就业支持、心理支持、能力支持和榜样支持构成，支持载体包括家庭、群体和学校，支持路径包括观念支持和政策支持；第三，贫困女生的支持结构、支持载体和支持路径是相互关联的整体，整合式社会支持系统得到初步验证。目前，对贫困女生的社会支持研究多为"散在式社会支持"研究，所有社会支持各自指向贫困女生，社会支持之间的关系是松散的，这种社会支持不能有效地为贫困女生提供社会支持，并没有厘清社会支持的不同面向，把社会支持的结构、路径和载体混为一谈。而本研究将不同维度的社会支持整合为一个社会支持系统，并分析体系内部的相关关系，社会支持系统是对散在的社会支持研究的综合和整合，本研究的结论证明贫困女生的社会支持是一条支持载体通过支持路径将支持结构输送到贫困女生身上的完整链条。对社会支持结构、社会支持路径和社会支持载体的研究，启发我们重视支持链条的完整性，不仅要关注能为高校贫困女生提供哪些方面的支持，更应该关注哪些载体更适合承担哪种支持，以及社会支持得以实现的路径是否畅通等问题，填补社会支持网络中的结构漏洞，为高校贫困女生建构一个立体的多元的社会支持系统，使高校贫困女生的社会支持系统更加丰富和完善。

当然，本研究仍有许多不足之处，本研究的数据虽然尽量顾及地区分布和高校类型，但终究并非严格的概率抽样下产生的样本，数据不具备完全的代表性，因此，对全国高校贫困女生的社会支持情况的推论应谨慎对待，需要更具代表性的数据支持和证明。

第五章　改善高校贫困女生社会支持系统行动干预

一　高校贫困女生的社会支持需求

根据课题组对全国 14 所高校的"新时期高校学生群体社会支持"问卷调查结果，高校贫困女生对社会支持具有多元多层次需求。

（一）总体需求

高校贫困女生的帮助来源主要是家庭和同学朋友，其次为老师（包括大学老师和辅导员）。

具体来说，高校贫困女生的同学朋友对其能力发展上给予鼓励和赞赏，并且当她们遇到烦恼、困惑、心理压力、挫折时会向同学朋友诉说和寻求帮助。老师会在能力发展上为高校贫困女生提出一些建议，并对高校贫困女生的就业或继续深造给予鼓励。国家和社会应加大对高校贫困女生的支持力度，促进其全面、健康发展。

（二）来自家庭的支持

1. 提高心理健康程度

高校贫困女生的心理健康状况受到家庭支持的显著影响，因此，家庭给予高校贫困女生的支持越多，其在心理健康方面的表现会越良好。

2. 帮助提高职业规划能力

在职业发展方面，高校贫困女生主要来自同学朋友的支持，其次为家庭的支持。家庭为大学生提供的就业支持越多，越有利于大学生职业规划能力的提高。

3．家庭及同学朋友帮助增强职业发展信心

来自家庭以及同学朋友的支持对高校贫困女生的职业发展具有正向的影响，其中同学朋友的影响比较大。因此，同学朋友应互相支持鼓励，树立职业发展的信心。

（三）来自大学老师、辅导员的支持

1．提高创新能力

高校贫困女生的创新能力较低，大学老师和辅导员应多调动其参加创新实践活动的积极性，在生活上给予更多的关怀和帮助，使其更多地参加创新实践活动，提高自身的创新能力。

2．明确职业生涯规划

就业指导课的开展对高校贫困女生的职业规划有很大的帮助，因此，学校应从各个角度积极开展就业指导课程，以使高校贫困女生对未来的职业生涯有明确的规划。

3．提高领导力和号召力

参加社会团体组织对高校贫困女生的人际交往能力具有较好的预测力，但高校贫困女生的社会参与率低，社交网络狭窄，缺乏自信心和领导力，因此需多鼓励高校贫困女生参加团体组织，扩大社交圈，增强自信心和提高领导力。

（四）来自同学、朋友的支持

1．提高综合能力

周围的同学朋友应予以高校贫困女生多方面的支持和帮助，高校贫困女生的综合能力会得到较大的提升。

2．增强心理承受能力

高校贫困女生在心理压力承受方面存在弱势，需要周围同学和朋友的支持和鼓励，同学朋友给予的帮助越多，其心理承受能力会越强。

二 参与行动干预的高校及其贫困女生状况

课题组选取中华女子学院、山东女子学院、北京农学院、石河子大学作为对贫困女生进行社会支持行动干预的高校。其中，山东女子学院、北

京农学院没有参与问卷调查。这些高校有较好的社会工作专业，且能够进行很好的合作。项目只有根据现实情况做出这样的研究设计。

（一） 中华女子学院

中华女子学院（简称 NY）是由国家举办、由中华全国妇女联合会主管的普通本科高等学校。2018 年有全日制在校生 6282 人，其中本科生 4643 人，硕士研究生 98 人，高职学生 1494 人，留学生 47 人。贫困女生比例较大，2018 年学校贫困生库的数据主要包含贫困生的年级、学院、民族、资助等级、是否享受生源地助学贷款、是否享受助学金等情况。贫困生注册在库人数为 1709 人。其中 2014 级有 4 人，占比 0.2%；2015 级有 454 人，占比 26.6%；2016 级有 477 人，占比 27.9%；2017 级有 425 人，占比 24.9%；2018 级有 226 人，占比 13.2%。

学院、民族、贫困等级分布情况能够在一定程度上反映贫困生的个人情况。在注册在库的 1709 位贫困生中，高等职业教育学院有 461 人，占比最多，为 27%；管理学院有 369 人，占比第二，为 21.6%；儿童发展与教育学院有 192 人，占比第三，为 11.2%。贫困生中汉族人数最多，占比 88.8%，有 1518 人；蒙古族人数第二，占比 1.7%，有 29 人；土家族人数第三，占比 1.5%，有 25 人。贫困等级为重点的人数最多，有 634 人，占 37.1%；贫困等级为一般的人数有 611 人，占 35.8%；贫困等级为特别的人数最少，有 464 人，占 27.2%。

（二） 北京农学院

北京农学院是北京市属本科院校，由北京市三委两局共建，学校共有全日制在校生 8000 余人。根据《北京农学院家庭经济困难学生界定实施办法》，贫困学生有领取国家助学金、奖学金、提供勤工助学岗位三种方式获得资助。2015—2016 学年评出家庭经济特别困难学生 480 名，女生有 313 名，占 65.2%；一般困难学生 722 名，女生有 513 名，占 71.1%。共 1202 名学生得过国家助学金，女生有 826 名，占 68.7%。2016—2017 学年评出家庭经济特别困难学生 480 名，女生有 318 名，占 66.3%；一般困难学生 722 名，女生有 533 名，占 73.8%。共 1202 名学生获得国家助学金，女生有 851 人，占 70.8%。2017—2018 学年评出家庭经济特别困难学生 480 名，女生有 314 名，占 65.4%；一般困难学生 722 名，女生有 531 名，占 73.5%。

共 1202 名学生得过国家助学金，女生有 845 人，占 70.3%。①

　　参与行动干预的二级学院是"文法学院"（简称 WF）。该学院 2018 年共有本科生 450 人，其中获得 2018—2019 年助学金总人数为 101 人，获得助学金人数约占本科生总数的 22.5%。在获得助学金的 101 人中，有一等助学金 40 人，约占本科生总数的 8.9%，约占获助学金总人数的 39.6%；二等助学金 61 人，约占本科生总数的 13.6%，约占获助学金总人数的 60.4%。在 2018—2019 年获得助学金的 101 人中，女生有 78 人，占比约为 77.2%；男生有 23 人，占 22.8%。2015 级有 24 人，占 23.8%；2016 级有 26 人，占 25.7%；2017 级有 28 人，占 27.7%；2018 级有 23 人，占 22.8%。其中汉族 63 人，比例为 62.4%，维吾尔族、哈萨克族、壮族、彝族、白族、土家族、傈僳族、锡伯族、纳西族、达斡尔族、俄罗斯族、苗族、瑶族、回族、侗族共有 38 人，比例为 37.6%。来自 10 个不同地区，包括新疆（29 人）、北京（15 人）、贵州、河北、山西、河南、云南、广西、甘肃、山东。

（三）山东女子学院

　　山东女子学院是由教育部和山东省人民政府批准、山东省教育厅和山东省妇联共同主管的全日制普通本科院校，位于山东省济南市。2018 年 9 月，在校人数为 12071 人，2018 年共有 2695 名学生被认定为家庭经济困难学生。其中有 611 名学生被确定为特殊困难学生，占 22.7%；1383 名学生被确定为经济困难学生，占 51.3%；701 名学生被确定为一般困难学生，占 26.0%。

　　参与行动干预的二级学院是"社会与法学院"（简称 SF）。2018 年 9 月～2019 年 4 月，该学院学生总数有 947 人，贫困生总数是 210 人，占 22.2%；贫困生中女生人数是 202 人，占贫困生总数的 96.2%；学院女生总人数是 866 人，贫困生中女生所占学院女生总人数比例为 23.3%；贫困生中男生人数是 8 人，贫困生中男生所占贫困生总人数比例为 3.8%。

（四）石河子大学

　　石河子大学是新疆维吾尔自治区高校，由教育部和新疆生产建设兵团共建，是国家"双一流"建设高校、国家"211 工程"重点建设高校，位于新疆石河子市。据学校官网数据，有在校生 41292 人，其中普通本科生

---

① 《北京农学院家庭经济困难学生界定实施办法》（学生处 2013〔6〕号）。

22149 人，普通专科生 1116 人，硕士、博士研究生 4982 人（其中在职 164 人）。据 2019 年学生工作部提供的数据，学校本科、专科贫困生有 8363 人，其中男生 3469 人，占 41.5%，女生有 4894 人，占 58.5%；特困生有 1828 人，占 21.9%，困难生有 3791 人，占 45.3%，一般困难生有 2744 人，占 32.8%；汉族有 7161 人，占 85.6%，少数民族（包括维吾尔族、回族、哈萨克族、蒙古族、土家族、壮族、藏族、东乡族、满族、彝族、其他少数民族等）有 1202 人，占 14.4%；各院系、各专业贫困生人数基本均等。

参与行动干预的二级学院是"政法学院"（简称 ZF）。该学院 2018 年有本科生 1148 人，其中贫困学生有 488 人，占 42.5%；男生占 32.6%，女生占 67.4%；法学占 31.4%，公共事业管理占 8.6%，历史学占 8.6%，旅游管理占 17.1%，社会工作占 14.3%，政治学与行政学占 20.0%；2015 级占 27.2%，2016 级占 24.2%，2017 级占 28.3%，2018 级占 20.3%；汉族占 77.5%，少数民族占 22.5%。

需要解释的是，国内参与行动干预的高校及二级学院对于贫困学生情况的统计口径不统一，所以提供的数据不可比，但是通过数据能够了解其贫困生的基本情况。

三　制定"改善高校贫困女生社会支持系统行动干预方案"

基于课题的主要研究问题，即高校贫困女生群体在接受高等教育的机会、过程和结果等方面处于怎样的弱势处境？如何为她们提供社会支持？什么样的社会支持能够使她们获得良好的成长环境和全面发展？在深入了解和理解中国高校贫困女生这一特殊群体的实际学习、生活和发展状况，了解其所处的弱势处境和发展需求的基础上，本研究致力于促进高校贫困女生社会支持系统的改善，提升群体的自我认同、综合素质。本方案在部分高校试点实施的基础上，拟根据试点情况，做出改善贫困女生社会支持系统的方案，为参与高校行动干预提供指导性意见。

约翰·考尔（John Collier）[1]、库尔特·勒温（Kurt Lewin）[2] 在对传统

---

[1]　Collier. J. , "United States Indian administrationasa laboratory of ethnic relations. " *Social Research* 12（1945）：265 – 303.

[2]　Lewin. K. , "Action research and minority problem. " *Journal of Social Issues* 2（4）（1946）：34 – 36.

社会科学研究的反思中于20世纪40年代提出行动研究，这是一种新的研究思路和方法。勒温认为行动研究是一个螺旋式上升的发展过程，每一个螺旋发展圈包括计划—行动—观察—反思四个循环阶段。计划阶段是行动干预的基础，做好计划至关重要。

（一）干预方案概要

干预方案涉及两个方向上的社会支持系统改善行动干预。一是从高校贫困女生个体现状和需求出发，开展有共同需求的群体干预，然后上升到政策和措施层面的改进，简单来说，就是"个体、群体、整体"自下而上的干预方式。二是基于面向全校贫困学生开展的需求评估调查，在对整体现状和需求把握的基础上，针对一些共同需求，开展群体辅导，进而对需要特殊辅导的贫困女生个体进行深入跟进，也就是聚焦于"全面需求、集中需求、个别需求"的自上而下的干预方式。

上述两种干预方式可以同时推进，交汇于中观层面，即具有一定共性的且较为突出的贫困女生社会支持系统现存问题。

这样的干预方式具有以下几个优势，一是既能充分重视个体在特殊情境中遇到的特殊需求，又关注到贫困女生整体的共性状态；二是能将针对个体开展的定性调查结果与针对整体的量化调查结果结合起来，各取所长，互为补充；三是开展干预的高校遇到不同困难时，可以提供另一个可供参考的干预方向，降低改善行动受到其他客观条件限制的风险。

（二）具体干预途径

1. 从贫困女生个体状态出发的社会支持系统改善行动干预

这一干预途径是指依托高校一线学生工作人员，面向贫困女生个体，开展社会支持系统现状的具体描绘。

研究者在参与行动干预的院校招募辅导员、班主任，作为干预的实施者，开展项目的说明和培训；以"高校贫困女生社会支持系统及需求评估卡"为工具，对贫困女生，尤其是遇到特殊困难的贫困女生，进行社会支持系统现状的具体描绘。

在描绘个体现状的同时，通过访谈，与贫困女生就其社会支持现状形成共同认知，进而探讨个体希望改善的内容，及改善内容的紧迫程度。

需要说明的是，对个体现状的描绘过程，并不停留在个体状态的信息收集层面，而是定位于帮助贫困女生认识自身社会支持系统现状，帮助贫困女生明确困境的具体情况，分析改善的方向和缓急。

根据"高校贫困女生社会支持系统及需求评估卡"信息的收集情况，评估学生的需求所在，一般会有两种情况。

一种是评估卡的要素比较均匀地分布在四个象限，可以称其为"均匀分布"。对于这种社会支持要素"均匀分布"的学生，可以在了解和交流过程中，发现这类学生的共同需求和问题，根据"行动改变"象限所反映的要素进行分类，推介给下一阶段进行社会支持系统改善的社会工作小组工作，进行团体辅导。

另一种是评估卡的要素集中出现在某一个象限，且问题突出，可以称为"偏向分布"。对于这种学生，要根据学生具体的问题及问题程度开展个案工作，严重的情况要进行适当转介。在个案干预的过程中通过不断地反思探索过程，确定更加普遍的问题，然后根据问题进行小组干预或者宏观层面的政策推动和政策倡导。

2. 从贫困女生整体需求出发的社会支持系统改善干预

这一干预途径是通过取得高校学生资助部门的支持，以资料收集、问卷调查、座谈访谈等方式，获得现有贫困女生整体的状态情况，提升贫困女生宏观层面的社会支持水平。

依托高校学生资助中心，面向全体贫困女生，开展贫困女生社会支持系统状况问卷调查，收集贫困女生整体对社会支持内容及支持系统的评价。

收集高校现有贫困学生认定体系、资助服务和政策制度信息，结合问卷调查收集的贫困女生主体评价，对现有制度、政策、服务进行评价，以报告的形式，提出意见和建议。

采用焦点小组访谈学生管理人员，如学生资助中心主任、院系主管学生工作副书记等，收集学生工作队伍管理者开展资助工作的经验和看法，为宏观层面的政策改进及微观层面的个体辅导收集信息。

3. 从个体出发和从整体出发，两种干预方式的交汇

这一途径需要招募高校社会工作者，或有相关专业背景的教师，针对前两个阶段收集的共性问题，开展小组工作。

在把握学校整体贫困女生支持系统状态和个体开展具体现状描述的基础上，对于尤为突出且在群体层面可以改善的共性问题，分类后开展团体辅导。

团体辅导的具体内容在各个实施学校会有所不同，需要整合前两个阶段获取的信息，有针对性地确定团体辅导的主题并进行人员招募、开展相应工作。

前两步的干预，一是从个体问题出发，进行个性化辅导的同时，对于共性需求进行归类；二是在广泛的资料收集基础上，概括典型需求，层层推进，找出更普适性的干预方法。

两个步骤在团体层面实现交汇，从微观、中观到宏观对贫困女生问题进行解决和干预，最终形成政策性意见，进行政策推动和倡导。

（三）预期可以开展的行动干预内容

以下几个行动内容，是在前期项目研究和试点调查基础上，对于行动干预开展的建议。各高校基于各自贫困女生社会支持系统的不同现状，必然会有不同的问题和需求，因而以下干预内容仅作为参考，而不能以此限制各学校的行动内容。

1. 贫困女生认定体系建设（基于整体状态的改善）

有研究表明，目前高校贫困生认定的制度设计，存在着认定标准难以界定，认定过程受人为因素影响，认定结果的公示和核查受主、客观条件制约等现实困境，从而提出要加强高校贫困生认定的对策思考。[1]

从贫困女生现实处境出发，在对现有认定体系和学生反馈调查的基础上，拟推进贫困生认定体系的建设和完善，以期提高认定参与者的责任意识和法纪意识，兼顾认定过程的公开透明与贫困学生的隐私保护，构建基于事实、利于育人，又充分支持贫困女生发展的贫困女生认定体系。

期望达到的改善目标

（1）完善贫困女生认定体系

以更多关注贫困女生可能遇到的特殊处境的视角，建立或改善现有认定体系，充分考虑女生的独特需求，体现对女生的特殊关注。

（2）建立贫困女生弱势处境和社会支持系统状态评价体系

建立一套分别对贫困女生本人、其家庭成员、亲密关系成员的访谈体系，从定性的角度，对贫困女生处境和社会支持系统进行测量和评价。

2. 贫困女生校内勤工助学及资助奖学资源梳理及改善（基于整体状态的改善）

项目组在前期调查中发现，很多高等院校重视对贫困学生的资助和帮扶，力求协助贫困学生顺利完成学业、努力提升技能、提高其社会实践能力，但各个学校的做法和现实效果仍待考量。

---

[1]　丁桂兰、周艳华：《高校贫困生认定的现实困难与对策思考》，《教育与职业》2010 年第 26 期。

在行动干预中，整合资助奖学、勤工奖学、能力提升等具体措施，一方面是帮助贫困女生匹配更多的校内资源，另一方面是对现有资助奖学体系在改善贫困女生现实困境、提升其社会支持网络实际功能方面发挥的作用给出评价，可能情况下提出改善的建议。

主要行动内容如下。

（1）梳理制作贫困女生校内社会支持资源地图。

（2）制定改善贫困女生社会支持系统的策划书，并予以实施。

3. 贫困女生朋辈支持系统建设（基于部分群体的需求满足）

在对贫困女生现有社会支持系统评价的基础上，基于朋辈群体在贫困女生亲密关系中的特殊作用，在贫困女生及其同辈的亲密关系中，建立和改善社会支持系统。

主要目标成果是，筛选具有改善朋辈关系意愿的贫困女生，开展小组工作进行干预帮助贫困女生在朋辈亲密关系中，改善社会支持系统。

4. 贫困女生家庭支持系统增能（基于部分群体的需求满足）

贫困女生的很多心理和认知问题，与其原生家庭有着非常紧密的联系。贫困女生的困境，根本上来自原生家庭的困难，这种困难不仅仅表现在经济和家庭收入上，更多地表现在社会认知、综合能力、人际交往、自我评价等多方面。

选取原生家庭与贫困女生处境相关性尤为突出且改善意愿较积极的家庭，开展社会工作干预，对贫困女生及家庭开展深入的访谈、认知沟通、行动，以帮助原生家庭增进认知，为贫困女生家庭支持系统增能。

5. 贫困女生自身能力提升及社会支持改善计划（基于个体特殊需求）

针对个别贫困女生遇到的、对于个体来说尤为突出的自身能力或社会支持问题，开展针对性较强且较为深入的持续辅导，可能涉及的内容有，学习能力、社会适应能力、应激能力提升，理解和认同专业、专业技能补足、学业辅导，对自我的认知与接纳、提升心理健康状态等个性化的辅导。

四 设计"改善高校贫困女生社会支持系统干预模式推广计划"[①]

在制定"改善高校贫困女生社会支持系统行动干预方案"的基础上，

---

① 为了完整地呈现"改善高校贫困女生社会支持系统干预模式推广计划"，其中部分内容可能与在研究方法中对"贫困女生社会支持系统及需求评估卡"的介绍有所重复。

项目组设计了"改善高校贫困女生社会支持系统干预模式推广计划"，重点推广"高校贫困女生社会支持系统及需求评估卡"，供参与行动干预的高校参考。

（一）贫困女生社会支持系统现状调查和需求征集

在高校的一定范围内开展社会支持系统现状调查，摸清现有支持系统特点，明确干预需求的方向和分类。

1．调查工具

调查工具是"高校贫困女生社会支持系统及需求评估卡"。

（1）什么是"高校贫困女生社会支持系统及需求评估卡"

"高校贫困女生社会支持系统及需求评估卡"是项目组设计研发，基于SWOT量表原型，用于评估贫困大学生社会支持系统及需求现状，帮助工作人员确立改善大学生社会支持系统行动方向的测量工具。

设计"高校贫困女生社会支持系统及需求评估卡"，主要目的是帮助行动者客观地评价贫困女生社会支持系统的现实状况，综合分析现有系统内社会支持的可获得性和重要性，明确贫困女生社会支持系统改善的需求，以帮助工作者采取合适的行动干预。在微观层面，改善贫困女生个体的社会支持状况；在宏观层面，评估和完善贫困女生群体的社会支持系统。

（2）"高校贫困女生社会支持系统及需求评估卡"的形态与功能

"评估卡"有两种表现形式，分别对应它的两项功能。

第一种形式是针对个体，用于评估个体的社会支持系统现状和需求评价的评估卡片形式。卡片式的测量过程，大学生个体的参与性强，可以更直观地了解到个体社会支持系统的特殊形态和个性化需求。工作者与服务对象可以就卡片的摆放情况，进行深入的交流和讨论，对个性化的社会支持系统改善行动提供有力的帮助。不足之处在于测量需要的时间较多（见图5－1）。

第二种形式是针对群体，用于评估某一高校贫困学生社会支持系统整体状况和需求的量表形式。问卷式的测量方式，可以迅速收集信息、产生较大的数据量，测量结果的代表性强，可以更全面地了解某一高校内贫困学生群体的普遍状态和需求，更广泛便捷地获取贫困学生社会支持系统需求。不足之处在于对于测量结果的深入讨论不够。

（3）"高校贫困女生社会支持系统及需求评估卡"设计的理论依据

评估卡的设计理论依据为社会支持理论。对社会支持的研究可以追溯

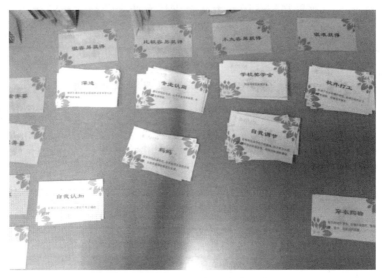

图 5 – 1 "评估卡"卡片形式

到 19 世纪法国社会学家迪尔凯姆。他通过对自杀的研究发现，社会联系的紧密程度与自杀有关。20 世纪 70 年代初，精神病学文献中引入社会支持这一概念。从本质上来看，社会支持是社会个体在所处社会结构中所获得的一种帮扶力量。依据社会支持理论的观点，一个人拥有的社会支持网络越强大，就越能够更好地应对外在的挑战。目前共识度比较高的一种分类方法是将社会支持网络分为物质支持、精神支持、工具性支持和信息支持四种。

SWOT 分析法即态势分析法，20 世纪 80 年代初由美国旧金山大学管理学教授韦里克提出，之后作为战略分析与战略制定的基本工具，经常被用于企业管理咨询领域，其模型见图 5 – 2。

优势	机会
劣势	挑战

图 5 – 2　SWOT 分析模型

2. 个体的社会支持系统干预评估

（1）社会支持系统状态的维度

研究者基于 SWOT 分析模型，从要素重要性和可获得性两个方面，对受访者的社会支持系统进行象限划分，以明确社会支持系统改善的行动方向。

从表 5 - 1 可见, 根据重要程度和获取难易程度, 社会支持系统的各个方面可纳入以下 16 个区域。

"1 - A" 非常需要且很容易获得

"1 - B" 非常需要且比较容易获得

"1 - C" 非常需要却不太容易获得

"1 - D" 非常需要却很难获得

"2 - A" 比较需要且很容易获得

"2 - B" 比较需要且比较容易获得

"2 - C" 比较需要却不太容易获得

"2 - D" 比较需要却很难获得

"3 - A" 不太需要却很容易获得

"3 - B" 不太需要却比较容易获得

"3 - C" 不太需要且不太容易获得

"3 - D" 不太需要且很难获得

"4 - A" 不需要却很容易获得

"4 - B" 不需要却比较容易获得

"4 - C" 不需要且不太容易获得

"4 - D" 不需要且很难获得

表 5 - 1　高校贫困女大学生社会支持系统评估卡框架

重要程度	获取难易程度			
	A. 很容易获得	B. 比较容易获得	C. 不太容易获得	D. 很难获得
1. 非常需要	(1)	(2)	(3)	(4)
2. 比较需要	(5)	(6)	(7)	(8)
3. 不太需要	(9)	(10)	(11)	(12)
4. 不需要	(13)	(14)	(15)	(16)

(2) 基于社会支持量表, 对可获得的支持进行分类

将贫困女生可能获得的社会支持系统要素, 根据经济能力、适应能力、学习能力、心理能力、社会交往能力、实践就业能力等不同方面进行分类 (见附件 3)。

需要说明的是, 第一, 各要素的分类并不一定是完全互斥的, 某种要素会同时具有两个方面的作用, 如就业机会, 不仅是资源获得情况的体现, 也是自身能力学业发展的体现。第二, 某些要素能体现的是多个方面的状

态，如班级活动，可能会体现被访者在经济状况、人际交往、心理状态、资源获得等多方面的情况。

（3）将要素根据现实情况，放入维度表中

将列举的社会支持要素根据现实情况，放入维度表中合适的区域（见表5-2）。

表5-2　高校贫困女大学生社会支持系统评估卡要素置入

重要程度	获取难易程度			
	A. 很容易获得	B. 比较容易获得	C. 不太容易获得	D. 很难获得
1. 非常需要	爸爸妈妈 男/女朋友 一日三餐	同学 辅导员班主任	深造 健康 安全	出国 毕业学位 就业机会
2. 比较需要	校外打工 希望	勤工俭学 成就感	国家助学金 学校助学金	国家奖学金
3. 不太需要	关爱 认同	归属	社团 任课老师	室友 网友
4. 不需要	免费培训	心理关注	社会资助	休闲

这一过程可以由被访者自己完成，形成受访者自己对社会支持系统现状的评价；也可以由工作者在深入了解的基础上对服务者社会支持现状进行评价。

两种操作方式，可能会有一些差异。差异的存在，可以帮助评价工作者对受访者的熟知程度，以及评价受访者对自身状态的自我认知情况。

（4）对社会支持系统要素不同摆放区域的解释

社会支持系统内的各个要素放置于维度表的不同区域，形成对受访者现阶段社会支持系统状况的详细描述，为社会支持系统的改善行动提供了较为清晰的方向。

从表5-3可见，1-A、1-B、2-A、2-B四个区域，可命名为"维持加强"象限。位于此象限内的社会支持要素，是受访者在目前社会支持系统中获得性和重要性都正向的内容，可以认为在现阶段，受访者这个区域的状态维持较好，可以为其社会支持系统不断加强积极的力量。

1-C、1-D、2-C、2-D四个区域，可命名为"行动改善"象限。位于此象限内的社会支持要素，是受访者认为现阶段对其非常需要获得性却较差的内容。这些社会支持要素应该成为社会工作者或者教育工作者立即开展相应的行动、帮助受访者尽快改善的社会支持内容。

3 - A、3 - B、4 - A、4 - B 四个区域，可命名为"审核调整"象限。位于此象限内的社会支持要素，是受访者目前社会支持系统中获得性较高但受访者认为重要性低的要素。对于这一部分，需要做的是对这些能提供的支持要素进行再审核和调整。例如就政策而言，要求社区和政策制定者重新评估政策的针对性和实效性，可以用稍微长一点的时间做出调整和改善。

3 - C、3 - D、4 - C、4 - D 四个区域，可命名为"讨论评估"象限。位于此象限内的社会支持要素，是受访者现阶段社会支持系统中获得性弱需要性也弱的要素。对于这一部分，要结合工作者对受访者的再评估，确定是否暂时性放弃干预；抑或是对其中的某些受访者自我评价重要性不大但实则影响其社会支持系统改善的意义要素调整后进行干预和改善。

表 5 - 3　高校贫困女大学生社会支持系统评估卡象限区分

重要程度	获取难易程度			
	A. 很容易获得	B. 比较容易获得	C. 不太容易获得	D. 很难获得
1. 非常需要	维持加强		行动改善	
2. 比较需要				
3. 不太需要	审核调整		讨论评估	
4. 不需要				

3. 群体的社会支持系统干预评估

（1）"高校贫困女大学生社会支持系统评估卡"量表

项目组将摆放式的"高校贫困女大学生社会支持系统评估卡"转变为两张李克特量表，以便面向贫困生群体开展社会支持系统状态问卷调查。转变后的李克特量表主要用于测量贫困女大学生现有社会支持系统中各要素的获取性，以及这些要素对于她们的重要程度。

（2）社会支持系统各要素重要性量表

将"高校贫困女大学生社会支持系统评估卡"的纵向维度要素转变成社会支持系统要素重要性的李克特量表（见表 5 - 4）。

表 5 - 4　社会支持系统各要素重要性量表

要素	解释	非常需要	比较需要	不太需要	不需要
朋友	在同学中交到朋友，能跟她/他诉说心事，从她/他那里获得安慰和帮助。				

要素	解释	非常需要	比较需要	不太需要	不需要
闺蜜	有一个无话不谈的闺蜜，可以随时交流分享彼此的秘密。				
零花钱	按月或按学期提供一定额度的生活费和零花钱，能满足日常校园生活开销。				
心理关注	校内外就有心理服务人员和机构，在需要的时候，能迅速地获得有效的心理辅导和支持。				
深造	不仅能完成现阶段的学业，还有能力继续在喜欢的专业领域申请更高学位的学习，继续深造。				
认同	自己的观点、习惯、做法，能得到他人的认可和赞同。				
归属	在家庭、宿舍、班级、社团等圈子里，真实地感受到自己是其中一员，得到归属。				
…	…				

（3）社会支持系统各要素可获得性量表

将"高校贫困女大学生社会支持系统评估卡"的横向维度要素转变成社会支持系统各要素可获得性的李克特量表（见表5-5）。

表5-5　社会支持系统各要素可获得性量表

要素	解释	很容易获得	比较容易获得	不太容易获得	很难获得
朋友	在同学中交到朋友，能跟她/他诉说心事，从她/他那里获得安慰和帮助。				
闺蜜	有一个无话不谈的闺蜜，可以随时交流分享彼此的秘密。				
零花钱	按月或按学期提供一定额度的生活费和零花钱，能满足日常校园生活开销。				
心理关注	校内外就有心理服务人员和机构，在需要的时候，能迅速地获得有效的心理辅导和支持。				
深造	不仅能完成现阶段的学业，还有能力继续在喜欢的专业领域申请更高学位的学习，继续深造。				

续表

要素	解释	很容易获得	比较容易获得	不太容易获得	很难获得
认同	自己的观点、习惯、做法，能得到他人的认可和赞同。				
归属	在家庭、宿舍、班级、社团等圈子里，真实地感受到自己是其中一员，得到归属。				
…	…				

用两张李克特量表作为调查问卷的主体部分，加入收集的被调查者个人信息，做成调查问卷，在大学生群体中进行抽样调查，获得较大范围、更多的数据信息，帮助工作者开展更加具有代表性的行动干预。

4．调查工具的信度效度检验

（1）"高校贫困女大学生社会支持系统评估卡"的第一次试测

项目组用评估卡一稿，面向两所高校的 3 名贫困女生和 1 名非贫困女生进行了第一次试测。对 4 名同学评估卡的摆放情况进行了整理，从表 5－6～表 5－9 可见。

表 5－6　被试一情况

重要程度	获取难易程度			
	A. 很容易获得	B. 比较容易获得	C. 不太容易获得	D. 很难获得
1. 非常需要	穿衣购物、班级活动、一日三餐、课程、爸爸妈妈、勤工助学、学校助学金、学校奖学金、免费培训、关爱、国家助学贷款	技能、学费生活费	朋友、深造、考试考核	休闲、就业机会、健康
2. 比较需要	任课老师、校外打工、安全、毕业与学位、专业	室友、零用钱、认同、归属、国家奖学金、希望、心理关注	交通	自信、成就感
3. 不太需要	社团			辅修
4. 不需要		辅导员班主任		男/女朋友、社会资助、网友、留学

表 5 - 7　被试二情况

重要程度	获取难易程度			
	A. 很容易获得	B. 比较容易获得	C. 不太容易获得	D. 很难获得
1. 非常需要	健康、希望、休闲、穿衣购物、毕业与学位、考试考核、交通、零用钱、心理关注、一日三餐、安全	专业、勤工助学、课程	室友、就业机会、校外打工	深造、自信、留学、爸爸妈妈
2. 比较需要	关爱、朋友	技能、认同、男/女朋友	成就感、归属	免费培训
3. 不太需要	网友	学校奖学金、班级活动	社团、辅修	国家奖学金
4. 不需要	学费生活费	任课老师	辅导员班主任	社会资助、学校助学金、国家助学贷款

表 5 - 8　被试三情况

重要程度	获取难易程度			
	A. 很容易获得	B. 比较容易获得	C. 不太容易获得	D. 很难获得
1. 非常需要	学费生活费、穿衣购物、一日三餐、希望、课程、安全	任课老师、朋友、健康、零用钱	关爱、毕业与学位、爸爸妈妈、考试考核、归属、就业机会、自信	免费培训、认同、技能
2. 比较需要	交通	辅导员班主任、班级活动、校外打工、学校助学金、心理关注、专业	成就感、室友、深造、休闲、学校奖学金、国家奖学金	男/女朋友、留学、辅修
3. 不太需要		网友、勤工助学	社团	
4. 不需要	国家助学贷款		社会资助	

表 5 - 9　被试四情况

重要程度	获取难易程度			
	A. 很容易获得	B. 比较容易获得	C. 不太容易获得	D. 很难获得
1. 非常需要	一日三餐、关爱、爸爸妈妈	归属、零用钱、穿衣购物、朋友、任课老师	成就感、自信、就业机会	
2. 比较需要	休闲、网友、交通	勤工助学、技能、专业、毕业与学位、社团、学校助学金、室友、希望、安全、学费生活费、班级互动、健康、国家助学贷款	认同、校外打工、免费培训、男/女朋友、深造、免费培训、国家奖学金	

续表

重要程度	获取难易程度			
	A. 很容易获得	B. 比较容易获得	C. 不太容易获得	D. 很难获得
3. 不太需要			辅导员班主任、心理关注、社会资助、留学辅修	
4. 不需要				

第一次试测中，被试一为非贫困生，其余为贫困生。

项目组与每一名被试讨论了其社会支持要素的象限分布情况。被试认为与其实际情况比较一致，能反映各自的社会支持需求。

被试对其中的一些要素，以及测量卡上对要素的解释，提出了建议。增加了一些她们认为社会支持系统中很重要的内容，对一些晦涩的要素解释进行了沟通和修改。

项目组成员一起讨论了第一次试测的结果，对"维持加强""行动改善""审核调整""讨论评估"四个象限的名称、可能采取的行动措施进行了讨论。

试测发现，针对某一个服务对象，"评估卡"的分布情况能帮助工作者了解到服务对象较具体的、个性化的服务需求。如被试二非常难从爸爸妈妈处获得社会支持，而这方面的社会支持又是她极其需要的，提示行动者需要在其亲子关系的改善、家庭的干预方面有所行动。

综合比较分析四个被试的摆放结果，出现一些要素的区域分布非常一致，如辅导员班主任的社会支持较多地出现在不需要的区域，这样在分布上存在共性要素需要行动者对其进行反思，重新评估大学生社会支持系统中辅导员和班主任的支持作用。

（2）第二次预试

为了为服务方案初步设计提供依据，团队进行了第二次预试。本次预试采用抽样的方式，在某女子学院社工系 2014 级贫困生和 2016 级研究生中开展。共收回量表 48 份，其中贫困生 34 人，非贫困生 14 人。以 34 个贫困生的数据为基础，进行数据分析。

第二次预试表明，"评估卡"能够测量贫困女生社会支持系统各要素重要程度以及获取难易程度，并综合测量出各要素行动改善的急迫性，为制定服务方案提供了初步的依据。

（3）调查工具信度和效度的检验说明

第一次测试中，被试大学生都具有社会学和社会工作的专业背景，研究者在卡片摆放后，随即对她们就测量结果可信度和有效性进行了询问。她们表示，评估卡是她们逐张阅读、逐条思考对比后，放入相应区域的，信度是没有问题的；经过工作者对各要素摆放区域的解读，她们认为评估卡能抓住自身确实需要也亟须解决的问题，反映了她们在社会支持中需要进行相关改善和辅助的方面。

第二次测试后，因为问卷调查的范围较广，数据量较大，项目组对数据信度和效度进行了数据分析，验证"评估卡"的可靠性和有效性。检验步骤如下。

第一，进行项目分析。最初设计的"高校女生社会支持系统及需求评估卡"共有 12 个分量表，118 个要素，对每个分量表单独做项目分析，分别分析 CR、题项与总分相关、校正题项与总分相关、题项删除后的 α 值、共同性和因素负荷量这 6 个指标，根据指标值以及相对应的判别标准，删除未达到指标值标准的要素。通过量表项目分析，共删除 10 个要素。

第二，进行因素分析（建构效度）。项目分析中删除 10 个要素后，量表包含的要素依然很多（108 个要素），又划分成 12 个维度，采用分层进行个别因素分析。又删除了 4 个要素，删除后的 KMO 和因素负荷量均表现良好。

第三，进行信度检验。一是折半信度分析，删除了 14 个要素后，量表包含的要素依然很多（104 个），又划分成 12 个维度，所以量表的信度应主要参考各维度的系数。结果显示，克隆巴赫系数、斯皮尔曼 – 布朗系数和格特曼折半系数在各维度的最小值为 0.742，最大值为 0.953，量表的信度很高。二是再测信度分析，再测信度选用女子学院的 182 个样本的前后测数据分维度做相关性分析，结果显示，$R = 0.749$，信度指标的值为 0.749，重测信度较好，$P < 0.001$，表明该相关具有统计学意义。

"评估卡"经过信度和效度检验，保留 104 个要素，最终制成量表。根据"评估卡"的量表形式，定制了卡片。

（二）确定改善贫困女生社会支持系统的行动目标

通过评估卡可以测量贫困学生的需求要素，按照高校贫困女生社会支持系统评估卡象限区分出重点行动方向。

以二次测试结果为例，运用评估卡对贫困学生进行测量后得出不同要素在行动改善和维持加强两个象限所占的比重，见表 5 – 10。

表5-10 "高校贫困女生社会支持系统及需求评估卡"象限分布

单位：%

序号	要素	行动改善	要素	维持加强
1	免费培训	64.70	学分成绩	85.30
2	国家奖学金	58.80	班级生活	85.30
3	学校奖学金	55.90	压力及动力	85.30
4	社会资助	52.90	室友	82.40
5	医药费报销	50.00	健康	79.40
6	就业辅导	50.00	毕业与学位	79.40
7	伙食补贴	41.20	社会人士	79.40
8	留学	41.20	心理平衡	79.40
9	休闲	38.20	自我调节	79.40
10	校医院	38.20	社会交往能力	76.50
11	转诊	38.20	安全	76.50
12	校外打工	38.20	自信	76.50
13	心理关注	38.20	学费	73.50
14	深造	38.20	勤工助学	73.50
15	各类培训	35.30	妈妈	73.50
16	学校助学金	32.40	班级干部	73.50
17	辅修	32.40	闺蜜	73.50
18	专业认同	29.40	希望	73.50
19	资格证书	29.40	关爱	73.50
20	社团	29.40	幸福感	73.50
21	一日三餐	26.50	心理支持	73.50
22	国家助学贷款	26.50	自我认知	73.50
23	专业技能	26.50	路费	70.60
24	朋友	26.50	生活费与零花钱	70.60
25	网友	26.50	专业技能	70.60
26	成就	26.50	朋友	70.60
27	生活费与零花钱	23.50	任课老师	70.60
28	任课老师	23.50	爸爸	70.60
29	辅导员	23.50	归属	70.60
30	归属	23.50	认同	70.60
31	希望	23.50	穿衣购物	67.60

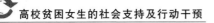

续表

序号	要素	行动改善	要素	维持加强
32	自信	23.50	国家助学贷款	67.60
33	路费	20.60	课程	67.60
34	妈妈	20.60	班主任	67.60
35	班主任	20.60	成就	67.60
36	男/女朋友	20.60	学校助学金	64.70
37	班级干部	20.60	资格证书	64.70
38	认同	20.60	男/女朋友	64.70
39	幸福感	20.60	辅导员	64.70
40	心理支持	20.60	一日三餐	61.80
41	穿衣购物	17.60	休闲	58.80
42	学费	17.60	社团	58.80
43	勤工助学	17.60	校医院	55.90
44	课程	17.60	辅修	55.90
45	毕业与学位	17.60	转诊	52.90
46	社会交往能力	17.60	伙食补贴	50.00
47	社会人士	17.60	校外打工	50.00
48	关爱	17.60	心理关注	47.10
49	自我认知	17.60	专业认同	47.10
50	闺蜜	14.70	医药费报销	44.10
51	安全	14.70	学校奖学金	44.10
52	心理平衡	14.70	深造	44.10
53	自我调节	14.70	网友	44.10
54	健康	11.80	国家奖学金	41.20
55	爸爸	11.80	就业辅导	41.20
56	室友	11.80	各类培训	38.20
57	压力及动力	11.80	免费培训	35.30
58	学分成绩	8.80	社会资助	32.40
59	班级生活	8.80	留学	23.50

通过量表，对相应选项卡进行效度和信度检验，为高校贫困女生社会支持系统的干预提供有效的评估工具。在此基础上，针对高校贫困女生开展精准干预。具体干预过程如下。

1. 绘制高校贫困女生社会支持分布图并分析

各学校可利用"评估卡"量表，获得学校贫困女生社会支持需求分布。

（1）以需要行动改善部分为重点，进行整体分析。从表 5 – 10 可以发现，需要"行动改善"的需求中，1/3 集中在经济、职业发展以及整体的医疗资源和服务等较为宏观层面；1/3 集中在心理支持、生活方式、人际交往等中观层面；1/3 诉诸家庭、学业、压力管理等较为个体化的微观层面。这也较为符合宏观层面的普及性需求、中观层面的共性需求、微观层面的个性化需求，干预策略可以根据上述要素进行有侧重点的设计。

（2）针对宏观、中观及微观干预重点需求进行分析，重点分析第一和第二象限，即"维持加强"和"行动改善"象限。干预点集中在"行动改善"象限，"维持加强"象限做数据参考。例如从表 5 – 10 中，可以发现 1/3 数值较高需要"行动改善"的要素，绝大部分分布在数值较低的"维持加强"部分，说明两点，一是这部分不仅需要改善，同时也需要加强；二是这部分社会支持在可得性及普及性上需要重点干预。

中观层面的行动改善需求，相对宏观需求状态，在"维持加强"部分象限分布有一定的分散性，但大部分分布在数值较为中间及数值较高段，分析可能有共性需求需要关注，并且共性需求与个性化需求有重合的部分，提示在关注共性需求的同时，需要关注贫困女生个体需求。

相应的，微观层面，在"行动改善"部分处于数值较低区间的要素较为集中在"维持加强"象限的数值最高区间，有部分与中间区域交叉。分析个性化的需求在可得性和重要性上较高，学生可以通过个体周围的社会支持较好地获得微观层面的社会支持。但鉴于微观层面的社会支持对于贫困学生而言的重要性，因此，针对少部分个性化的需求，干预需要重视，同时，可以在中观干预过程中处理部分个性化需求。

总体而言，根据上述分析，可以得出分析及干预设计框架，见图 5 – 3。

图 5 – 3　行动干预设计框架

2. 干预策略

根据分析与干预框架，制定本校贫困女生的干预策略，具体见表5-11。

表5-11　贫困女生干预策略

比例	干预层面	干预主题	干预目标与内容
1～16 （30%以上）	宏观层面	经济支持 职业发展 医疗服务	政策倡导、资源的丰富与建立、资源链接、政策影响
17～40 （20%～30%）	中观层面	自我认知 心理支持 生活方式 人际交往 健康维持	互助小组 链接微观与宏观的纽带；可以以团体工作为主，开展资源链接
41～59 （0～20%）	微观层面	个性需求 家庭 压力管理 学业管理 自我管理	个案管理 根据学生特殊情况进行需求评定和干预（评估卡）

（1）宏观层面

以此次评估结果为例，学校整体干预需要建立针对学生经济支持、职业发展及医疗服务的资源库，配合学生在就业、就医以及经济资助方面的整体性需求；在资源分配过程中，建立评估体制，保障宏观层面干预的普及性，保证所有贫困学生都能获得相应的经济支持、医疗服务以及职业发展方面的指导。

（2）中观层面

中观层面的干预以小组和团体工作为主，建立不同主题，并循环开展小组工作，由贫困女生根据自身需要自主报名参加，协助贫困女生解决个体问题，并通过团队互助拓展个体的社会支持，学习对社会支持的运用。

（3）微观层面

微观层面参照本校干预策略，制定贫困女生个性化干预细则。根据社会系统理论，贫困女生的需求在社会系统中产生、发展，并受社会系统的影响。学校作为参与解决学生社会支持需求的主要系统，应将学生个体的需求与学校整体干预策略结合，协助学生运用社会系统中的支持，在社会系统中解决问题，维持或改善社会支持系统现状，从而打破或改变社会支持的缺失导致的持续贫困的恶循环。

微观层面的具体干预步骤如下。

第一，贫困女生通过"评估卡"绘制个体的需求状况图，绘制方法是贫困女生将"评估卡"中的要素根据重要性排序，配合工作者的评估访谈，从而完成绘制。

第二，将贫困女生的状况图，对照学校社会支持评估结果及对应的干预策略，与贫困女生讨论针对个体的干预计划，包括学校资源库的利用、团队辅导的参与、个案管理等，个别可进行个案辅导。

3. 在学校情境中，对学生社会支持干预进行评估

工作者要进行前后测对比，并参照服务需求与资源地图，对干预的有效性及资源的利用状况进行评估。

（三）社会工作专业干预过程

各高校根据本校情况实施干预，形成独特的干预过程。

（四）改善社会支持系统的过程和效果评估

各高校根据本校实施情况，形成独特的干预过程和效果评估。

五　改善贫困女生社会支持系统行动干预及效应

行动研究中"行动""考察""反思"阶段非常重要。各高校行动干预计划的实施应该具有灵活性，在实施过程中不断调整、完善计划，使行动干预具有更为积极的效应。行动干预效应的评价是考察和反思的结果。各高校根据各自的实际情况选择干预方法，即通过个案工作、小组工作、社区工作和政策倡导进行行动干预。

（一）个案工作

运用"高校贫困女生社会支持系统及需求评估卡"，对贫困女生个体社会支持系统及需求进行评估，从中有意识地选取几个典型的案例进行社会工作的个案介入。在个案介入中主要遵循 Gerald Susman 行动研究模型（见图5-4）。

如 Gerald Susman 行动研究模型所示，行动研究旨在改善实务，研究的内容以实务工作中的行动为主，在具体的实务工作中实践想法，作为改善现状及增进知识的手段。古学斌认为这并不是一种学院式的传统研究范式，

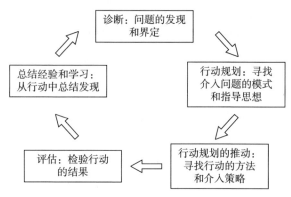

图 5 - 4 Gerald Susman 行动研究模型

是集研究、实践及教育于一体的一种新兴的社会工作范式，亦是一种实践培育增能的助人工作方法。①

该工作方法可以将行动研究模型运用于贫困女大学生的社会工作介入中。实务工作者在与贫困女大学生建立关系的基础上，立足于她们的需求，发现她们的困境，从而找到介入点及模式，规划下一步的行动；之后按照行动规划进行服务介入；最后是进行服务评估及经验总结、反思，并做好跟踪服务。Gerald Susman 行动研究模型为本次社会工作介入服务提供了很好的指导蓝图。下面将挑选一个个案服务进行具体阐述。

个案工作是以感受到困难的个人及家庭为主要服务对象，遵循社会工作的价值观、运用专业的方法及技巧帮助案主解决困难、走出困境，促进其更好地适应社会生活和成长的社会工作方法。

1. 案主 G 情况介绍

大一入学时，案主 G 在学校的新生心理普查中被发现在"强迫症状、人际关系敏感、抑郁、焦虑、敌对、偏执、精神病"等维度存在 1 分以上的阳性因子。经学生辅导员转介至班主任。笔者（社工专业教师，以下称社工）作为其班主任，与她进行了个案会谈。通过个案会谈，社工发现她的情况主要和家庭有关。母亲误入传销组织导致家庭外债很多，家庭经济压力非常大。案主由亲戚朋友相助，才得以勉强交上第一年学费，但生活费成为问题，常常会担忧下一顿伙食费的来源，因刚入学，学习、生活尤其是经济压力，造成很大的适应问题，同时伴随情绪控制障碍、焦虑等情绪问题。产生问题的主要原因是经济贫困。

---

① 古学斌：《行动研究与社会工作介入》，《中国社会工作研究》2013 第 1 期。

2．介入策略

按照社会工作通用实务模式的基本步骤，主要开展了如下实务工作。

（1）接案并与案主建立良好的专业关系

社工在前两次的沟通中主要采取尊重、同感的方法，倾听案主目前的困扰及其所具有的压力、焦虑等心理状况，并对案主的处境给予理解。在这个过程中，案主不仅与社会工作者建立了良好的专业关系，还通过倾诉、哭泣等方式释放了情绪，压力得到了一定程度的缓解。

（2）需求评估

在这一过程中，社工除采取常用的社会工作会谈方法收集案主的基本资料外，还主要试用了"高校贫困女生社会支持系统及需求评估卡"进行测定。贫困女生 G 社会需求前测数据见表 5－12。

表 5－12　贫困女生 G 社会需求前测

需求紧迫度 / 获得难易程度	不需要	不太需要	比较需要	非常需要
很难获得				伙食补贴、生活费和零花钱、转诊、国家奖学金、医药费报销、校外打工
不太容易获得		社团、心理平衡	深造、关爱、休闲、免费培训、自我调节、辅修、自信、自我认知	专业技能、学校奖学金、勤工助学、社会交往能力、社会资助、资格证书
比较容易获得		穿衣购物、妈妈、班级干部、班级生活、辅导员、爸爸、归属、认同	朋友、就业辅导、课程、专业认同、班主任、健康、成就	学分成绩、幸福感
很容易获得		校医院、希望、室友、一日三餐、任课老师、社会人士、心理支持、心理关注、动力	任课老师、班级干部、社团	学校助学金、国家助学贷款

由"评估卡"测评可知，该女生"非常需要""很难获得"的需求主要集中在伙食补贴、生活费和零花钱、转诊、国家奖学金、医药费报销、校外打工等方面；"比较需要""不太容易获得"的需求包括深造、关爱、

休闲、免费培训、自我调节、辅修、自信、自我认知等方面。这些需求也是社工介入的主要目标。

（3）制定介入目标与具体实施

根据之前的需求评估，社工依据社会支持理论，将介入目标定位为对其进行物质与心理方面的社会支持，并充分调动各种资源，对其在物质与心理方面进行了帮助，具体体现在以下方面。

第一，物质支持方面。按照社会支持网络的相关理论，社会支持分为正式社会支持与非正式社会支持。正式的物质支持主要体现在国家的助学贷款、学校的奖助金方面。社工首先积极鼓励其申请国家助学贷款，并与学院辅导人员一起为其提供具体指导。就其经济困境向学院说明并出具材料，为其申请到学校的勤工助学岗位以及助学金。在非正式支持方面，社工作为班主任和专业任课教师，利用个人及朋友的资源，前后为其介绍了两份不同的兼职工作。兼职工作不仅离学校较近，其中有一份工作还与专业相关，这不仅帮助她避免了到处找兼职工作的辛苦，还能够让她不影响学业，并且可以在以后申请奖学金时加分，两全其美。同时社工鼓励她重视平时的学业，以期获得学校奖学金。

第二，心理支持方面。从之前的会谈以及"评估卡"测评可以得知，案主在心理上存在压力，包括容易暴躁、不太会控制自己的情绪、压力太大时晚上失眠等状况。只是相对于经济压力而言，这部分需求不如经济需求急迫。社工基本上每个月都与案主见面或者通过微信进行一次沟通，持续时间一个小时左右，帮助其缓解压力，进行心理调节。在最初的会谈中，案主常常容易流泪、情绪激动，之后的会谈能够比较平和地进行。

（4）效果评估

该个案服务持续了两年的时间，两年后案主在以下方面得到了改善。

第一，经济压力减小，经济状况获得了改善。主要体现在以下方面：首先，成功申请到了国家助学贷款，之后的学费没有了压力；其次，获得了学校的二等助学金2300元，分十个月发放；再次，获得勤工助学机会，每月可以获得200元；最后，获得相关的兼职工作，每月收入1000元左右。令案主及社工最为欣慰的是，案主通过社工的帮助、个人的努力获得了励志奖学金5000元，这在很大程度上缓解了案主所面临的经济压力，案主表示在以后的大学生活中，可以不用为了挣钱出去兼职，能够把更多的时间和精力放在学习上。

第二，个人调节能力获得提高，自信心增强。在两年的个案辅导中，案主对自我的认知更加清晰、情绪控制能力增强、睡眠状况良好。案主担任班长，处理班级事务以及协调同学关系的能力比之前提高。励志奖学金的获得也极大地提高了案主的自信心，表现在案主开始注意自己的形象，开始锻炼身体、减肥，案主表示很多老师和同学夸案主比入学的时候更加漂亮了。

第三，对于未来的职业规划，案主表示想继续攻读本学校本专业的研究生，而这在大学刚入学时是想都不敢想的。

两年后利用"评估卡"对其需求进行后测，情况见表5－13。

表5－13 贫困女生 G 社会需求后测

获得难易程度 ＼ 需求紧迫度	不需要	不太需要	比较需要	非常需要
很难获得				休闲
不太容易获得		社会资助	班级生活、朋友、深造、压力及动力、学校奖学金、专业技能	心理平衡、健康
比较容易获得		勤工助学、免费培训、班主任、社会人士、校外打工	国家助学贷款、辅导员、社会交往能力、学校助学金、资格证书、生活费与零花钱、自我认知、认同、自信、幸福感、医药费报销、辅修、转诊、心理支持、专业认同、希望	路费、成就、自我调节、学分成绩、归属、关爱
很容易获得		爸爸、就业辅导、妈妈、心理关注	任课老师、班级干部、社团	一日三餐、闺蜜、室友、校医院、课程、伙食补贴、穿衣购物

由表5－13"评估卡"可见，"非常需要""很难获得"的需求变化最大，从之前的伙食补贴、生活费和零花钱、转诊、国家奖学金、医药费报销、校外打工等方面变成了休闲。需要说明的是，刚入学时她并不了解学校就医及医药费报销程序和相关事宜，而她本人有这些需求，在之后与学校辅导员、校医务室沟通之后，了解了医院的转诊、报销事宜，这些需求自然在两年后就不存在了。由此可见，之前所设立的介入目标基本实现，也显示出该介入是有效的。

183

3. 小结

综上所述，笔者认为社会工作介入高校贫困女生群体，可以有效地满足贫困女生所面临的经济与心理需求。其中，对于像个案 G 这样特殊的案例，如文中所示除面临经济压力之外，还伴随心理障碍的个体，可以通过个案介入的方式有效地帮助她们。个案工作需要较深入介入，服务时间较长，能够服务的贫困女生有限。但是如果在班主任、学生辅导员中推广、应用"评估卡"，将能够切实地帮助更多贫困女生，也可以尝试运用小组工作方法，帮助更多贫困女生。小组工作作为另一种社会工作的专业方法，服务的人群较广，因为小组成员的互助性，还可以有效地调动其他组员的资源。在以后的实务工作中，社工可以尝试打破班级的界限，扩大女大学生的交际圈，帮助她们获得更多的支持。

在整个行动研究中，笔者使用了"评估卡"进行需求评估，同时在个案介入的过程中借助其进行了前测和后测，现对其使用心得进行总结。

从内容上而言，按照需求的不同层次、程度，分成 52 个具体要素，基本囊括了贫困女生群体所有存在的正式与非正式社会支持，非常全面。

从服务对象而言，使用"评估卡"有助于服务对象更加明确自己的需求，对自己进一步地了解和认识。很多时候，服务对象对自我以及自我的需求并不明确，因此运用"评估卡"是一种提升自我认知的途径和方式。

在使用过程中，有些服务对象对于某些需求的具体含义理解还是不一样，尤其是一些抽象的维度，比如归属、认同等。她们觉得不是特别明白其具体含义，就随便选择了。对于抽象的维度每个人的定义并不一样，还会影响评估卡片得出的结果。因此笔者认为评估卡片可以作为服务过程中辅助访谈以及帮助服务对象自我认知的工具，而不应刻板地使用它。

（二）小组工作

参与行动干预的高校多采用社会工作小组方法进行干预，运用"高校贫困女生社会支持系统及需求评估卡"评估需求，进行行动研究，形成了多样性小组案例。笔者在小组工作中运用"评估卡"访谈了 42 位贫困女生，有 19 位贫困女生参加各种类型的小组活动。

1. 案例一："心理支持成长小组"（NY）

（1）高校贫困女生心理支持需求评估

评估方法

运用"高校贫困女生社会支持系统及需求评估卡"，进行深入访谈，收集访谈资料，对访谈资料采用定性分析法进行深入总结和分析，拓展研究的深度。本研究通过对 12 名贫困女生（见表 5 - 14）的访谈资料进行转录和定性分析，从中发现贫困女生个性化的需求和问题，分析高校贫困女生心理支持网络的现状和成因，并寻找贫困女生的同质性。

表 5 - 14　被访者基本信息

个案编号	专业	年级	访谈时间
C1 - 1	社会工作	大三	2017 年 11 月 5 日
C1 - 2	社会工作	大三	2017 年 11 月 8 日
C1 - 3	社会学	大二	2017 年 11 月 18 日
C1 - 4	社会工作	大二	2017 年 11 月 19 日
C1 - 5	金融学	大二	2017 年 11 月 22 日
C1 - 6	社会工作	大二	2017 年 11 月 24 日
C1 - 7	社会学	大四	2017 年 11 月 25 日
C1 - 8	心理学	大三	2017 年 11 月 27 日
C1 - 9	学前教育	大三	2017 年 11 月 27 日
C1 - 10	学前教育	大二	2017 年 11 月 27 日
C1 - 11	心理学	大三	2017 年 12 月 2 日
C1 - 12	学前教育	大三	2017 年 12 月 3 日

评估目的

需求评估就是使用一定的方法对服务对象进行测评，确定服务对象的具体需求。本次需求评估是为了分析确定高校贫困女生在心理支持方面有哪些问题和需求，这些需求的具体表现是什么，希望通过对贫困女生的需求评估，为后期小组工作的介入提供现实依据和支持。

心理弱势及支持缺失的表现

依据本研究对于心理支持的概念界定和分类，将心理支持分为自我支持和环境支持。自我支持主要是自我效能感和主观幸福感，环境支持主要是人际关系支持和社会各方面支持。将心理支持操作化，其具体表现在自我认同感、成就感、自信、幸福感等方面。

本研究对 12 名贫困女生进行"评估卡"测量和访谈分析，了解了被访谈的贫困女生在心理支持缺失方面的表现，初步确定访谈对象的心理支持需求。经过分析发现，被访谈的贫困女生心理支持缺失的表现有以下几点。

第一，自我认同感低。

访谈发现，贫困女生的自我接纳水平较低，受自身经济状况的影响，贫困生在进入大学前见识、经历等各方面相比一般学生有差距。因此在访谈过程中，有访谈对象表示，对自己的自我认知不是很明确，并且对于自己目前的状况和发展并不是很认同。

> 我觉得自己没什么特别的，什么都一般，家庭一般，学习状况也一般吧。嗯……有时候觉得自己挺普通的，没什么出彩的地方。之前感觉画画挺好的，也挺感兴趣的，但是真正学了专业课之后发现，自己之前的爱好反而没有了，而且越学越觉得自己不适合这个专业。以后吧，不知道找什么工作，估计不会做本专业吧，我也不知道自己能做什么，到时候看。（C1-9）

第二，愧疚与攀比情绪的冲突。

大学生活的花销在学业生涯中占很大的比重。一方面，家庭需要负担全部学费和一部分生活费，加重了家庭的经济负担，使学生对家人产生愧疚心理；另一方面，为了减轻家庭负担，学生会挣取部分生活费。有80%的访谈对象表示由于家庭条件所限需要外出做兼职，赚取自己的生活费。这个年龄段的女生正处于恋爱和爱美的阶段，但是由于家庭经济状况的不足，她们与同龄女生相比，缺少资金和精力去顾及情感和外貌修饰，产生愧疚与攀比心理。

第三，自卑且挫败感强。

贫困女生面对经济困难，感到自己无能为力。由于家境不富裕，贫困女生与普通学生在日常消费、能力、学习和家境等方面都形成鲜明的对比。女生天生的敏感特质就会起作用，这些对比长期存在，会严重打击贫困女生的自信心。"这些反差使她们感到羞涩不安，往往导致自轻自贱，对学习、生活缺乏积极性和主动性，呈现出一种自我否定倾向的情绪体验，影响她们的自我认知和自我评价水平"。[①] 这会对贫困女生造成强烈的挫败感，使她们觉得"越来越失去自尊"。

---

① 衡书鹏：《贫困大学生心理压力感、社会支持感与心理健康的相关研究》，《枣庄学院学报》，2011年第6期。

第四，成就感不足。

成就感是人的愿望与现实达到一种平衡状态时所引发的感受。① 如果个体在完成一件事情时，最终结果没有达到自己的期望，或者自己期望过高，就会使心理处于不平衡、不满意的状态，造成个体的成就感不足。贫困女生由于对自身的高要求，在同样完成一件事情时，会对自己有高于常人的要求，但是由于资源和自身条件的不足，这种高目标高要求需要个人付出很大的努力，而努力的结果可能并没有自己预想的那么好，这就使贫困女生的成就感严重不足。

另一种情况是贫困女生依据自身经济、能力等基础条件，预估完成一件事情的最终结果，她们对于自己预估的结果要求并不高，也没有过多的期盼，所以在完成事情过程中不会付出过多的努力，在心理已经给予了自己评分，所以期望的目标很容易达到，但是同时也失去了高期望高目标达成后的欣喜。这也导致贫困女生成就感不足。

> 成就感吧，我没有对自己有太高的要求，你想啊，自己学习又没有班里其他同学好，而且毕竟出生在农村，我们那里就只有一所高中，唯一的一所，不像城市里的孩子可以有那么多选择，而且农村的条件毕竟跟不上，见识也没有人家多，所以我就想顺利平稳毕业，以后毕业能好好找工作就行，没有想太多，所以这个成就感也就那样吧，没有什么特别的成就感。(C1－7)

访谈显示，大部分贫困女生认为自己很看重成就感，也很希望自己能够做一些有成就的事情，但是就目前的自身条件和状况来说，成就感远远不能达到自己期望的水平，甚至有些贫困女生认为自己没有获得过什么成就感。

第五，同伴关系紧张。

同伴关系对于高校贫困女生的心理支持有一定影响。处于学校环境中，同伴是贫困女生接触最多的人群，同伴关系也对贫困女生具有重要意义。但是贫困女生的自卑和敏感心理，使其在与同学相处过程中会有困难和摩擦。在访谈过程中，多名同学提到自己曾经或者正在经历同伴关系破裂和

---

① 王翠：《高校贫困生心理问题研究——以徐州工程学院为例》，《赤峰学院学报》（自然科学版）2016 年第 9 期。

同伴关系紧张的状况。贫困女生缺少来自同伴的心理支持。

> 刚来的时候感觉大家相处还好，后来因为我是班长，大一的时候有些事情，大家对我就很……有意见吧，所以就是……现在和同学关系也不好，感觉想起这件事就很心累，很烦。后来我辞掉了班长职位，和同学们打交道不多，关系也很一般。(C1-12)

> 我感觉我和她们相处不来，她们花钱大手大脚，爱出去玩儿什么的，我不喜欢，也没那么多钱。所以时间长了就喜欢独处，她们就觉得我不和她们玩儿，有点儿孤立我似的。(C1-9)

第六，社会交往能力弱。

贫困女生表示对一些集体活动和聚餐活动虽然很想参加，但是经济条件不允许，也无能为力；而且，平时学习和兼职工作等占用时间较多，业余时间少，与同学沟通也少；此外从小受生活环境限制，与人交往的技巧不足，因此，逐渐和同学保持距离。社会交往能力弱，导致一些贫困女生内向、孤僻的性格。一些贫困女生由于家庭突发事件致贫，在遇到危机事件后，自己没有足够的能力和资源处理危机，因此变得敏感易怒，心理脆弱，也会导致人际关系紧张，不愿与他人沟通，社会交往能力减弱。

> 我家里发生一些事情后，那段时间我心情也挺不好的，而且家里面的事情本身也是我自己的事，就不想跟室友多说。之前我们也都一起上课吃饭什么的，挺好的，但是家里出事之后我心情不太好，就想自己静一静，她们总问我怎么了，我不想说。后来有一次回到宿舍，她们本来在说话，声音挺小，不知道在说什么，但是我回去之后她们立马就不说了，散开了，不知道为什么，我总感觉怪怪的，而且感觉她们看我的眼神也有点儿奇怪。本来家里的事情就已经很烦了，我也不想多跟她们有什么冲突，所以我干脆就不想说话，自己一个人待着。可是总觉得回到宿舍后心理压力很大，她们说笑我总觉得好像是故意的，心里很不舒服，有时候干脆就不回宿舍，就在图书馆待着了。(C1-10)

第七，学业和就业压力大。

面对如此大的经济压力，贫困女生要想在经济上减轻一些负担，除了在校内外打工兼职以外，奖学金也是一种较有效的经济补贴方式，但是要想拿到奖学金，需要付出更多。受调查的贫困女生大多数来自农村，就学基本也在农村。由于农村基础设施、教育水平和师资力量与城市相比较差，所以贫困女生想要拿到奖学金，就要在学业上付出更多的努力和精力，这造成了贫困女生更大的学业压力。平时为了补贴生活费做兼职需要花费时间，因此，她们要在短时间内学习比他人更多的知识，压力自然较大，也造成心理的高压和焦虑。而且，贫困女生对未来就业的顾虑较多，升入大学后就开始做兼职，进入大二、大三后开始担心未来的就业问题，而即将毕业的大四学生就业压力会更大。学习和就业的双重压力对贫困女生造成的心理压力会更加严重。

需求评估结果分析

访谈资料显示，高校贫困女生的心理支持状况表现出一定的弱势，并且贫困女生在成就感、幸福感、安全感、自信等心理方面存在支持不足和缺失现象，贫困女生存在较大的学业和就业压力。

本研究在访谈的12名贫困女生中，选取6名小组组员，开展心理支持成长小组工作。这样选择一方面有利于小组组织者更好地熟悉组员，顺利开展小组工作；另一方面，可以更加准确地了解组员具体的、个性化的需求，有助于小组最终目标和成效的达成。根据访谈资料，结合12名访谈对象在"行动改善象限"摆放"心理"维度要素的同质性，最终将小组的介入点归纳为以下几点。

第一，增强社会交往能力。

在访谈过程中，多名同学表示自己曾经或者正在遭遇和室友、同学相处不融洽的情况，这对贫困女生的心理造成很大的压力。其中一名正在经历同学关系破裂的女生表示"不知道怎么回事，两个人好像因为一件小事，我到现在都不知道为什么，就不说话了，之前那么好的（朋友），现在都不想回宿舍，回去就觉得心里难受，也没有其他的好朋友，和班里其他同学稍微好一点，也不好说，毕竟都是一个班。可能自己不会和人相处吧，所以有时候也挺希望锻炼锻炼的"。（C1－10）这说明贫困女生在社会交往能力方面有一定的欠缺，并有增强社会交往能力的现实需求。

第二，提高成就感。

根据12名被访谈贫困女生对"评估卡"的摆放结果，有8名访谈对象将"成就感"要素放在"非常需要""比较需要"但是"不太容易获得""不容易获得"区域，即"行动改善"象限，这说明贫困女生对于成就感是比较渴望获得的，但是由于现实原因和心理压力不易获得。

第三，提升自信。

通过"评估卡"的摆放和访谈，社工发现有80%以上的贫困女生认为自己不够自信，在很多方面不能清楚明确地表达自己和展示自己，加上自身经济因素的限制，所以较少参加学校或者班级组织的娱乐活动。但是贫困女生比较希望参加一些学术竞赛，希望借此提高自己的自信，学习更多的东西，丰富自己。

根据以上需求评估，通过改善以上三个要素，结合贫困女生在学业和科研方面的压力，最终决定开设增强个人科研和写作能力的"心理支持成长小组"，让组员参与小组活动并共同完成一项科研项目，使组员能够从中学习到科研项目的整个过程，提高科研写作能力；使得小组组员之间形成一个互助团体，增加组员的社会交往能力，使组员获得自信和成就感，最终形成相互的心理支持。

（2）心理支持成长小组方案设计

干预目标

总体目标。本研究干预目标是通过成长小组的形式，为参加小组的贫困女生建立心理支持，期望通过小组活动的实施，让组员在活动中建立亲密关系，不断发现和认识自我，同时也认识他人，获得组员的帮助和支持，最终在小组内建立组员之间完善的心理支持，使组员获得成长。

目标分解。第一，帮助组员相互认识，逐渐建立关系，为心理支持的建立打基础；第二，提高组员的自我认知，帮助组员认识自身的优点和缺点，通过小组活动发现自身优点，克服自身的缺点；第三，帮助和引导组员之间形成相互支持和沟通的亲密关系，增加组员之间的心理支持，增强组员的社会交往能力；第四，协助组员共同完成一个项目，增强组员的成就感，使她们从中获得自信；第五，通过小组组员社会交往能力的增强、成就感获得和自信心的获得，逐渐建立小组成员之间的心理支持。

成长小组模式

对于成长性小组的概念一般是根据小组的目标进行界定的。《小组工作导论》中指出，由于目标不同，将小组分为支持性小组、教育性小组、成长性小组、治疗性小组、社会化小组五种类型，其中成长性小组的目的在于发展组员的潜能、意识和顿悟，通过小组经验来获得组员个人和小组的成长。该小组营造了一个支持性氛围，使组员在小组中学习新的行为，获得成长。① 赵芳在《小组社会工作:理论与技巧》中将成长性小组界定为以协助组员完成社会化为主要目的,通过工作者对组员的引导,使组员获得学习群体文化、承担社会角色的机会,发展个人的社会化。② 李松依据道格拉斯对小组模式的划分,将成长小组模式定义为以社会工作理论为基础,运用小组工作的相关技巧,按照专业的流程,达成服务对象的发展性需求的小组工作。③

借鉴学者对于成长小组模式的界定,本研究的成长性小组模式是指通过小组工作的专业方法和技巧,使组员能够良好互动,通过小组活动的开展,使组员获得自我认知的发展以及个人的成长,最终形成组员间的支持关系的小组工作。

"心理支持成长小组"是指通过组员参加小组活动,以增强组员个人科研能力和写作能力为途径,使组员在活动过程中建立关系,形成相互心理支持的成长性小组。小组研究过程分段进行,第一阶段是进行小组活动的实施,目的在于通过活动引导组员初步建立相互的心理支持;第二阶段是在小组组员相互熟识和信任的基础上进行科研项目的研究并最终完成,这是对小组组员心理支持的深入介入,目的在于使组员形成自发性的、持久的、稳定的、不仅限于小组活动的心理支持关系。本研究的小组工作介入主要进行的是第一阶段的研究介入。小组活动的目标是完成一项科研项目,小组的根本目标是建立组员的心理支持,通过组员之间的相互支持,完善组员的心理支持网络。

小组方案设计

小组活动的总体设计思路为,依据需求评估和小组组员的实际需求,以任务型目标(完成一项科研项目)为途径,建立小组。通过小组活动的开展和组员合作完成任务的过程,建立组员之间的相互支持,并将这种支持巩固和深化,以小组的形式建立持续和完善的小组组员之间的心理支持。

小组前期准备

小组工作以增强个人科研能力和写作能力为途径开展,以小组组员的真实需求为主,依据访谈结果,选择具有同质性需求的访谈对象,并结合

---

① 罗纳德·W. 特斯兰, 罗伯特·F. 理瓦斯:《小组工作导论》, 刘梦等译, 中国人民大学出版社, 2010, 第 1~28 页。
② 赵芳:《小组社会工作:理论与技术》, 华东理工大学出版社, 2015, 第 33 页。
③ 李松:《成长小组模式在儿童良好亲子关系构建中的应用研究》, 硕士学位论文, 苏州大学, 2015, 第 4 页。

个人意愿进行组员的招募工作。

小组组员的招募。小组组员的招募在 12 名访谈对象中选择。首先，依据"评估卡"摆放和访谈结果，对 12 名访谈对象心理支持方面的表现进行归纳。在此基础上，征求访谈对象的意见，告知要开展以增强个人科研能力和写作能力为途径的小组。由于访谈过程中多名访谈对象提到希望能有机会参与科研项目，所以这对于访谈对象有一定的吸引力。经过小组招募，最终确定访谈对象中的 6 人为小组组员（见表 5 – 15），根据这 6 名小组组员的访谈和"评估卡"摆放结果，分析确定了小组组员在"成就感""自信""社会交往能力"方面有共同需求。因此，增强组员的成就感、自信和社会交往能力，建立和完善组员的心理支持，是小组活动开展的根本目标；由组员组前讨论共同决定完成一项科研项目是小组的任务性目标。两个目标作为小组的平行目标，相辅相成，共同作用，最终使小组成员既能够完成自己想做想学的事情，又能够在无形中与组员形成相互心理支持，达到在小组内建构组员心理支持网络的目的，使小组最终成为 6 名贫困女生之间相互支撑、心理支持和心理寄托的所在。

表 5 – 15　小组成员基本信息

组员编号	年级	专业	籍贯	贫困等级
G1 – 1	大三	社会工作	贵州	特困
G1 – 2	大三	学前教育	山西	特困
G1 – 3	大三	社会工作	广西	特困
G1 – 4	大四	社会学	河南	特困
G1 – 5	大三	学前教育	山西	特困
G1 – 6	大二	社会工作	山西	特困

小组活动方案

经过前期的调查和访谈，社工决定开展一个以项目课题合作为基础的心理支持成长小组，具体小组活动方案如下。

小组名称为"高校贫困女生心理支持成长小组"，为研究项目活动小组。该小组既符合组员的实际需求，又能够以任务的形式使组员形成长期的联系和心理支持。

理论依据。小组工作的理论基础包括社会学习理论和社会互动理论。班杜拉的社会学习理论强调个人的行为受个人与环境交互作用的影响，即行为、环境和个人三个内在因素之间相互影响，构成一种三角的互动关系。

人的大部分社会行为是通过观察他人和模仿他人习得的。环境在观察学习中起到了决定性的影响，人的行为随着环境的变化而发生变化，人对榜样的观察学习是他们学习新的行为的条件①。通过小组活动的开展，挖掘每个人的优势和潜质，组员之间通过观察其他组员的特点，进行学习，转化为自己的优点，组员可以通过小组活动获得这些收获。另外，在小组的环境中，由于组员的目标具有一致性，所以小组环境会间接影响组员的发展，使组员通过小组活动学习到更多东西。

社会互动理论研究是指人们进行面对面的相互交往和作用，以及使这些活动发生改变的主观反应和过程。贝尔斯认为，一个小组一定要解决组员两方面的问题，一个是任务性问题，比如询问、建议关于小组成员要解决的问题，或者引导小组与目标相互联结的活动；另一个是情绪性问题，比如组员之间的人际协调、冲突解决、紧张化解、相互接纳等这些关系导向的活动。小组互动理论为我们提供了了解人类行为与小组过程的一种分析方法，协助人们认识了个体行为是如何与他人联结，在与他人的互动过程中，个体的自我概念是如何发展的，个体与他人互动依据是什么，互动过程又如何，小组是怎样在互动的基础上联结而成等具体问题。② 本研究开展的小组活动目的就是小组组员通过互动，进行相互学习，共同成长，并且希望通过小组活动，组员之间能够建立起一种亲密关系，这种关系不仅限于共同完成小组内的任务，还包括小组活动外的一些互动，使组员之间相互熟悉，形成一种自发性的心理支持，从而达到小组组员提高自己的社会交往能力，并逐渐建立心理支持的目的。

小组性质与类型。小组性质为成长性小组。该小组主要通过组员共同完成一个科研项目，使组员能够在小组中学习到科研知识，建立相互支持的亲密关系，并在小组活动结束后能够继续联系和相互支持，使小组组员获得成长，属于成长性小组。该小组是通过研究者访谈进行招募组成的，并且规定没有特殊情况，不可中途退出，属于封闭性小组。

组员筛选方式。通过访谈的方式筛选组员，组员个人自愿参加，并且都有共同的改变目标和完成一个科研项目的期望。

小组活动内容（见表 5 - 16）。本研究依据小组活动的分解目标，制定六次小组活动计划，在活动计划过程中运用社会互动理论和社会学习理论

① 赵芳：《小组社会工作：理论与技术》，华东理工大学出版社，2015，第163页。
② 赵芳：《小组社会工作：理论与技术》，华东理工大学出版社，2015，第33页。

使组员之间最大程度进行互动，并注重每个组员的个人成长。通过组员之间的互动和学习，组员从其他组员身上学习到一些东西，并最终达到小组总目标。

表 5-16 小组活动内容简介

活动次序	活动主题	活动目标	活动内容
第一次	初次相识表友好	针对分解目标1，让组员相互认识，为小组活动的开展提供意见建议，为组员的实际需求服务。	组织组员初次相见，互相认识，并商讨关于小组开展的建议。
第二次	相互熟识谈期望	针对分解目标1，建立组员之间的关系，使组员达成互动关系，明确小组规范，并商讨科研项目主题。	小组成员相互认识，建立小组规则，表达参加小组的期望，讨论项目主题。
第三次	互动合作一家亲	针对分解目标4，加深组员之间的熟悉和合作，讨论确定项目设计思路。	小组组员合作完成"年夜饭"主题画，互相分享；依据SWOT量表，确定项目主题。
第四次	自我探索显优势	针对分解目标2，使组员加深对自我的认知和了解，发现自身优势，合理分工。	利用"十字探索"了解自身状况，分享讨论；讨论项目设计思路。
第五次	三个秘密齐分享	针对分解目标3，通过互动增加组员之间的信任与互动，进一步建立互相支持关系。	讨论反思前面的小组活动；通过"三个秘密"分享讨论自己的小秘密，加深组员信任。
第六次	共同学习建支持	针对分解目标5，使组员之间形成相互支持，突出每个人的优势，使组员获得一定的成就感，加深组员之间的相互联系和帮助，另一方面使其他组员从中有所收获。让组员回顾小组过程，并了解自己的改变和收获，组员之间互相祝福，形成相互的心理支持。	开场小游戏；学习文献综述写作方法；互送祝福，赠送小礼品。

小组活动评估。依据小组开设过程中的观察记录报告、小组活动总结、小组活动满意度问卷调查以及小组组员自评打分表对小组进行过程评估；在小组结束后，利用"评估卡"对小组组员进行后测，结合访谈时"评估卡"摆放的前测，观察"评估卡"摆放情况的变化，和组员进行讨论，结合小组组员活动反馈，对小组活动进行成效评估。

（3）小组活动实施过程

小组活动共有六次，分为三个阶段，每次小组活动和每个阶段都有不同的活动目标，根据活动设计方案实施小组活动的具体过程如下。

小组活动初期：建立关系，相互熟悉。

第一次小组活动

小组活动过程。第一次小组活动实际上是小组正式开始前的一次组员讨论。这次活动召集之前招募的 6 名组员，让组员在小组活动正式开始前进行初次认识，并对小组活动的开展提出意见和建议，表达自己的期望。

小组活动总结分析。第一次活动主要是为了组织组员在小组活动前进行初次简单的认识，听取小组组员的意见和建议，改进小组活动的方案。小组工作者在活动的过程中，积极引导组员表达自己的意见和建议，对于在初次活动中不善表达的组员进行鼓励和引导，为组员积极参加以后的活动奠定基础。

活动目标达成情况。第一次小组活动主要是为了让组员初次认识，初步建立组员之间的关系。活动开始，组员进行简单介绍，但是并没有互动和熟识，所以在表达对小组活动意见的过程中，有个别组员没有和其他组员进行良好互动，经过了小组工作者的鼓励、引导，组员相互表达了自己的意见，并在此过程中，进行了基本的认识和互动。

反思。第一次小组活动是为后面的小组活动建立基础的，在活动过程中，由于没有让组员充分认识和互动，所以在讨论"对于小组活动的建议"环节，组员们不能积极主动地表达自己的想法，这说明关系建立不成功，组员之间没有达到足够的认识。这对于小组成员之间形成相互的心理支持很不利，在以后的活动中要注意建立关系的重要性。

第二次小组活动

小组活动过程。第二次小组活动分为三个环节。第一个环节是主持人组织组员进行自我介绍，接下来让组员将自己的特点写到便利贴上，通过"击鼓传花"的小游戏选择组员随意抽取便利贴，并根据便利贴的表达猜一猜是哪位组员，帮助组员之间相互熟悉。第二个环节组员一起商讨制定小组规范，并写下自己参加小组的期望。第三个环节是关于科研项目主题的讨论。组员在讨论过程中进行了头脑风暴，分别结合自己所学的专业提出了项目的主题，并说明有哪些可利用的资源。由于时间问题，没有确定最后的项目主题，下次活动继续讨论主题部分。

小组活动分析总结。本次活动主要采用了经典的小组活动形式，通过第一次活动的铺垫，第二次小组活动小游戏使组员之间增加了认识和了解程度，增进了联系，初步建立关系。这一环节，主持人先做了示范，以此来引导组员能够全面地表达自己，活跃小组气氛。在小组活动后半部分，小组组员进行小组规范的讨论和项目主题的讨论，彼此有了一定的讨论和交流，形成一定的互动。

活动目标达成情况。通过本次活动开场和游戏，组员之间有了一定的了解和熟悉，并且小组氛围轻松活跃，组员没有出现排斥和消极情绪，达到了初步建立关系的目的。但是对于项目主题的讨论没有最终确定。

反思。小组活动时长把控不严，由于讨论发散，主持人（笔者）没有及时把组员的发散性讨论纠正和引导回正轨，在组织小组过程中，规则不严明，对小组的把控力需要增强；小组主题及目标不够明确，讨论的效率无法保证。在以后的活动中，笔者还需要更多专业知识和实践技巧的支撑，要明确目标，不要发生偏题和发散过度现象。

小组活动中期：认识自我，信任为本。

第三次小组活动

小组活动过程。本次小组活动主要有两个环节。第一个环节是开场及"大家一起画"互动游戏。首先主持人带组员一起回顾了第一次活动，并对第一次活动进行了总结。由主持人解说"大家一起画"的游戏规则，小组组员分为两组，每组合作完成"年夜饭"主题画作，并交换画作互评，让组员互相了解不同地区的风俗习惯，增强组员之间的熟悉和亲密关系。第二个环节是关于小组科研项目主题的继续讨论与设计思路。主持人基于SWOT量表，让组员对每个主题进行优劣势分析，通过分析能够明确看出哪个主题的优势最大，可行性最强。最终依据SWOT分析法确定了小组的项目主题为"隔代教养对于大学生的影响研究"。

小组活动分析总结。这次活动让小组组员共同完成画作，组员能够积极参与，并且在合作画画的过程中，能够相互协作、交流。在分享画作的环节，组员都对自己家乡的风俗习惯进行介绍，进一步加深了熟悉和了解。第二环节，组员通过主持人提供的SWOT分析法对不同主题进行了优劣势分析，最终明确找出了最合适的项目主题。

活动目标达成情况。本次活动目标是让小组组员之间进行合作，初步形成合作关系，加强组员之间的认识和了解，并学习分析确定主题的方法。组员通过共同画画，达到了一定的熟悉和合作的目的，组员之间的关系越来越密切，逐渐形成了相互支持关系，并完成了项目主题的确定。目标达成情况良好。

反思。这次小组活动最大的进步在于小组活动时间的把握比较准确，但是在活动的设计方面有一定的不足。作为小组工作者，社工在一些技巧的运用中还要更加熟悉和熟练，要引领组员思考和总结，并且要在组员偏离话题时及时提醒，带领组员回到正轨；在小组活动的方案设计上，要充分围绕小组活动的目标开展，画画环节将组员分为两个次小组，不利于全部组员之间关系的建立，在以后的活动设计中需要注意和改进。

第四次小组活动

小组活动过程。本次活动有两个环节。第一个环节是利用"十字探索"方式让每个组员为自己目前的身体、成就、与家人关系、灵性（信念、信仰）四个方面打分，帮助组员认识自己目前的状况和状态，进行自我认知探索，让组员更加了解自我。第二个环节是关于科研项目的专业讨论。这次活动主要是讨论项目设计思路，并进行小组分工。

小组活动分析总结。本次活动利用"十字探索"的方式让组员审视自己，认识自我，了解自己当前的状态。主持人让组员观察自己的图形，看自己在哪些方面打分较高，状态良好。通过这一环节，组员可以对自己进行反思，这是组员自我认知的过程。第二环节对于项目的专业讨论，组员对于项目的设计思路进行初步探讨，并由此引发了关于问卷设计的讨论。在讨论过程中，组员进行了头脑风暴，每个组员积极表达了自己的思路，小组气氛活跃。但是由于问卷讨论时间过长，最终的项目整体思路没有确定。

活动目标达成情况。组员在"十字探索"过程中，针对自己的十字探索图进行了反思，并表达了自己的看法和有关情况，这对组员来说是一次自我反思与成长，这个过程达到了让组员进行自我认知的目的，但是对于小组的项目讨论，由于时间原因和目标稍有偏离，最终没有确定设计的整体思路。

反思。在本次活动结束后，其中一名有社会学专业基础和丰富论文写作经验的组员向小组工作者提出意见，她认为小组在开展活动和讨论项目时，进度太快，由于组员缺乏一定的文献查阅和知识积累，虽然在讨论中能够进行头脑风暴，积极投入，但是讨论的结果不具有逻辑性和专业性，在以后项目进行的过程中会出现问题，因此希望放慢项目进度，在大家具备足够文献查阅和知识积累的基础上开展小组项目，这样能够既使大家在项目过程中有所学习，又保证项目后期质量和顺利进行。社工接纳了该组员的意见，并进行了一定的反思。

总之，这次活动一方面受时间限制，另一方面作为小组工作者，笔者没有提前做好活动设计和衔接，也没有及时考虑到组员的实际需求，影响了活动效果。在以后的活动中笔者要及时调整，不断反思，逐渐建立小组组员之间的关系，使组员在活动中逐渐形成相互支持。

小组活动后期：关系巩固，回顾历程。

第五次小组活动

小组活动过程。经过前四次活动，主持人根据组员的建议，寻求了督导老师的指导，对于本次活动内容进行了一定的调整。本次活动主要目的为反思与建立组员之间的关系。活动内容分为两个环节。第一个环节是让组员讨论并表达自己对于前几次小组活动的感受和想法。第二个环节是"三个秘密"。首先由每个组员在纸上写出自己认为的并且能够接受和组员进行分享的秘密；然后将纸条打乱顺序，每个人抽取一张，并说出纸条中的一个秘密（任意一个，或者抽到纸条者想要知道的秘密），猜一猜这个秘密的主人；由秘密的主人认领秘密，并分享关于这个秘密的小故事；最后，主持人组织组员分享感受，并布置会后小作业，组员抽到纸条中剩下的两个秘密由组员之间会后进行自愿分享。活动的最后，告知组员下次活动为小组的最后一次活动，让组员做好心理准备。

小组活动分析总结。在本次小组活动中，主持人根据组员和督导的意见进行了活动内容的调整。在第一个环节，主持人引导小组组员表达自己对于前面活动的感受，由组员提出活动意见，并对组员意见进行接纳和总结；利用"三个秘密"小游戏，使组员之间坦诚相见，互相坦露自己的内心，建立信任关系。经过这次活动，小组组员能够更为明显地感受和发现不同组员的秘密和优点，利于组员关系的加深。

活动目标达成情况。这次活动主要是为了弥补之前活动中小组组员之间关系建立不足、认识不够充分的不足。针对这一情况，本次活动的目标主要是通过组员之间相互分享，探讨每个人的秘密和经历，从而加深组员之间的联系、认识。经过秘密分享环节，组员之间更加亲近，从每个人的秘密中，组员之间能够发现彼此的优点，加深彼此的认识，形成相互支持的关系。

反思。本次活动参考了组员和督导的意见，发现组员的表现比前几次活动好一些，所以小组活动中"建立关系"很重要，要让小组组员之间慢慢熟悉才能有归属感，才能逐渐建立组员之间的相互支持。作为小组工作者，笔者在小组组织和领导的技巧方面还缺乏一定的实务经验和锻炼，需要加强实务能力，更好地把握小组的发展方向。

第六次小组活动

小组活动过程。本次小组活动的主要任务是由组员带领大家一起学习文献综述的写作方法，通过这一方法突出和肯定每个组员的不同优势，帮助组员获得自信和成就感。活动的第一个环节是热身游戏环节，这次游戏选取的是当代大学生玩得比较普遍的"狼人杀"小游戏。游戏结束后就是本次活动的第二个环节，文献综述的集体学习环节。由小组内擅长文献综述写作的组员 G1-4 带领组员一起学习。在学习文献综述写作后，组员们分享了自己的收获，组员 G1-5 和组员 G1-1 提议在项目空闲的寒假期间，小组内自发形成英语学习小组，每天打卡，相互监督，相互鼓励，相互学习。在活动最后，组员就参加小组活动进行分享，表达了自己参加小组活动以来的收获。主持人组织大家互相送春节祝福，并将祝福依次传向右手边的同伴。最后小组工作者共同为小组组员送春节小礼物，作为小组活动的结尾。

小组活动分析总结。本次活动是小组的最后一次活动，为了活跃小组气氛，组织组员玩了"狼人杀"小游戏，并挖掘组员自身优势，让组员带领其他组员学习文献综述的写作，一方面能够使组员学习到真正的技巧，另一方面对于领导学习的组员来说是一个建立自信的过程。同时，组员自发提议寒假期间进行学习打卡，能够持续加强组员的相互支持。最后让组员回顾参加小组的收获，这是一个认识自己成长的过程。组员互赠新年祝福，赠送礼品，让组员感受到来自小组的温暖，增强组员之间的信任和亲密关系。

活动目标达成情况。经过组员们的共同学习和自发形成假期学习打卡计划，达到了组员之间支持关系的建立，组员对小组有充分的信任感、认同感，组员之间也有了一定的凝聚力。学习文献综述的过程使个别组员的优势得以发挥，肯定了组员的不同优点，为组员建立了自信和成就感。

反思。作为小组的最后一次活动，回顾历程，笔者有了一定的经验，也在活动过程中不断地进行反思。首先在小组活动的设计环节，要紧扣小组目标，并且要有内在的逻辑性，一切活动都要围绕小组目标开展，要及时反思和调整活动方案，这也是一个行动研究的过程，要在反思和实践中不断发现新的东西，不断优化方案，达到利于组员成长和实现活动目标的最佳状态。

小组跟进：持续支持。

该小组主要有两个具体目标，一个是总目标，即使组内贫困女生通过小组活动在组内获得支持，完善和建立组员的心理支持，使贫困女生能够获得更好的社会支持网络，并且在小组活动结束之后，能利用在小组内学习到的经验和方法去寻求外界的支持，获得心理支持；另一个任务性目标是通过组员的共同努力和学习，完成一个科研项目。由于科研项目的完成需要耗费一定的时间，在小组活动内是无法完成的，所以在小组活动结束后，主持人有责任跟进服务，在组员需要时适当地加入科研项目。但是需要强调的一点是，在完成科研项目的过程中，小组内要有合理分工和组内的领导者，小组工作者只是提供跟进和协助工作。

（4）心理支持成长小组效果评估

评估可以帮助小组工作者检验自己在小组活动中有哪些优点和不足，使工作者对于自身专业的认识更加充分，为以后的工作积累更多的经验；评估还可以帮助工作者检测自身专业能力，小组目标是否完成，评估工作方法是否恰当；评估最重要的作用在于成效评估，评估小组工作是否为组员带来了改变，小组工作的结果是否有效。总之，评估对于社会工作实务是重要的也是必要的。

评估方法

小组工作主要采用系统逻辑模式对实务介入的过程和成效进行评估。一般的评估方法比较关注小组活动的完成度和小组活动完成的顺畅度，但这种评估方法并不能全面、准确地反映小组活动设计、活动完成以及组员改变等方面的问题。

本次评估运用定性与定量方法对小组的成效进行评估总结，具体方法有比较分析法、访谈法、基线测量法。评估依据是在小组工作过程中收集的相关资料（过程记录、观察记录、满意度问卷、自我评分表、"评估卡"等）及小组活动的访谈资料。一方面，利用"评估卡"对小组组员进行前测与后测，通过对比分析组员在参加小组活动前后"心理"维度支持要素的变化，评估组员参加小组活动的成效；另一方面，通过小组结束后的访谈，从每个成员自身角度描述组员参加小组活动的感受和变化，评估小组活动开展的效果。两种方法相结合，对小组活动的成效进行综合评估，评估结果更具有全面性。

效果评估

借鉴学者关于小组工作的评估框架，结合小组活动过程中满意度调查问卷、过程记录、总结、组员自我评分表、评估卡测量等材料以及访谈，对小组进行效果评估。

小组整体效果评估

第一，小组活动满意度。

组员对于小组活动的满意度是评估小组活动最基本也是比较关键的一个方面。本研究通过组员对每次小组活动的满意度问卷调查较为客观、准确地评估组员参加小组活动的满意程度和小组活动完成情况。通过满意度问卷填答情况可知，小组活动提供的服务对于组员"能够满足大部分需求"，见表5－17。

表5－17　小组活动提供的服务对小组的需求满足程度

需求满足程度	频率	有效百分比
几乎满足所有需求	10	27.8
能够满足大部分需求	23	63.9
只有小部分需求得到满足	3	8.3
总计	36	100.0

　　组员作为小组的重要组成部分，在参加小组过程中自身的状态和表现也是评估小组活动的一个重要指标。每次小组活动后组员都会对自己的状况进行自我评分。从表5－18可见，组员在参加小组活动时的状态表现良好。最低打分为4分的情形是由于该组员在参加第三次活动时身体不适。

表5－18　小组活动自身状态自我评分描述统计

统计	个案数	最小值	最大值	平均值
自身状态	36	4.00	10.00	8.3000
有效个案数	36			

　　开展小组工作要注重活动场地的选择。小组需要一个安静、舒适、明亮的场所。在场所的选择上，笔者利用专业优势，选择了图书馆的集体讨论会议室。这里适合开展小组工作。在时间的选择上，我们协调六位组员的时间，大部分选择在晚上七点到九点之间，保证了组员在活动中100%的出勤率。

　　第二，组员互动及改变意愿程度。

　　小组工作区别于个案工作之处，就是小组工作需要通过小组组员的共同目标形成凝聚力，使组员在组内获得支持和同感。在开展小组工作中，组员之间的互动频率较高，并且在组后时间组员也有联系。这是组员凝聚力的表现，也是组员之间相互支持的基础。

　　组员在参加小组前利用"评估卡"前测的摆放对自己的当前状况有了

一定的认识，利用十字探索法为自己的状态进行评分，实现自我认知。在小组活动结束之后，小组工作者对组员进行了"评估卡"的后测，并将测量结果反馈给每个小组组员。组员表示在参加小组之前可能对于一些生活中的要素没有考虑过，通过"评估卡"的摆放，能够明显看出自己需要改善的方面，并且有改变的意愿。

第三，小组工作者的评价。

小组工作者在开展小组活动前要做好充分准备，无论在计划方案还是在实务介入过程中，都应该始终保持专业性，并做到对于组员的合理引导和鼓励，使组员投入到活动中。小组观察员在活动开展过程中作为旁观者对组员进行观察并反馈，在小组活动开展的初期，小组成员显得有些放不开，并且个别组员在发言环节发言次数较少，但是到活动开展的中后期，发言少的组员逐渐开始积极发言，不再像之前那么拘束。每次活动结束后，小组工作者都寻求督导的意见和建议，督导会针对本次活动过程中存在的问题进行指导。这使得小组活动计划也在不断地修改和完善，整个小组活动过程都经过督导的指导。

组员心理支持成长的效果评估

本次小组活动的总目标是改善贫困女生的人际关系和社会交往能力，增强她们的成就感和自信，从而为贫困女生建立心理支持，完善个人发展。针对这一目标，小组活动的成效评估主要通过"评估卡"的前后测对比，以及小组结束后对小组组员的访谈，对组员在小组活动中的成就感、自信、社会交往能力、心理支持获得程度的变化状况四个方面进行评估。

第一，心理支持状况对比分析。

在小组活动开始前，小组工作者对 12 名贫困女生进行了访谈。这些访谈对象作为潜在的小组成员，在小组开展前进行了"评估卡"的摆放。评估卡涉及六个维度，能够全面、完整地测评访谈对象的社会支持状况，其中一个维度就是心理支持。之后对访谈对象进行筛选招募，选出 6 名小组成员，其"评估卡"的摆放作为心理支持状况的前测。在小组活动结束后，小组工作者对小组成员重新进行了测量，让每个小组成员又一次进行"评估卡"的摆放，这是对小组成员心理支持状况的后测。

依据评估卡测量的前测、后测数据，针对心理支持、成就感、社会交往能力、自信四个指标进行均值的变化分析（见表 5-19）。

表 5 – 19　评估指标的均值描述统计

评估指标		均值	个案数	标准差	标准误差均值
配对 1	心理支持后测	3.5000	6	0.547 72	0.223 61
	心理支持前测	2.6667	6	0.516 40	0.210 82
配对 2	成就感后测	2.8333	6	0.752 77	0.307 32
	成就感前测	2.0000	6	0.632 46	0.25 820
配对 3	社会交往能力后测	3.5000	6	0.547 72	0.223 61
	社会交往能力前测	2.5000	6	0.836 66	0.341 57
配对 4	自信后测	3.0000	6	0.632 46	0.258 20
	自信前测	2.3333	6	0.516 40	0.210 82

　　运用基线测量的方法，利用"评估卡"对 6 名小组成员进行前测和后测的均值对比分析发现，6 名小组成员的心理支持、成就感、社会交往能力、自信四个要素的后测均值大于前测均值，且 P 值均小于 0.05，说明成长小组的介入工作对组员心理支持方面的改善有一定的效果（见表 5 – 20）。

表 5 – 20　评估指标的前后测配对样本 t 检验

评估指标		配对差值					t	自由度	显著性（双尾）
		均数差值	标准差	标准误差均值	差值95%置信区间				
					下限	上限			
配对 1	心理支持后测 – 前测	0.83333	0.40825	0.16667	0.40490	1.26176	5.000	5	0.004
配对 2	成就感后测 – 前测	0.83333	0.40825	0.16667	0.40490	1.26176	5.000	5	0.004
配对 3	社会交往能力后测 – 前测	1.00000	0.63246	0.25820	0.33628	1.66372	3.873	5	0.012
配对 4	自信后测 – 前测	0.66667	0.51640	0.21082	0.12474	1.20859	3.162	5	0.025

　　"评估卡"的前后测对比主要注重"心理"维度要素的变化。结合两次测量及访谈，可以发现每个小组成员在参加小组活动前后测各要素的具体变化和心理状况的变化。

　　组员 G1 – 1 的变化。组员 G1 – 1 在前测中显示"成就、幸福感、心理关注、社会交往能力"四个要素"很需要"，但是却"不太容易获得"，经过小组活动的开展和介入，组员 G1 – 1 在活动中表现良好，并且能够很快融入小组中，在后测中"成就、社会交往能力、心理关注"三个要素放在了"比较容易获得"板块，说明在一定程度上，通过小组活动的开展和组员之间的相互支持，组员 G1-1 的心理支持得到了一定的改善。

组员 G1-2 的变化。组员 G1-2 在前测中，心理状态不太好，其中"成就、心理支持、幸福感、自我调节、认同"等要素表现为"不太容易获得"或者"不容易获得"。在小组活动中，组员 G1-2 由于性格和家庭事件，在小组活动初期沉默少言，活动中发言较少，大多听取其他组员的意见。但是在小组活动中后期，她说："一开始其实我不知道说什么，而且感觉大家不熟，很怕自己说错话，所以就尽量少说，现在慢慢和大家熟悉了，而且觉得这个小组的成员都挺好的，我也越来越放得开了。希望以后会越来越好，和大家都成为好朋友。"组员 G1-2 的评估卡后测也显示她在参加小组活动后有所改善，虽然"幸福感、希望"等要素"比较难获得"，但是"心理支持、成就感"要素放到了"比较容易获得"板块，可见，组员 G1-2 在小组活动过程中逐渐放开，并从中获得了一定的心理支持。

组员 G1-3 的变化。组员 G1-3 在前测中，"成就、压力及动力、心理关注"要素表现为"不太容易获得"，在参加小组活动后，"心理关注、成就"要素摆放到"很容易获得"，在小组活动过程中，组员 G1-3 对于小组活动的讨论很积极，思维很活跃，可以看出，组员 G1-3 在小组活动中获得了一定的成就感。

组员 G1-4 的变化。组员 G1-4 的前测表现为"心理平衡、归属感""很不容易获得"，"成就感""不太容易获得"，经过小组活动和组员之间的联系互动，组员 G1-4 虽然在"成就感"要素上没有变化，但是"心理平衡、归属"要素变为"不太容易获得"，虽然不太容易获得，但是相比之前有一定的改善。

组员 G1-5 的变化。组员 G1-5 在前测中，"希望、心理关注、社会交往能力"要素表现为"不太容易获得"。在小组活动中，组员 G1-5 表现认真冷静，理性分析问题，并且能在组员商讨困惑时给出合理决定，具有一定的领导能力。通过小组活动开展，在小组活动结束后，后测显示组员 G1-5 的"心理关注"要素是"比较容易获得"，"社会交往能力"要素是"很容易获得"，改善较为明显。这与组员在小组活动中的参与度也有一定的联系。在小组活动中发言较多，组员关系相处融洽，获得的心理支持越高，心理支持要素的改善也越明显。

组员 G1-6 的变化。组员 G1-6 的前测显示"希望、自信、社会交往能力"要素表现为"不太容易获得"。在小组活动过程中，组员 G1-6 对待小组任务认真负责，获得组员一致好评。经过小组活动，组员 G1-6 后测表现为"成就、社会交往能力"要素为"不太容易获得"，但是"希望"要素为"比较容易获得"。说明虽然组员 G1-6 的成就感获得程度没有大幅度提升，但是却获得了希望，对心理支持的建立也有一定的帮助。

成就感获得评估。根据前期的需求调查可知，被访谈的贫困女生中大部分认为个人成就感不足，所以心理上有一定的压力。小组结束后的访谈发现，通过小组活动的开展和组员间关系的建立，组员收获了友谊，并且合作学习和完成科研项目的每一部分，组员获得了一定的成就感。从图 5-5 可见，组员的成就感从小组活动初期到后期有一定增加，小组活动中期稍有下降，但是整体呈上升趋势。成就感平均得分不低于 8 分，这说明通过小组活动组员能够获得一定的成就感，并且成就感的获得和小组氛围有一定的关系。在第三次活动中，由于进程过快，时间紧，组内氛围较为紧张，所以第三次小组活动组员的成就感明显下降。

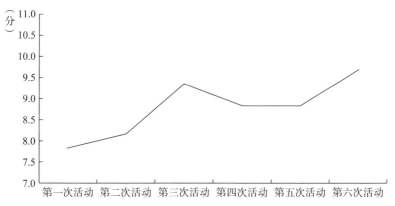

图 5-5 成就感获得程度评分

感觉自己在小组过程中有点成就了，在小组过程中向大家学习啊，而且思考问题会学习从不同的视角看，在处理问题和思考的时候会和之前不一样，会想的全面一点，会有点小小的成就感吧。（G1-1）

参加这个小组，我觉得大家都很认真，相处得都很融洽。在第四次活动的时候，我因为是社会学这边，会有一些文献综述的写作基础，在和大家分享的时候，大家很认真地学、听，当时我就觉得学的东西还是有用的，而且在课上还是学到了些东西，还可以和大家分享，还挺有成就感的。（G1-4）

自信程度评估。自信程度也是影响贫困女生心理支持方面的一个重要因素。自信与成就感有很大联系，二者在某种程度上存在相同的发展趋势。在小组活动刚开始时，组员的自信程度比成就感低。随着小组活动的开展，一些组员表示自己能够在小组中表达想法，能够突出和加强自身优势和特长的方面，使自己获得了一些自信。从组员在每次活动中的自我评分表也可以看出，随着小组活动的开展，小组成员的自信评分逐渐增加，整体呈上升趋势（见图5-6）。

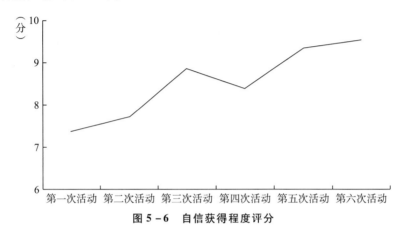

图 5-6　自信获得程度评分

刚开始的时候，我觉得建立小组这种形式都有些不靠谱，因为我之前也有参加过一些小组，比如作业小组、其他小组。我觉得这个小组比较好，大家都比较投入。参加小组之后比之前有些小小的自信吧。因为小组的规则规定大家都平等地发表意见想法，我在之前的小组中可能不太会表达自己的想法，比较顺从大家的意见，但是在这个小组活动过程中我就比较能够表达自己，而且组员们也会包容和倾听自己的想法，自己会有一些自信。（G1-3）

获得支持程度评估。这次研究的主题为贫困女生心理支持的建立，最终需要测量参加该小组的贫困女生通过小组活动的开展，是否能够通过组员之间的联系逐渐建立心理支持。在小组结束后的访谈中，多名组员表示在小组中获得了友谊，交到了朋友，在生活和学习中遇到困难后，能够获得小组组员的支持和帮助。在"获得支持和能量"评估中，我们也可以看出，小组组员获得支持程度的分数普遍高于成就感和自信的获得评分，并且这一分数在小组活动中期有所下降，这与当次小组活动的开展情况有关，再一次验证了贫困生的心理支持与成就感、自信存在正相关关系（见图 5-7）。

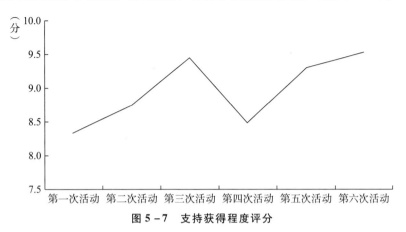

图 5-7 支持获得程度评分

我觉得能够从小组里面获得支持吧。遇到什么问题的话，就会想到大家。比如遇到一些考研的事情，借书这些问题，就会想到还有小组的组员们，上次丢东西大家都帮我积极地找和打听，大家都很亲切。而且看到组员 4 考研的时候，很艰难很紧张，但是大家都给她鼓励和支持，大家还能一起陪着她，挺难得的，感觉很好。（G1-6）

我看到了大家积极合作互相支持。自己在小组过程中也会有一些改变，就会在小组中积极表达自己，能够得到大家的回应和支持。我是比较慢热的人，一开始可能和大家不熟，但是随着活动的开展，慢慢地自己会开朗很多，表达自己多一些。在活动中也认识了这么多朋友，很开心，大家能够一起完成一件事，大家相互帮助相互合作。（G1-2）

小组目标达成效果评估

本次小组活动的开展主要围绕总目标和五个分目标进行。在小组活动中，根据小组活动情况对目标达成情况进行总结评估（见表 5-21）。

表 5-21 小组目标达成情况评估

分类	详解	目标达成情况
总目标	建立小组成员间的相互支持，使组员建立亲密关系，不断认识和发展自我，认识他人，组员之间获得支持和帮助，最终组员之间建立心理支持。	基本达成目标。 组员之间能够建立起一定的支持和联系，组员在活动中也不断地认识自我，获得成长，组员之间建立初步的心理支持，但是这种支持还不够牢固。

续表

分类	详解	目标达成情况
分目标	（1）帮助组员相互认识，逐渐建立关系，为心理支持的建立打基础。	达成目标。组员通过六次活动相互了解和认识，在小组活动结束后依然能够有联系。
	（2）提高组员的自我认知，帮助组员认识自身的优点和缺点，通过小组活动发现自身优点，克服和改善自身缺点。	基本达成目标。小组组员通过第三次、第四次、第五次活动，进行自我探索、分享秘密和交流学习，能够认识自我，发现自己的优缺点，并对缺点加以改善。
	（3）帮助和引导组员之间形成相互支持和相互沟通的亲密关系，增加组员之间的心理支持，增强组员的社会交往能力。	基本达成目标。组员之间形成了初步的支持，并逐渐加深亲密关系，个别组员通过小组活动在交往能力方面有明显改善，但是组员之间的心理支持处于初步建立阶段，尚未达成牢固的支持关系。
	（4）协助组员共同完成一个项目，整体项目由组员一起合作完成，增强组员的成就感，使她们从中获得自信。	目标尚未完成。由于小组活动结束后仍需要继续开展小组项目，所以此目标尚未完成。但是组员通过小组过程中的自我表达和一些活动能够获得一定的自信。
	（5）通过小组组员社会交往能力的增强、成就感获得和自信的获得，逐渐建立小组成员之间的心理支持。	目标初步达成。小组组员通过活动过程中的交流合作，社会交往能力显著增强，并且在互动中获得一定的成就感和自信，小组组员之间初步形成心理支持，这种心理支持需要继续深化和巩固。

（5）小结

经过对贫困女生心理支持方面的深入访谈，笔者发现了当代贫困女生存在心理支持不足的问题，为后期小组工作的介入奠定了基础，挖掘了潜在的小组工作的服务对象。在组前深入了解组员情况，有利于小组活动的开展和小组成效的达成。

在需求评估过程中，针对12名贫困女生进行了访谈。由于每个个体对于心理支持的具体需求不同，所以在社会工作介入之前，还需要根据服务对象的具体需求确定介入内容和服务活动。这对于社会工作的介入工作至关重要。

确定需求后，小组活动需要围绕小组的总目标进行合理的内容设计。本次研究的总目标是通过组员共同完成研究项目任务来建立组员间的支持关系。对于小组研究项目的任务性目标，主持人需要引导组员自发学习，并发挥自主性，在活动后期和小组结束后小组工作者能够逐渐抽离出小组，使组员能够形成自发、持续的支持关系。

小组活动的介入过程是一切目标和设计达成的关键。介入过程对于主持人而言是一种实务经验的考验，也是一次专业性、实践性的学习过程。小组的评估过程是指评估小组工作的成效以及小组工作者的能力等方面。经过小组活动的实施和后期的评估工作，可以发现小组工作的介入对于"贫困"群体及贫困女生心理有一定的支持。

从项目整体看，通过基线测量的前后测对比可以发现，心理支持、成就感、社会交往能力、自信四个评估指标的均值有变化，且后测均值大于前测均值，这说明通过小组工作的方式组员之间形成了相互支持，这种相互学习相互成长的过程，符合成长性小组的目标要求。小组成员之间的互动和帮助，能够改善成就感、自信、社会交往能力、自我认知等多个要素，从而建立贫困女生的心理支持。同时，学业的互助对于心理支持的建立也有一定的效果。

讨论与反思

对需求评估过程的反思。需求评估是小组工作在开展前对服务对象问题和具体需求进行的预估，这有利于确定服务对象需解决的问题，准确评估服务对象的需求，从而为服务对象设计具有针对性的服务方案。需求评估工作是整个介入工作的基础和依据，对于需求评估应当予以重视，保证访谈资料的信度和效度，这样才能够确保后期小组工作的顺利开展。

对小组方案设计及实施过程的反思。在设计小组工作方案时要结合现实避免理想化，方案设计上要具有逻辑性，在介入过程中紧紧围绕小组工作总目标进行，并不断检验和调整介入方案。

小组评估过程反思。在小组运行的过程中，不仅要注重效果评估，还要关注活动的过程评估。在评估方法上，不仅可以进行前测和后测研究，还可以设置实验组和对照组，使小组成效评估更为准确和客观。

小组完成一项科研项目，成员之间建立稳固和持续的心理支持，都需要较长的时间，后期持续的跟进和完善很重要。此外，在小组的整个运行过程中，专业督导的支持是非常必要的。

2. 案例二："自我认知与职业规划互助小组"（SF）

（1）行动研究的具体操作流程

本研究遵循行动研究"计划—行动—观察—反思"的研究程序，制定了具体的操作流程。

组建课题组，招募实施者，开展培训。由直接做学生工作的老师和社会工作专业教师牵头成立课题组，招募大二、大三社会工作专业本科生担任实施者。课题组成员对研究对象感兴趣，有助人能力，可以带领、指导社会工作专业本科生进行资料收集工作，通过彼此练习使用"评估卡"访谈，掌握技巧。访谈环节中实施者运用生命史访谈方法，注重探索访谈对象的重大生命事件，以及这些事件对其的意义。

运用"评估卡"访谈收集资料，发现需求。课题组成员利用 SF 学院的贫困生工作联系群发布信息，找到愿意接受访谈的贫困女生，约定时间、地点，进行访谈。访谈过程为课题组成员下一步介入打下基础，这也是课题组成员逐渐进入贫困女生生活世界的过程。将访谈资料进行整理，课题组成员一起分析资料，发现贫困女生的需求。

根据资源状况，确定可以回应的需求，形成小组工作介入计划。将访谈资料中发现的贫困生在社会支持系统各维度上的需求罗列出来，再根据学院的资源、课题组介入的有效范围进行排序，最后确定小组工作方法介入回应的贫困女生部分需求。

开展小组活动。由课题组成员在贫困生工作联系群里公开招募组员，对组员进行面试，开展六次小组活动。

评估小组工作成效。收集小组过程记录、小组开展前后测量表、组员摆放"评估卡"访谈记录、小组带领者及协作者对小组的认识与感受等资料，对小组工作进行评估。

反思实践过程，形成对贫困女生的工作建议。对评估卡及评估卡使用过程、小组工作方法介入过程进行反思，提出帮扶贫困女生的有效建议。

（2）访谈对象的确定

访谈本着自愿原则，由课题组在学院的学生群中招募愿意接受"评估卡"访谈的贫困女生。在访谈对象知情同意的情况下，运用"评估卡"进行访谈，共访谈 18 名贫困女生（见表 5 - 22）。

表 5 - 22　被访者基本信息

个案编号	年级	专业	生源地户口	家庭基本情况	有无获得过国家助学金	有无获得过国家励志奖学金	有无获得过助学贷款
C2 - 1	大三	知识产权	农村	母亲无劳动能力，有一弟弟	有	无	有

续表

个案编号	年级	专业	生源地户口	家庭基本情况	有无获得过国家助学金	有无获得过国家励志奖学金	有无获得过助学贷款
C2-2	大二	社会工作	农村	父亲车祸残疾，有一妹妹	有	无	无
C2-3	大二	老年服务与管理	农村	有一妹妹、一弟弟，与母亲同住，父亲去世	有	有（省级）	无
C2-4	大二	知识产权	农村	父亲患病，母亲有精神病，有一姐姐	无	无	无
C2-5	大二	社会工作	农村	父亲工伤，有一弟弟	有	有	有
C2-6	大二	社会工作	农村	父母均失业，有一妹妹	有	无	无
C2-7	大一	社会工作	农村	父亲和妹妹均患有肾上腺肿瘤	无	无	有
C2-8	大一	老年服务与管理	农村	母亲患病，有一双胞胎妹妹	无	无	有
C2-9	大一	知识产权	农村	父亲去世，家里欠债。母亲无固定工作，有一弟弟	有	无	无
C2-10	大一	老年服务与管理	城市	父母离异，与母亲生活，有一弟弟	有	无	无
C2-11	大一	社会工作	农村	父母务农，有一弟弟	有	无	有
C2-12	大二	社会工作	城市	父母离异，与父亲生活，父亲无正式工作	有	无	无
C2-13	大二	社会工作	农村	父母务农，父亲患病，有一妹妹	有	无	有
C2-14	大二	社会工作	农村	父母体弱务农，有一妹妹	有	无	无
C2-15	大二	社会工作	农村	父母体弱务农，有一弟弟、一妹妹	有	无	有
C2-16	大一	社会工作	农村	母亲癌症病逝，单亲家庭	有	无	无
C2-17	大一	社会工作	农村	父母二人务农，兄妹二人在校读书	无	无	无
C2-18	大一	社会工作	农村	父母务农	无	无	有

（3）贫困女生社会支持需求评估

通过摆放"评估卡"及深入访谈笔者发现，贫困女生感受到的社会支持需求具有以下特征。

物质经济需求的内涵差异较大，获得难度也存在很大差异。物质经济维度有四项要素，一日三餐、路费、穿衣购物及生活费与零花钱等卡片被高频次地摆放在"维持加强"区域，但也有部分出现在了"行动改善"区域。

（将"生活费"与"零花钱"摆放在了"非常需要""不太容易获得"的位置）我觉得我就只能说有生活费吧，零花钱你问家长要，她肯定给啊，你肯定得掂量着花啊，所以我是这样想的，就是有时候我自己还剩五六百（元），我还要过一个多月或者两个多月我就死撑着，我不想要，就不会开那个口，虽然你要家长一定会给你，但我就不想开口，凑合过。（C2-3）

（将"路费"卡片摆在了"非常需要""不太容易获得"的位置）汽车票的话是六十多（元），不只是六十多（元），一到旺季啥的，就坐地起价。七十多（元）、八十多（元）都有，必须买保险，火车票的话可以自选，而且还不贵。用学生证就减一半，火车票是三十几（元），减一半的话就十几（元），一个学期就减十几（元）。五一不回家了，省下路费。（C2-15）

（将"穿衣购物"卡片摆在"比较需要""不太容易获得"的位置）衣服的话没买过，外面的衣服太贵了。或许是较正常的价，但是对于我来说，是比较贵的。（C2-15）

健康的需求程度高，部分需求获得存在难度。健康维度有六项要素，其中对于医药费报销与伙食补贴两项要素，SF学院没有相关救助政策。健康、校医院被摆放在"维持加强"区。转诊、休闲卡片被摆放在了"行动改善"区域。受访者陈述自己没有时间，生活被课程学业及打工填满，因此休闲难以获得。受访者不信任校医院的医疗技术。

（"转诊"卡片摆放在"非常需要""比较不容易获得"的位置）我前几天感冒了，特别严重，很难受，当时我们班也有很多感冒的，可能是传染了，那是我上大学以来第一次感冒，就是特别难受，嗓子肿了，都说不出话来了，就希望能赶紧好，然后去校医院拿了药，根本不管用，最后还是过了一个星期才好，我感觉应该是我身体里有抗体了，自己扛过去了，根本不是药起的作用。然后就是还有鼻涕和痰，我就又去拿药，然后就给我开了两板消炎药就让我回去了，当时就觉得（校医院）特别不靠谱。（C2-5）

（"休闲"卡片摆在"比较需要""不太容易获得"的位置）没空玩儿，很忙。要上课，课不多，但是自己的事情太多了。我是班委，虚职，生活委员、卫生委员，还有团总支秘书，然后还立了一个课题，这个还没立完，老师又让我再立一个。上一个是自己报的，但是这一个是老师突然让我们班团总支来找我，让我报。然后感觉应该也挺好的，就答应了。还有好多作业，好多作业。（C2-9）

资源的需求非常强烈，但较难获得。"评估卡"在资源的需求维度设有10项要素，分别是勤工助学、校外打工、助学金、国家奖学金、学校奖学金、社会资助、免费培训、心理关注、就业辅导、国家助学贷款。除校外打工需要学生主动去寻找外，其他要素的资源支持学校都可以提供。访谈资料显示，申请获得这些支持需要申请者在特定的时间，满足一定的条件，并由于有数量限制，申请获得的过程具有竞争性和不确定性。受访者将就业辅导、免费培训、社会资助、勤工助学、学校奖学金、国家奖学金、助学金、校外打工这些要素卡片摆放在"需要"但"不容易及很难获得"的位置。

（"助学金""校外打工"卡片被摆放在"比较需要""不太容易获得"的位置）我觉得很费劲，因为很多人申请，虽然我获得了，但是挺麻烦的，因为很多人都申请这个，一个班就三四个（名额），申请上的比较少。校外打工不容易获得是因为没有合适的工作，容易被骗。（C2-2）

（"国家奖学金"卡片被摆放在"非常需要""很难获得"的位置）你得学习很好啊，我没有那么好。（C2-2）

（"社会资助"卡片被摆放在"比较需要""很难获得"的位置）没获得过，很难获得吧，因为我不太了解那些渠道，我也没听说过，没见到。（C2-2）

（"学校助学金""社会资助"卡片被摆放在"很需要""不太容易

获得"的位置）其实我就是不是很爱学习的那种学生，成绩也不是很好，所以……（C2－4）

学业发展的需求支持不足，主要体现在专业认同、专业技能及资格证书非常需要但较难获得。学业发展维度有七项要素，资格证书、专业认同、专业技能等三项要素，被较多频次地摆放在了"行动改善"区域。访谈资料显示，有的受访者不喜欢所学专业，也有的对自己的未来发展没有规划、觉得获得专业技能与资格证书很难获得，追问得知其主要困难在于自己不能专注地学习，或者对自己有不切实际的要求。

（"专业认同"卡片被摆放在"比较需要""不太容易获得"的位置）因为我很不喜欢这个专业，很犹豫不知道把它放在哪一个位置。我也在慢慢尝试了解这个专业。顺其自然吧。（C2－18）

（"资格证书"卡片被摆放在"很难获得""非常需要"的位置）就是那些该考的考出来吧。比如说英语四六级，还有计算机也要考吧，一般就英语和计算机，还想考那种专业的，教师资格证也要考。我觉得挺难的，就是觉得自己考不过。就说英语吧，我从大学以来就不大学英语，对英语没太大兴趣，就是老师说个句子，我就反应慢了。我要制订计划，努力学习。但还没有开始实施。（C2－7）

社会交往能力获得难，但对社会交往需求的支持利用不足。社会交往维度共 20 项要素，社会交往能力、社会人士、朋友等 3 项要素被高频次地摆放在了"行动改善"区域。社团、辅导员、班级干部、任课老师、班级生活、班主任等社会交往维度的要素被较高频次地摆放在了"审核调整"区域或"讨论评估"区域，意思是不需要。可见，贫困女生在社会交往的需求与获得之间存在矛盾。受访者不认为这些要素是满足社会交往需求的支持因素，不懂得如何获得社会交往能力吗？对访谈资料分析发现，受访者认识到自己的社会交往能力不足，但缺乏勇气或动力积极锻炼提升自己的社会交往能力。也有受访者对社会交往中不同价值观的碰撞缺乏敏感，感受到社会交往中的不愉快，认为是个人交往技巧出现问题。

（"社会交往能力"卡片被摆放在"比较需要""不太容易获得"的位置）可能自身原因吧，明明知道这样说话可能会更好，但是就是不愿意这样说。我就是明明知道顺着别人说话也很好，但是我宁愿不说话也不顺着说。比如我舍友，她在跟我说一个问题的时候，我先说说我的观点怎么样，然后她就跟着我的观点说，就感觉我说的对。但是到了第二天，就同一个问题，我另外一个，就是我下铺又说了同一件事儿，她就又顺着她的思路，她就说其实我也这样认为的。当时我就在想，怎么变得这么快什么什么的。我就感觉很不好，我反正不喜欢这样。（C2-9）

（"社会人士"卡片被摆放在"非常需要""不太容易获得"的位置）志愿服务，之前有一次机会是去一个小学进行辅导，教小学生们学习。但是我就害怕我知识有限，而且人际交往这一块也是我比较担心的，没有勇气参加这个活动。应该就是缺乏勇气吧，就是害怕自己教不好，也害怕自己和小朋友们相处不融洽。（C2-11）

心理需求的支持获得难，但对来自学校专业人员的支持不加以利用。心理的需求程度强烈但不太容易获得。心理维度共12项要素，摆放频次较多的有成就、自信、认同、归属、心理平衡等5项要素，放在了"行动改善"区域。而作为资源的"心理关注"被意外地摆放在"不需要""不太容易获得"的位置。

（"心理关注"被摆放在"不需要""不太容易获得"的位置）幸福感来自对自己内心的一个认可和接纳吧，非常需要，不太容易获得，觉得自己不太好，达不到自己要的那种标准。（C2-18）

（"心理平衡"卡片被摆放在"非常需要""不太容易获得"的位置）社会总有不公平的呀，可能就是你在社会上的话，你想与别人竞争什么，别人人脉比较广呀，其实人脉、金钱避免不了了。他有他公平的地方，肯定也就有他不公平的地方。（C2-17）

（"自信"卡片被摆放在"非常需要""很难获得"的位置上）像上台讲话我就会很紧张，不知道该说什么才好，不喜欢上台讲话。……本来想试试竞选班干部，但是到了那天就放弃了，觉得肯定不行就不想去试了，还有就是觉得当班干部很麻烦。确实锻炼人，但是有很多事要干，很麻烦。（C2-14）

信任是贫困女生主动获取支持的重要影响因素。在面临难以处理的压力时，贫困女生会寻求好友帮助或是自己忍受，而不寻求学校心理咨询师的帮助，最主要的原因是不熟悉、不信任这个求助机制，认为心理咨询师会把自己说的话告诉班主任，不能信任；或者认为自己没病，没有不正常，不需要找心理咨询师。

贫困女生社会支持需求分析结果如下。

通过摆放"评估卡"及深入访谈笔者发现，客观社会支持与贫困女生主观感受到的社会支持并不一致。一方面，社会支持系统的不足是客观存在的，比如对贫困女生经济资助的途径少、资金量小等，非常有限的有条件救助，使她们在获得救助的同时背负较大的心理压力；就业辅导课程缺乏全人观念，不能有针对性地给予学生具体指导，不能减轻贫困女生的迷茫；学院各支持系统间缺乏交流，使贫困女生在选择有效信息上花费力气，也降低了学院专业组织（校医院、大学生心理成长室）的工作权威。这些客观存在的不足需要课题组做一些沟通倡导的工作，改善贫困女生的客观社会支持系统。另一方面，贫困女生主观感受到的社会支持状况，则是课题组可以直接介入改善的。可通过加强贫困女生的自我支持，提升贫困女生对其所处社会支持系统的认知和使用能力，最终改善贫困女生感知到的社会支持网络。基于此，课题组分析了贫困女生主观感知的社会支持状况后面的实际需求。

物质需求的满足很少存在绝对性不足，更多的是相对性不足，与贫困女生对自我、他人及环境的了解、认知有关。受访贫困女生正处于花季年华，对世界充满好奇。商品社会的各种消费刺激，不断使他们产生新的消费需求，而家庭能提供的物质条件只能满足生活的必需，因此，她们利用各种可能性，比如打工、勤工助学、奖学金等，增加经济收入，主要用来满足基本生活需求以外的个性化需求。

资源的需求满足主要决定于贫困女生对学院社会支持资源的感知与使用程度。

贫困女生觉得很难获得休闲，与其紧张的心理状态有关。受访的贫困女生83%在家庭中排行老大，会主动为家庭分忧，存在较大的学业压力、经济压力，身心不能放松。这一群体必须具备一定的心理平衡能力，能将压力转化为动力，能自我调适，方可享得休闲。她们一旦有机会去展望生活，感受到现实生活中不如意的事难以避免，就可以学会慢慢放松心情，享受休闲的意境。

就业指导课作为学校的公共必修课在大一就开设了，学院还组织和支持校内外专家举办讲座，在专业人才培养体系中也设置了相当多的实习实践课程，协助大学生认识专业、认清职业发展方向。学院采用小组评议制进行奖学金、助学金等的评选工作，力求公开、公平、公正。学院有多个社团供学生选择，鼓励社会实践与创新创业，但这些客观的社会支持网络并没有被贫困女生充分利用。

贫困女生获取信息容易，但信息选取、处理能力不足。一方面与是否信任有关系，另一方面与贫困生对自己处境的认知程度有关。她们不了解自己，不知道自己到底要什么，面对外部具有竞争性的资源时表现得准备不足，或是因为不知道资源存在而错过资源，或是面对资源不会充分使用。

贫困女生在专业认同方面的态度影响了其学业发展。专业认同对大多数同学来说是一个非常主观的感受，这与其对专业的了解程度、对个人能力特长的认知程度息息相关。对专业的学习和了解需要通过课程学习、与专业相关的志愿服务实践等获得，贫困女生会先于这些行动实践而得出专业不认同的偏好，致使其在课程学习、专业实践过程中态度消极，从而进入一种不良循环中。打破这种循环，需要从这些学生对自我与环境的认识与调适来着手。由此可见，可以通过提升贫困女生自我认知能力，促进她们与环境沟通，从而提高其调适能力。

贫困女生不满意自己的社会交往能力，但缺乏勇气和动力通过实际行动获得社会交往能力。社会交往能力实际上是一种"与人求同存异，合作及和平相处的能力"，需要在真实的与人打交道的过程中获得。勇气与贫困女生对自我接纳认可的程度高度相关。访谈资料发现贫困女生往往拥有较低的自我形象感，缺乏自信、成就感、认同感等。这些心理需求的缺乏会导致贫困女生行动力不足，因此，满足贫困女生的心理需求，让她们体验到成就、自信、认同是促使她们有行动力的有效方法。

心理需求是变动的，随着贫困女生大学学习生活阶段的变化而变化。受访贫困女生刚进入大一时，会对大学同学的相处方式、课程考核方式、学校的制度文件等各方面感到陌生和不适应，需要一些适应性支持。进入大二、大三，学业繁重，对专业有了一定认识，希望对自己的优势、特长有更多的了解，期望得到针对自身特点的专业的就业指导。另外，人际交往深入后，对人际关系协调也产生了一些困惑。大学阶段正是埃里克森人生发展八阶段理论指称的成年早期，她们面临建立亲密感的心理发展任务。

因此，课题组认为改善贫困女生主观感知的社会支持系统状况较为有效的方式是开展大学生成长性小组，把小组目标设定为，提升自我认知，清楚我是谁，我要什么；提供人际沟通的平台，教授沟通技巧和方法，搭建互助互动网络，明白与人交往的过程即在获得信息、提升能力；信息提供，建立学业、职业规划意识，学会用未来的眼光塑造当下的自己。

（4）改善贫困女生社会支持的社会工作行动干预

根据 SF 学院贫困女生社会支持的整体状况，结合学生工作的实际情况，课题组选择运用小组工作方法介入，小组性质为封闭式互助小组，服务设计了六节活动。在具体运作过程中，由于服务后期第五节、第六节活动临近期末，小组组员课业负担重，课题组将第五节与第六节合并开展，实际服务过程从 2018 年 5 月 24 日至 2018 年 6 月 28 日，共开展五节活动。

小组方案设计

经过前期的调查和访谈，课题组以贫困女生自我认知与职业规划互助为主体开展小组服务，具体小组活动方案如下。

小组名称是"阳光心语"——大学生自我认知与职业规划互助小组。

小组目的和目标

提升贫困女生的自我认知和自信心，提高贫困女生对大学学业、未来职业进行规划的意识，提高贫困女生群体人际交往能力，搭建朋辈支持网络。

第一，通过小组让组员认识自我，发现自己潜在的能力和优势，提升认识自我的能力和水平。

第二，促进组员沟通和表达，通过分享唤起组员愉快的成功体验，提升组员的自信心，培养组员积极、乐观的正面心态。

第三，协助小组组员在了解自我的前提下，进一步规划职业方向。

第四，协助小组成员适应大学生活，学会为自己当下的生活做出合理的、切合实际的安排和设计。

第五，帮助和引导组员之间形成相互支持的关系，促进组员相互了解和认识，扩大组员人际交往的范围，提高组员社会交往和人际沟通的能力。

第六，小组解散后组员之间仍然愿意主动保持联系，使其相互之间建立长期稳固的朋辈支持。

理论架构

社会学习理论。班杜拉的社会学习理论强调人的行为、思想、情感反应方式和行为受直接经验和间接经验的影响，行为和环境具有交互作用，强调观察、模仿、认知对学习的作用，并认为行为可以通过赞赏和惩罚得到强化。通过小组活动，处境相似的贫困女生能够在一起相互学习，相互交流。组员可以积极地为他人树立榜样，在学习他人的过程中也让别人发现自己的长处，共同发展，共同进步。同时，工作者在此过程中要注重小组成员之间的交流与分享，对组员积极的行为进行鼓励以起到巩固的作用。

社会支持网络理论。社会工作更加注重的是社会支持网络理论的功能性作用，认为社会支持能够为服务对象提供工具性支持及表达性支持。社会网络的形成意味着一定关系资源的产生，它能够为网络中的个人提供社会支持。对于这些家庭困难的贫困女生，除了经济贫困之外，来自家庭、朋辈之间的支持也相对较少。因此，在小组活动开展中，工作者要努力为组内成员提供一个相对安全并且可以相互分享、相互交流的环境，鼓励组内成员积极交流，去发现自身的潜能，提升自信心，进而扩大人际交往圈，以获得更多的社会网络支持。

服务对象及招募方法

小组服务对象为山东女子学院 SF 学院 8 名受助的贫困女生（见表 5 - 23）。招募方法主要有小组工作者邀请访谈对象参加、在 SF 学院的贫困生工作群中公开招募。

表 5 - 23　小组成员基本信息

组员编号	生源地户口	年级	专业	贫困等级
G2 - 1	城市	大一	社会工作	B
G2 - 2	农村	大一	老年服务与管理	B
G2 - 3	农村	大一	社会工作	C
G2 - 4	农村	大二	社会工作	B
G2 - 5	农村	大二	社会工作	B
G2 - 6	农村	大一	知识产权	A
G2 - 7	农村	大二	社会工作	B
G2 - 8	农村	大一	法律事务	B

小组活动内容见表 5 - 24。

表 5 - 24　小组活动内容安排

小组节次	活动主题	活动目的	活动主要内容
第一节	你我初相识	让小组成员了解小组主题，促进工作者和组员、组员和组员之间的相互认识，并建立共同的小组契约	玩偶传给她：通过以物喻人的方式，帮助成员相互认识、了解；缘来如此：了解组员参与活动的目的；我为树儿添枝加叶（契约树）：建立小组契约

续表

小组节次	活动主题	活动目的	活动主要内容
第二节	我是谁	通过引导组员了解自己眼中的我，协助组员探索自我特质，增加组员对自己的认识	自画像：让小组成员能够用另一种方式更好地认识自己； 小鸡变凤凰：让组员感受到成长中的不易与困难； 我的生命河：通过对自己生命中重要经历和事件的回忆，了解和认识自己的发展过程，同时加深组员彼此的认知
第三节	认识他人	让组员之间相互沟通，小组成员逐步建立信任关系，在活动中发现和了解对方的优点，更好地认识他人	价值大拍卖：促进组员探究自我和他人的价值观；更好地了解别人和自己； 放飞机：让组员之间进一步了解彼此之间的性格
第四节	他人眼中的我	带领组员从他人的角度去认识自我的优缺点，加深对自我的认识，提高自信心，同时促进组员之间的了解	优点大轰炸：培养组员认识、接纳和欣赏同伴的优势，让小组成员了解到他人眼中自己的形象，提高自信心； 背后留言：让组员了解自己给予他人的印象，同时在分享中进一步了解自我，认识自己
第五节	职业规划	促进组员了解自己的职业兴趣，并且引导组员在职业规划中逐渐找到自己喜欢的、理想的职业方向	霍兰德职业兴趣测试：让组员了解自身的职业兴趣，促进组员寻找职业方向； 生涯彩虹图：引导组员找到自己喜欢的、理想的职业方向
第六节	大学生活与结束小组	将职业规划落实到现在，促进组员对大学生活进行良好的规划	生存馅饼：帮助个人具体、客观、系统地分析与检查自己的生活； 阳光心语：协助组员回顾大学生活，对未来生活做出展望和规划

（5）小组过程评估和反思

对小组过程的评估

小组沟通包括工作者和小组组员的沟通、小组组员之间的沟通，沟通比较充分。整体小组气氛非常好，很活跃。过程中会出现一些不能按照计划进行的状况，但在可控范围之内。小组内部建立起小组规范，组员之间建立起了语言与非语言的规则，小组内有成文和不成文的规范，小组成员间形成了自己的认同和默契，大家的秩序维持得较好。小组在中期形成了自己的团队意识，凝聚力较强。工作者在小组过程中的角色是动态可变动的。总的来说，工作者在小组初期起到领导者的角色，在过程中会不断鼓励组员增强主动性，在小组中后期退居为协助者角色。整体而言，小组设计较为规范，贴合组员需求。

反思

首先，课题组在职业规划方面的设计有不足。职业规划的设计应该更加贴近组员，进一步贴近现在的大学生活。由于最后一次活动临近学期末，组员备考压力大，课题组临时决定将最后两次小组活动合并开展，致使职业生涯规划与组员间关系再强化的活动没有很好地落实。

其次，前后测量表设计有不足，在实际应用过程中，小组工作者如何引导组员填写量表对量表结果的有效性影响较大。

最后，课题组发现小组解散后，组员之间虽然仍然乐意保持联系，但是部分组员主动性不足，没有形成相互之间长期、稳固的支持系统。课题组在后期跟进方面需要做出进一步努力。

小组成效评估

课题组一方面利用"高校贫困女生社会支持系统及需求评估卡"对小组组员进行前测与后测，对比分析组员在参加小组活动前后的变化，评估组员参加小组活动的成效；另一方面通过小组过程报告和小组结束后的访谈，评估小组活动开展的效果。小组成效主要表现为如下三个方面。

关于自我认知和自信心

自我认知。通过小组工作，组员不断地发现自己之前未被注意的特点，发现了自己的潜在能力和优势，也会在小组过程中不断进行反思，更好地认识自我。

> 对自我认知啊，以前我对自己了解得就不太好，经过这个小组对自己了解了一点点。（G2－7）
> 我觉得最大的收获就是，感觉自己可以成为跟其他人一样的人，就是可以过自己喜欢的生活，然后活出自己想要的样子，感觉自己和别人没有什么不一样，之前就感觉可能自己有点怪吧，然后总觉得跟其他人有很多不一样的地方。（G2－8）

自信心和态度。小组在活动开展过程中，通过促进组员沟通和表达，组员之间相互鼓励和支持，一定程度上提升了组员的自信心，在培养组员积极、乐观的正面心态方面，取得了较好的成效。

不过我感觉这（自我认知、自信）可能跟自身的领悟能力有关吧，我可能做什么事情都比较迟钝，所以我觉得这个改变还是要慢慢来吧，不过参加这个小组是有改变的，嗯，就会让我觉得以后会慢慢好起来的。（G2-8）

这也是一种收获吧，就是更自信，对自己有了更深刻的认识吧，相比来说就是比以前更加地认可自己吧。原来老是会抱怨，就是抱怨各种事情，比较悲观一点，但是就是这半年里感觉自己的心态发生了很大的变化。（G2-3）

关于大学学业、职业规划意识

通过小组活动，课题组希望协助组员在了解自我的前提下，明确职业方向并做出合理的、切合实际的安排和设计。总体而言，小组在提高组员大学学业、职业规划意识上初步达到了服务效果，多名组员表示在大学学业、职业规划意识方面有一定收获，但仍有部分组员对学业、职业规划较为迷茫，需要进一步跟进。

现在有一些想法，但也没有明确的目标，但是有了大体方向。小组作用我觉得还挺大的，就是像生活态度、跟别人相处的态度，还有学习吧，以前就会觉得什么都不感兴趣、什么都不想干，现在就觉得很多东西挺有用的，然后学着也有劲。（G2-3）

职业规划当时是做了一个活动，让我想起了我小时候非常喜欢和向往的一个职业（天文学家）吧，就是小时候看过的一部动画片里，有一个场景，一直定格在我的脑海里，现在想起来也还是很清楚，之前都没有在意过这件事情。就希望自己长大了，也可以成为那样的人（天文学家）。我觉得（活动帮助我）找到一个自己很喜欢很感兴趣的爱好，是很开心的一件事情。（G2-8）

由于绝大多数组员是社会工作专业的学生，带领者的带领技巧也带给组员专业上的收获和体会，小组活动进一步促进了组员专业和职业的认同感。

收获的话就是觉得学姐活动带得特别好，我们之前不也学过小组的课，就觉得学姐带的活动就是能把学到的东西运用到活动中去，你就看她带活动很从容不迫地按照顺序来，很有计划，小组氛围很好，我觉得可以在她身上学到怎样把专业的知识运用到实践中去吧，这应该是最主要的收获吧。(G2-4)

关于朋辈支持网络

人际交往能力。通过小组活动，彼此之间能够相互认识，相互信任，帮助和引导组员之间形成相互支持的关系，扩大组员人际交往的范围，提高组员社会交往和人际沟通的能力，多名组员表示在人际交往上有较好的体验和成长，这对组员人际支持起到了重要的作用。

> 我当时因为不太说话，就是和陌生人不太好意思。因为两个人就是不熟，你咋说啊？就根本找不到那种（交流）点，一般就选择不说话。现在我感觉还好，就是见了人打招呼，（虽然）不是说很热情，但是也还好。(G2-2)

> 还有就是朋友吧，我觉得朋友还是挺重要的，在小组中，感觉跟其他人相处得也很开心，之前就是不是很敢跟别人交流说话，在小组中就是每个人都要分享自己的看法和观点，然后我也会去跟大家分享，我觉得这样挺好的。(G2-8)

> 可以说，这个（我能看到朋友的优点）相对以前来说是好了很多。我以前就是那种，看到别人的第一反应就是总是怼人家，总是说人家这不好那不好的，没有夸别人的，哪怕是说她一点点好的那种都没有。直到后来，可以说也有一点室友的影响吧，就觉得自己这样好像不太好，就觉得会让别人反感，让自己离别人越来越远，觉得自己确实该改改了，小组里不是有相关的活动，觉得这样改变挺好的。(G2-3)

人际支持网络。组员表示在小组中获得了友谊，交到了朋友，在小组过程中可以分享自己在生活和学习中遇到的困难，并能够获得小组组员的支持、鼓励和帮助，在一定程度上形成了朋辈支持，此朋辈支持在小组过程中发挥了重要的正向支持作用。

> 认识了很多不同的人，而且这个小组都是针对我们贫困生的，大家也比较有共同语言吧，更能体会对方的想法，理解对方，就是会

有几个比较害羞内敛，没有像我这样开朗，但我觉得对大家都是有帮助的，大家接触起来也都挺好的，小组氛围也很融洽，比较容易让人能说出心里话，然后结束的时候大家的感情基本上就像朋友一样。（G2 - 4）

当被问到小组活动结束后是否还和小组成员有联系，有组员说："有啊，组员 G2 - 6 当时跟我们一个小组，我俩现在都在学武术，又在一起，有时候我俩还聊天，就跟她联系过那么几次，路上遇到会打招呼。"（G2 - 1）

但后期访谈中，课题组发现，小组解散后，组员之间虽然仍然乐意保持联系，但是部分组员主动性不足，没有形成相互之间长期、稳固的支持系统。需要后期进一步跟进，促进组员之间的连接。

小组结束之后就不大交流了。（G2 - 1）

小组结束之后没联系，但是见到的时候会打招呼，就是咱学院的嘛，而且就咱楼上会碰见，然后上课、回家什么的。（G2 - 2）

工作者感受

小组工作者和访谈员对服务过程和服务效果进行了评价，整体而言，认为小组活动的开展较为顺利，组员参与积极性较高，活动效果较好，达到了预期目标。

小组工作者认为小组促进了组员的分享和表达，更进一步加深了小组成员彼此的支持性关系，也在改变组员认知和态度方面起到了积极作用。

起初成员本来在头脑中刻意提醒自己不去分享某些重要成长事件的经历及对她本身产生的影响，但随着小组的深入开展及成员熟悉程度的加深，她愿意去主动地在小组中分享重要，甚至如今仍是创伤的经历。活动初有小组成员在过往的自称为创伤性事件的经历中只能感受到其消极作用，随着小组的开展及小组成员之间形成的支持性的关系网络，她会慢慢探索这些经历所带来的成长及积极作用，并逐步打破之前片面的想法，形成新的相对全面的观点，并因此改变对他人及生活学习的态度。（小组工作者 D2 - 1）

访谈员通过访谈参与小组的组员，认为小组起到了积极的作用。组员对自我有了更深的认知，在生活态度上也更加积极。同时，在人际交往方面，组员之间能够相互认识，相互信任，彼此影响，不仅提高了组员社会交往和人际沟通的能力，对于组员人际网络的搭建也有很重要的作用。

> 通过最近访谈了三位小组成员，我发现她们对于小组活动的过程产生了一些共鸣，她们在心态上更乐观，性格上更开朗了，参加了小组活动，她们都感到很开心；在自我认知层面，她们对自己又有了新的觉察，在看待事情上更加客观，也想的更多了。在社交层面，小组成员的社会交往能力提高了，她们有勇气向他人展示和表达自己。在社会支持层面，在小组活动中，她们建立了一个社会支持网络，在这个网络中她们互相分享着自己的生命故事，通过他人的话语也在思考着自己的生命，身处这个网络之中，小组成员每个人都是独特的，都具有感染力，也是具有能量的。虽然现在她们已经脱离了小组，但是她们之间的连接仍然存在，之前建立的和谐关系依然存在。（访谈员F2-1）

（6）小结

第一，重视大学生的入学适应，帮助贫困女生形成自主意识，从高中"填鸭式"教育下形成的等着老师要求、命令的状态中解放出来，使贫困女生适应大学以大学生具有自主意识、自我管理能力为基础的管理制度。

第二，注重对贫困女生的多元支持，走出单一经济支持的惯性。

第三，提高贫困女生的自我认知水平。整合贫困女生社会支持系统的前提是提升她们的自我意识，让她们清楚自己要什么。

对"评估卡"的讨论

一项具有探索性质的行动研究是适合运用"评估卡"形式的，这一形式可以收集较完备的贫困女生社会支持状况的资料，在此基础上根据现有资料选择有效的介入方式。通过"评估卡"可以测评贫困学生的需求和获得情况，"评估卡"象限可以区分出重点行动方向。

针对个体，用于评估个体的"评估卡"形式，在本项行动研究中展现出如下优点。

第一，个体参与性强，可以更直观地了解个体的社会支持系统特殊形态和个性化需求。

第二，工作者与服务对象可以根据卡片的摆放情况进行深入的交流和讨论，为个性化的社会支持系统改善行动提供有力的帮助。

第三，工作者以"评估卡"为媒介，对服务对象进行生命史访谈，可以降低服务对象的防御，工作者做到更深的同理，这个过程起到双向赋权的效果。

第四，"评估卡"作为访谈媒介，提供了受助者视角，使对社会支持系统的认知多了一个受助者主观感知的维度。

另外，在使用"评估卡"过程中发现存在以下不足。

第一，评估卡测量需要的时间较多，资料整理耗时。

第二，对运用"评估卡"访谈的工作人员也有较高要求，需要她们有较好的提问与倾听能力。

第三，在使用卡片时发现，同一卡片的含义会有习惯上的误解。如对"免费培训"这项资源维度的要素，访谈对象普遍误解为免费获得各种考资格证书的培训机会，将学院提供的专业讲座、学术报告会等免费学习机会排除在这个要素的内涵之外。

第四，"评估卡"的性别视角来自使用评估卡的工作者，而非评估卡这个工具本身。性别视角要贯穿于使用评估卡的访谈过程，对访谈者的要求较高。

3. 案例三："多民族贫困女生社会支持小组"（ZF）

（1）研究参与者及团队

石河子大学在校学生来自各个民族，同时招收用少量民族语言高考的"民考民"[①] 考生。考虑到本校的生源背景，在选择贫困女生作为研究对象时，我们更多地考虑了"民考民"学生的特殊性，更多地招收其作为研究对象；当然为了形成对比，在研究对象中也有其他高考类型（汉考汉、汉考民、双语）的学生。

本次研究过程的参与者主要是石河子大学社会工作系的师生，由两位社工教师带领大二、大三社会工作专业的学生组建了一个实践研究团队。首先，研究者以石河子大学 ZF 学院为抽样框，此学院包含了上述各种高考类型的大学生。之后在 ZF 学院的贫困学生信息库中，由辅导员筛选和抽出符合研究目标的研究对象 30 余名，通过与学校和学院的多方沟通，

---

① "民考民"是指少数民族学生在参加全国普通高等学校统一招生考试时，使用本民族文字答卷。"民考民"的少数民族学生，主要是报考运用本民族语言文字授课的普通高等学校或专业。https://baike.baidu.com/item/%E6%B0%91%E8%80%83%E6%B0%91/4299086?fr = aladdin

最终选定 15 名贫困女生为研究对象。其次，研究者对实践研究团队的 6 名学生（来自石河子大学社会工作专业大三、大四）进行了培训。在对学生进行一些基础访谈技巧和"评估卡"使用方法的培训后，教师督导学生对研究对象进行了前测。再次，通过与被评估的贫困女生进行一对一的沟通，以及实践研究团队开会讨论，研究者决定主要通过小组工作的方式来回应组员共同的需求，并在其中建立社会支持网络。通过前测发现，贫困女生关注的是链接更多的资源、与学业有关的时间管理能力以及获得更好的同辈群体的支持。经过讨论，研究者将小组主题定为"时间管理能力提升"，帮助贫困女生在缺乏社会支持的状况下提升自我管理能力。同时希望小组能够提供一个环境，让研究参与者可以在小组内有一个互相支持的平台。"时间管理能力小组"成功实施，并在其中看到了一些之前研究并没有提及的现象，在提升研究对象时间管理能力的同时我们对于"评估卡"的使用以及社会工作专业方法干预贫困女生面临的困境都有了新的思考。

（2）研究方法

本研究采用行动研究，主要阶段包括计划—行动—观察—反思。行动研究者在每一个实践阶段（包括需求评估、行动方案制定、方案的执行、在行动过程中的观察以及最后对行动的反思）都会致力于用最适合在地文化和民众的方法，更好地理解服务对象的问题和需求，让民众真正参与并在过程中提升能力。[1] 研究评估前后测均采用"高校贫困女生社会支持系统及需求评估卡"。

（3）需求评估

基于"评估卡"的需求评估。在研究开始前，需要了解研究对象的社会支持状况，以及她们对自己社会支持情况的认识。考虑到本研究主要的目标人群是贫困女生，小组招募了 ZF 学院的 15 名贫困女生，对 12 名贫困女生进行需求前测。12 名学生来自 4 个不同的年级、4 个不同的专业，涉及5 个民族（其中包括维吾尔族、哈萨克族、蒙古族和回族四个少数民族），前测开展具体情况见表 5－25。

通过"评估卡"的前测，可以发现以下几个方面的情况。

第一，贫困女生对资源的需求是第一位的。前测基本情况表显示，除个

---

① 古学斌：《道德的重量：论行动研究与社会工作实践》，《中国农业大学学报》（社会科学版）2017 年第 3 期。

表5-25 前测评估

个案编号	年级	基本情况	社会支持情况（非常需要、很难获得）	测试：其他需要关注的社会支持情况	访谈与观察
C3-1	大四	维吾尔族 小时候父亲去世，自己腿脚有点不利索，但不影响日常生活。 以较好的成绩通过了新疆少数民族语言的司法考试。	无	比较需要 / 很难获得 / 不太容易获得 很难获得：心理支持、自信、校外打工、伙食补贴、爸爸 不太容易获得：专业技能、心理平衡、健康、勤工助学、班级干部、免费培训、就业指导、心理关注 工作员：我看到，在你重新排列的这些卡片里面，在最上面，这是什么原因呢？ H：就是很需要这些啊。 工作员：师姐现在是大四了，是在为就业担心吗？ H：（点头）对。 工作员：那师姐为什么觉得它们不太容易获得？ H：因为没有条件。 工作员：那师姐有没有向学院或者系里面提出要开展呢？ H：有。 工作员：那他们是怎么回复的呢？ H：院里就说没有条件啊。	发现"就业"和"专业"是H同学比较重视的需求，家庭支持方面也有需求。 H同学在访谈中表现得比较迅速而且坚定，对问题的回答速度比较快，卡片摆放速度比较快。

续表

个案编号	年级	基本情况	社会支持情况（非常需要、很难获得）	测试：其他需要关注的社会支持情况	访谈与观察
C3-2	大二	汉族	社会交往能力、专业认同、专业技能、辅修、深造、就业辅导、辅导员	工作员：我看你在我们关注的区域放置了较多的卡片，我们在以后将会开一个小组，帮助有相同需求的你们寻找解决问题的力量，非常欢迎你的加入。HX：什么是小组啊？什么时候开始啊？你怎么不早说，那我就赶把关于干钱的需求摆在最前面啊。工作员：这个小组应该只能解决精神层面，物质层面涉及不多。HX：卡片里面少了两样东西。考研和保研，男朋友。	本次测试耗时近一小时，在很多地方都特别犹豫，纠结很需要的两个对象限放卡片。HX同学比较放不开。不需要和不太需要的卡片不太认同，访谈中HX同学谈及对专业不太认同，希望能提升自己就业的能力。
C3-3	大一	维吾尔族 和母亲、姐妹租住在舅男所居的村庄	自信、国家奖学金、专业认同（这3项最重要）、资格证书、成就、心理支持、认同、社会人士、归属、深造、压力反动力、希望	工作人员观察到，她有很多不确定的卡片都会先放在最后（据观察不确定卡片不多，有六分之一）。有时候她很犹豫，18：03时工作人员突然想到她有时候可能不明白卡片上名词的意思，就告诉她，"如果你有哪张卡片不太理解，可以问我，但是并没有问我。"她笑着点点头。	A同学普通话较差。
C3-4	大二	维吾尔族	国家奖学金、爸爸、妈妈	M：我挺想考研的，但是不敢限我爸爸妈妈说，我怕他们不支持我。M在一位维吾尔族老师带领的"早起打卡群"中，已经坚持早起两个礼拜。M同学觉得自己的普通话不太好，觉得有机会和汉族老师交流话很开心。	M同学在第一次前测访谈中表现得非常自信，进取。卡片摆放比较快。在前测中表示对小组有兴趣，但是不一定有时间参加。但是小组开始前一周，M同学父亲被收押，她情绪极其低落，表示非常愿意参加小组。

229

续表

个案编号	年级	基本情况	社会支持情况（非常需要、很难获得）	测试：其他需要关注的社会支持情况	访谈与观察
C3－5	大一	回族，家中9个孩子，最大最小的两个是男孩。其余都是女孩。Z是第六个孩子。	压力及动力、免费培训、心理支持、转诊、就业辅导、专业认同、自我认同	工作员：你为什么觉得深造是很难获得的一件事情呢？ Z：嗯，因为读研究生是很贵的，我觉得我们的家庭是很难负担起我学费。 工作员：那你有没有得过助学贷款。 Z：有，但是我觉得还有考虑过我学费。 工作员：那你除了卡片上的东西还有什么别是一件压力是很大的事情。 Z：其实我觉得卡片上的东西挺全的。我觉得比较缺少一些精神方面的东西，我比较喜欢学一些乐器，但是我并没有渠道去学这些东西。 工作员：那其他的需求吗？	前测过程中没有了解到乙家子女众多的情况，到后期测的时候才关注到。乙同学比较内向，说话的时候常常有用手挡住嘴的动作。
C3－6	大四	蒙古族，自幼丧父，母亲是事业单位职工，未改嫁，与小姨关系好。	专业认同	**不太容易获得** | 非常需要	辅导员、班主任、学校奖学金、妈妈、认同、压力及动力、希望 | Q讲述，大一、大二自己受到了排挤，但自己很坚强地度过了那段时间，并且逐渐在大二的后半学期和大三得到了个别同学的支持，真正交到了几个朋友。 Q：我觉得做人最重要的是大气，我不跟他们太计较，我就过好我自己。	Q讲述自己的经历时，一度泪盈于睫，但是承担但能感受到她内在的力量，观察者角色的一位社工同学受到感染，提出了起来。Q同学在这种情况下，不要让别人。Q同学她觉得人一定要"大气"，但是测试一共进行了大概40分钟。 摆放卡片没有怎么犹豫，但是测试一

230

续表

个案编号	年级	基本情况	社会支持情况（非常需要、很难获得）	测试：其他需要关注的社会支持情况		访谈与观察
C3－7	大四	回族	国家奖学金	比较需要	很难获得	与MY讲解了卡片的含义和方法，MY开始摆放卡片。摆放速度很快，绝大多数卡片都没有迟疑，偶尔小有疑惑。这一共同观察到，受访者将一次调换了卡片位置，10分钟后，受访者完成卡片摆放。
				勤工助学、医药费报销	国家助学贷款、深造	
				Q：我刚刚观察到你把"妈妈"这张卡片调换了一下位置，能说说原因么？ A：（笑）因为平时在家都是跟爸爸交流，有问题也很少跟妈妈说，就是和爸爸关系更好一点吧，爸爸也从小把我当男孩子来养。		
C3－8	大二	回族 父亲去世	国家奖学金	工作员：我观察到你在摆放父亲的卡片时有点困惑哈，你的父亲是现在已经不在了吗？ WL：嗯 工作员：真不好意思问你这个问题，那你好像父亲的卡片放得比较远的这个象限呢？ WL：嗯……我理解的是我以前我将父亲那里获得关爱和支持的，因为父亲突然间不在的，所以……（沉默）		评估卡的放置很果断。在爸爸的卡片犹像一下，放在了非常需要很容易获得的象限。在不太容易获得，很难获得和不需要，不太需要组合的象限中，没有放置卡片。通过观察，发现WL在人际关系和情感支持方面还是很容易获得和满足的。WL比较注重个人的能力建设和提升。
C3－9	大四	哈萨克族 父亲在GL大二的时候去世了	就业辅导、路费，社会资助	工作员：嗯，那校外打工为什么是难以获得的呢？ GL：……因为我们课多，现在我们要复习那个司法考试，很难法过的。 工作员：那你想吗？		GL有一位在爸爸去世前就开始交往的男朋友，一直给她很多支持，每天通电话。GL在谈及男朋友时表现得非常幸福。

续表

个案编号	年级	基本情况	社会支持情况（非常需要、很难获得）	测试：其他需要关注的社会支持情况	访谈与观察
C3－10	大四	哈萨克族 在父母方面，父亲在世。HED四岁时去世。母亲60多岁，无业，身体不太好	医药费报销、学校助学金、专业技能、深造、资格证书、就业辅导、免费培训、心理关注、专业认同	GL：想啊。（笑）我想自己赚钱……主要用在我自己身上（笑）。就是辅导班啊（笑），主要用在专业学习。 GL（犹豫）：但是，你还是认为他是比较容易获得的。 工作员：我是单亲家庭……爸爸去世了。 GL：嗯，因为，是爸爸，是去年……大二的时候嘛就去世了。这方面也有和他联系系的时候，就是，然后后面也有有特别关心。 与母亲的倾诉主要内容为自己在外受到的歧视和不公正对待等，因为"我们这一代人的聊天内容肯定她不感兴趣啊""她在这方面比较有经验"。在回答对母亲的需要时，她说："她年纪大了，我不太奢求她太多，我希望自己努力。" 认为"法学很难，课业压力很大"；不太喜欢自己的专业；很希望能得到免费培训和就业辅导；在回到"深造"卡片时，她说："我不是很喜欢深造……但我想继续读研究生的话在费用方面可能会比较困难。" 在日常支出方面，她说"化妆品、衣服对女孩子很重要"，她很希望能获得促进自己发展的经济支持（讲座、化妆品、电脑等）。	母女关系亲密，母亲是HED最重要的社会支持力量。HED最希望能提升自己的能力，靠自己的力量改善自己与母亲的生活。 由于父亲去世较早，自己对父亲的支持表示"无所谓"。 放置评估卡比较果断。

续表

个案编号	年级	基本情况	社会支持情况（非常需要，很难获得）	测试：其他需要关注的社会支持情况	访谈与观察
C3－11	大三	汉族	资格证书、专业技能成就、专业技能、学校奖学金	她边摆放卡片边自言自语说："需要的东西好多啊，不太需要的都没有。"	测试速度很快，大部分的卡片都被她放在了"需要""容易获得"的区域，大约6分钟完成。
C3－12	大四	哈萨克族	成就、幸福感、社会资助、国家奖学金、校外打工、伙食补贴、免费培训	工作员：很好，你在前面放卡片时，你放弃了"妈妈"这张卡片，我可以问问是为什么？ YE：（沉默了一会）拿上杯水放在书包中自己的东西，（开始收拾） 工作员：好，师姐，我想问同你觉得除了你前面选过的卡片，但是没有在卡片上面的，你认为还有什么是你需要的？ YE：（沉默）没有。	面临"妈妈"的这张卡片时犹豫了，问："我可不可以放弃这张?"工作员回答："可以。"然后她将这张卡片放在了"非常需要"旁边。 在放"成就"卡片时，先是放在了"非常需要""比较容易获得"这张卡片在"比较容易获得"和"不太容易获得"中徘徊了三次，最后放在了"不太容易获得"。

案 C3-1 和个案 C3-6 以外，其他贫困女生在"非常需要、很难获得"象限都存在有关资源的要素。在资源的类别内"国家奖学金"被放置到"非常需要、很难获得"象限 5 次。这 5 名学生不同程度地表示，国家奖学金名额少，很珍贵，需要学习非常好，还要在其他方面表现好，才有机会获得，但是自己时间、精力等有限。

第二，在学业发展中"缺时间"是困扰贫困女生的主要问题。关于时间管理的困惑包括以下方面。首先，不知道自己要做什么（对专业不认同）。在 12 名贫困女生中，有 5 名将专业认同放到"非常需要、很难获得"的象限，其中有一位在"非常需要、很难获得"象限里只有这一张卡片。这些贫困女生对专业学习的时间投入是缺乏规划的，通常是考前突击。个案 C3-2 说，"进入大学以后想做的事情好多哦，对专业不是特别认同，但是也觉得应该要学好。什么都想做，自己好累啊"。其次，有目标，但是"没时间"。在测试中，11 名贫困女生表示对兼职或社团等有一定兴趣，但是学习更重要，或者学习比较紧张没有时间去进行兼职或者社团活动。个案 C3-9 说，"我想自己赚钱……我们课多，现在我们要复习那个司法考试"。再次，有一些学生已经开始尝试规划和管理时间。个案 C3-4 同学说，"参加早起打卡团，感觉时间变多了。很开心"。

第三，贫困女生家庭支持普遍薄弱，更重视同辈群体的交往。接受测试的贫困女生有 6 个学生是单亲家庭，且全部是缺少父亲的角色。父亲的离开给这些贫困女生带来了较大的创伤，有的讲到这个事件会流泪；有的是平静地接纳，"爸爸（在我）很小的时候就去世了，我无所谓"；还有的则是能够从回忆中获得能量，"我爸爸在的时候对我很好"。但是有几位被测试的贫困女生明确表示，"我不需要心理帮助"。另有两位贫困女生在"非常需要、很难获得"象限中有心理支持或心理关注的要素。通过访谈发现，无论家庭状况如何，大部分的贫困女生都感到家庭支持比较薄弱，正如个案 C3-10 所说，"她（母亲）年纪大了，我不奢求她太多，我希望自己努力"。贫困女生遇到生活中的难题，第一位的倾诉对象通常是同年龄的同性好友。高年级的少数民族和大一被测试的贫困女生，排在第一位的倾诉对象，都不是本校同学。在班级生活和宿舍生活中，她们需要同辈群体更多的支持。有低年级的被测试贫困女生表示希望提升社会交往能力。高年级的贫困女生则表示，现在回想过去的几年"有很难的时候"，但是现在"反正要毕业了"。

第四，少数民族贫困女生在进入大学时普通话水平普遍较差。普通话水平较差对于这些贫困女生进入大学后的角色转换和生活适应产生了一定的负面影响。家庭条件好一些的少数民族学生普通话一般较好。接受前测评估的维吾尔族和哈萨克族学生，普通话水平到大四才明显变好。

（4）行动研究方案的制定

小组主题的确定

在资源有限的前提下，与被评估学生进行一对一的沟通后，研究团队决定主要通过小组工作方式来回应组员（在 12 名被测试的学生中选择 5 名进入小组）共同的需求。从研究者的观察、"评估卡"的前测和访谈中发现，被测试的贫困女生关注最多的是资源链接、学业有关的时间管理能力、获得更多的同辈群体的支持。经过讨论，将小组主题确定为"时间管理能力提升"，以帮助学生在缺乏足够社会支持的情况下，提升自我管理能力。同时希望小组能够为 5 名贫困女生建立一个互相支持的平台。

小组目标

本小组为教育性小组，旨在为贫困女生提供一个提升时间管理能力的安全环境，促进贫困女生形成对自我与时间的良好认知，并学习自我时间管理的有效技巧。具体如下。

第一，寻找并确定目标，链接感受和行动。

第二，学习时间管理的具体技能，并通过组内及组外实践，获得时间管理的成功经验。

第三，在小组互动中建立平等对话关系，为贫困女生提供一个互助平台，让贫困女生在小组中提升与同辈群体互动的能力。

第四，引导组员了解自己，启发组员反思自己在时间管理中产生压力的原因，学会正确归因。

理论架构

本研究运用社会学习理论。社会心理学家班杜拉认为，个人的认知、行为与环境因素三者及其交互作用会对人类行为产生重要影响，并且他还强调人的行为、思想、情感反应方式和行为不仅受直接经验的影响，同时也受间接经验的影响；行为与环境具有交互作用；观察和模仿学习是学习的重要过程，在学习过程中，认知是非常重要的；人在学习过程中具有特别的自我调节的过程。鉴于本小组的组员来自不同专业，且大多数学生改变意愿较为强烈，故而选取此理论作为本研究的主要理论。

小组活动计划的设计

小组活动设计为 7 节，主要围绕"学业中的时间管理能力提升"开展。

首先，是寻找和明确目标，学习细化目标、分清主次、持续前进等一些时间技术，以及用适合自己的方式应对时间管理实践后产生的压力。通过有内在逻辑的 7 次活动，试图与贫困女生一起创立一个支持性的教育小组。每次小组活动的主题和内容的设计见表 5 - 26。

表 5 - 26　小组活动的主题和内容

小组活动	主题	核心	流程	作业
第一节	初步组建小组，讨论主题和规则	建立关系	自我介绍与小组介绍 组员共同创作一幅画 依赖期独立期与互相依赖期的知识说明（《高效能人士的七个习惯》）	无
第二节	明确需求	打开自己，建立同伴关系，正视需求	价值观拍卖或排名 我人生的愿望是什么	无
第三节	确定长期和短期目标：明确你的任务	"积极主动"品质的体验和获得（可能涉及归因）	结合上一次活动确定的"愿望"，寻找"我"的人生终点，确定大目标中目标小目标	记录自己一天从早晨到睡觉做了哪些事情
第四节	对你的目标按优先级排序	四象限法则	明确时间管理中的取舍	记录一周的主要时间安排
第五节	你了解自己吗？	DNA 气质	在提升能力过程中，找到适合自己的压力管理方法	你了解自己吗？
第六节	当烦恼来临	情绪管理	找到适合自己的情绪管理方法	
第七节	综合统筹	总体回顾＋告别		

同时，计划小组活动结束后，由小组工作者对全体组员分别开展后测和访谈。

遇到的困难及可能对研究产生的影响。在本研究过程中，研究计划的制订主要来源有两个方面。一是运用"评估卡"进行的前测表明，贫困女生在时间管理方面有强烈的改变意愿，也愿意通过小组工作的平台来结交更多的朋友，获得更广泛的社会支持，同民族的学生更愿意交往。二是根据社会工作者在其中的观察和评估，了解到贫困女生对时间管理的需求非常强烈。

行动的实施

在研究的过程中，研究者根据服务对象的不同需求和需求在小组过程中产生的变化，对小组方案进行了不断的修正和变化调整，形成了行动研究的完整螺旋模型。实际开展的小组活动见表5-27。

表5-27　实际开展的小组活动与小组活动记录

小组主题	核心	内容	作业
初步组建小组，讨论主题和规则	建立关系	自我介绍与小组介绍 组员共同创作一幅画 制定小组契约，并在小组结束前，所有组员手牵手一起宣读小组契约	
"积极主动"品质的体验和获得 寻找"我"的终点：大目标中目标小目标	进一步建立互动，明确组员的需求	在本次的活动中，通过大家共同创作一幅画并且互相分享和命名的活动，使大家互相熟悉，同时大家对自己图画的命名反映了大家内心的理解、目标，引出了本次活动的主题。 通过让大家设想生命的终点还有六个月时间，寻找生命的目标，从而寻找我的终点。 人生的四个目标再到一年的目标、三个月的目标，让自己的目标细化，确定了长期目标和短期目标。 通过目标压力管理法让大家区分了自己的大目标、中目标、小目标，让自己的目标清晰可见。	在下次活动前，记录自己一整天的活动，从早晨到睡觉做了哪些事情。按照自己的想法，随意记录。
确定长期和短期目标：明确你的任务	四象限法则	先由带领者和组员一起讨论两名组员的一整天事件记录，并对比该组员的目标。 通过四象限法则，让组员对记录中这一天的时间管理情况进行反思。	发放记录纸，要求提前规划自己未来几天的事件安排，并记录实际开展情况。
强化心愿，检查进度，持续前进	检查时间管理技术的实践情况，激发动机，鼓励互动	检查完执行情况后，让组员思考通过这几天的时间管理后自己的现状。鼓励组员发现在现实中能获得的支持。组员两两互相分享自己现实生活中的人生榜样，以及自己与榜样的故事。订立与自己的契约。	重新修订自己的计划，每天在时间管理记录中，将自己做的好的地方圈起来。

续表

小组主题	核心	内容	作业
打开感受开关	鼓励组员打开心扉,与小组建立更深层的连接	鼓励组员分享自己时间管理过程中的体验和感受。并讨论自己的"任务—希望—行动—感受—最终结果"。正视自己的感受,并尝试与其他组员谈论感受。	在日程记录中增加感受一栏,每天睡觉前记录自己的感受。
DNA 气质与压力管理	DNA 气质	增加对自己气质类型的了解,两两一组讨论适合自己的压力应对方式。集体轮流分享。对改变过程中出现的压力,如何选择适合自己的方式进行调试。	在周计划中增加压力释放时间。
总体回顾 + 告别	处理离别情绪,告知后测。	检查作业,并两两分享。再集体分享。组员分享小组的感受和收获,并写下给两个月以后自己的信。	

运用"评估卡"进行后测评估

小组结束之后,运用"评估卡"进行了后测,主要目的是测试小组的成效,测量结果见表 5 - 28。

表 5 - 28　后测评估

姓名	测试:社会支持情况	测试:其他需要关注的社会支持情况	访谈与观察
G3 - 1	非常需要很难获得 深造,成就,幸福感,社会人士,心理支持,自我调节,心理关注,爸爸 非常需要,不太容易获得 自信,资格证书,辅修,专业技能,就业辅导,自我认知,专业认同,免费培训,希望,认同,归属	组员 G3 - 1 以较高的分数,通过了新疆地区维语的司法考试。(比全国司法考试的难度低)但是她的理想不是从事法律相关的工作。法律系有老师很关心她,建议去老师推荐的律所工作,但是她自己希望能够去电视台工作。毕业在即,回顾她的大学生活,她认为,对于以前民考民政策之下进入大学的少数民族学生而言,特别是家庭困难的学生,有一个非常重要的需求是英语学习。谈及自己父亲去世的事情,希望靠自己的努力能够和妈妈一起有更好的生活。除了妈妈以外,最重要的人是小姨,给自己很多鼓励,并充当了自己和妈妈之间沟通的桥梁。	组员 G3 - 1 比前测的项目,在非常需要很难获得增加了很多。正如组员 G3 - 1 同学所讲,英语学习的背后可能是对继续深造有某种愿望。但是环境中缺乏相关的支持,所以她退而求其次,选择去做一份自己感兴趣的工作。前测中没有提及父亲。在建立了关系,并且在小组结束之后才谈及。在谈这件事情的时候,情绪比较稳定。

姓名	测试：社会支持情况	测试：其他需要关注的社会支持情况	访谈与观察
G3-2	非常需要很难获得 深造，专业技能，辅修 非常需要，不太容易获得 自信，资格证书，免费培训，朋友闺蜜，关爱	组员G3-2同学对于未来的设想有很多，但是也有很大的压力，主要基于对专业不认同。现在最大的爱好就是打羽毛球，参加羽毛球社团，每周固定有几个早晨去指定地点"挥拍"。 最好的朋友，不在本校，而是以前的朋友，经常电话或视频交流。	组员G3-2的后测拖了好几天，其离别情绪较重。但是也不会特别主动地与其他组员或小组的工作人员、带领者交流。
G3-3	非常需要很难获得 希望，资格证书，专业认同，自信，心理关注 非常需要，不太容易获得 关爱，压力及动力，自我调节，国家奖学金，自我认知，心理支持，认同，闺蜜，成就	在交谈中得知，组员G3-3家庭经历比较复杂。以前父亲经常家暴她妈妈和她们姐妹。虽然，妈妈的姐妹和兄弟均劝妈妈离开爸爸，但是妈妈坚决不肯离开。直到父亲离开了她们。妈妈带着她们姐妹搬出爸爸的房子以后，不肯借住在亲戚的房子里，而是自己租房。由于没有土地，从中学起，冬天去大棚里帮忙，夏天秋天去田里摘葡萄、棉花等。 最近前男友求复合，但是在其高中家庭经历变故时，前男友对她不闻不问，是一个好朋友陪伴她度过。现在如果有什么心事，仍然是向这个好朋友倾诉。	组员G3-3的支持体系是非常狭窄的，主要来自母亲和学校。母亲不愿意接受包括自己哥哥在内的其他亲戚朋友的帮助和支持。而组员G3-3也在学校里，特别是宿舍里扮演着一个"我很好"的角色。在本校没有可以为她提供特别支持的人。
G3-4	非常需要很难获得 国家奖学金，校医院，学校奖学金，勤工助学，自信 非常需要，不太容易获得 医药费报销，健康，转诊	组员G3-4是家中长姐，小时候在村子里面一户比较有钱的奶奶家里，照顾独居的奶奶，相当于做保姆。当时奶奶在外地生活的子女承诺，她上大学后会承担她的学费和生活费，但是没有做到。她与母亲都非常失望和愤怒。 现在在学校里没有关系特别亲近的同学。之前试图和一个本民族的同学亲近，但是在借东西的时候遭到了拒绝，反而是一位不熟悉的汉族的同学借给了自己，感到伤心。 由于家里的变故，母亲也是整日以泪洗面，她压抑了很多对不负责任的父亲的不满，还需要经常打电话安慰母亲。 自己最近一段时间无心学习，情绪也比较差，总感觉身体不舒服，去医院检查过两次，检查的费用无法报销，感到压力很大。想考研。	组员G3-4家庭的突然变故，进一步打击了其支持体系。同时，还不希望把这些事情跟同学或舍友说。家庭的变故，超出了她对生活的理解和处理能力，给她带来很大的压力。

续表

姓名	测试：社会支持情况	测试：其他需要关注的社会支持情况	访谈与观察
G3－5	非常需要很难获得 自我认知 非常需要，不太容易获得 成就，学分成绩，自信，归属	组员 G3－5 虽然家中子女较多，但和其他姐妹兄弟的感情较好。 组员 G3－5 说，"去年我参加了英语社团，每天早晨去签到，然后背英语，但是最后他们选了别人来做社团的领导，那个人还不很经常去，太让我伤心了，我就退了那个社团，但是我四级考过了"。	虽然有时候也迷茫，但更多地聚焦于发展，而不是现在有什么问题。

注：表格内社会支持的项目如被调查者表明哪些最重要，会进行特别标注，否则按照被调查者的实际摆放的顺序，按照从上到下、从左到右进行排序。

（5）在研究过程中的观察

第一，在评估前测与后测的过程中，主观上认为自己社会支持相对比较缺乏的贫困女生测试的速度较慢，即贫困女生对自己社会支持现状的感知状况和评价直接表现在其摆放卡片的速度上。同时也发现，相对而言摆放较慢的同学，在最近的生活中会存在一定的困扰，且困扰与缺乏社会支持通常联系在一起。有可能社会支持的缺乏本身就是一个困扰，也可能由于缺乏社会支持她面临的问题变得更加复杂和难以解决。

第二，由于缺乏社会支持，创伤事件的影响缓慢而持久。在对学生进行一对一的后测中，工作者发现由于缺乏社会支持，她们对于解决当下困难的信心不足，且部分同学由于当下的压力事件和困扰激发了以前的创伤感受。

第三，多元文化下专业关系的建立需要更多突破。小组初期，主要由工作者充当小组领导者的角色，由于教师身份和小组的性质，小组工作者也是强有力的引导者和教育者，带动小组的整体沟通和对话氛围。工作者采用的主要技术包括对座位的安排、轮流发言等。第一次小组活动中，5 名组员不同程度地流露出了紧张的情绪。其中有 2 名为少数民族学生，普通话水平有限。在第一次小组活动中她们选择挨着坐，并用维语交流。工作者询问"你们在说什么呀？我听不懂你们的话"。两个少数民族女孩有点羞涩地笑，"老师我的汉语不太好，我不是太会说"，然后继续用维语交流。（来源于小组记录）关注到这个情况以后，工作者通过鼓励她们面对全部组员用普通话讲话。从第二次小组开始，小组活动也邀请其他的工作者（除记录员以外的全部汉族社工同学）参与到小组活动中来。这 2 名少数民族女生身边都坐着汉族的工作者，她们也尝试着用汉语与工作者进行分享。到了小组活动后期，无论是哪个民族的同学，都主动地参与到小组讨论中，表达自己的感受和想法。

第四，安全的小组氛围让成员突破文化限制。为了提供安全的氛围，我们主要从以下几个方面入手。一是尽量固定时间固定地点；二是每次小组活动中，工作者都与每一个组员开展一对一的交流；三是在每一次小组活动的开始和结束时，所有组员都开展牵手一起宣读小组契约的仪式。经过讨论，小组契约主要围绕着保密、分享、鼓励来制定，而其中最重要的就是保密原则。3 名少数民族的女生，在第一次小组活动中就比较明确地表达出希望交到朋友的愿望，期待能获得更多的心理层面的支持。经过三次活动后，组员之间的交流状况明显好转，小组内的信任感建立了起来，安全的氛围开始出现。无论是什么民族，她们在交流中出现了一些不同和共同点，共同点则引发了共鸣。

第五，贫困女生缺乏社会支持网络，家庭因素是重要原因。在前测中有一半的被调查者是来自缺少父亲角色的单亲家庭，这可能也与维吾尔族文化中离婚后子女跟随母亲生活有关。不同的贫困女生对于自己家庭中缺少父亲角色有不同的理解和意义的建构。被调查的同学中，除 1 名同学的父亲是在近两年去世的，其他同学的亲生父亲在更早的时候离开，此后就与母亲相依为命而长大，单亲家庭意味着社会支持更薄弱。因为缺乏父亲的支持，她们在生活中更加珍惜朋友的社会支持，比如母亲或小姨的朋友、自己的朋友等。

（6）行动的反思

第一，"评估卡"的使用需要考虑多方面因素，前后测出现变化的原因可能是多方面的。首先，通过小组工作实践，小组组员获得了部分社会支持，产生了有利影响，促使"评估卡"摆放结果发生变化，如部分组员在参与了小组之后，通过后测呈现出来的社会支持的需求反而更加强烈。可能的原因包括以下方面。一是在前测过程中组员对"评估卡"部分内容的理解存在偏差。通过小组工作实践，被调查者对自己的社会支持现状有了更深入的认识，同时也意识到社会支持的重要性，所以产生了更强烈的需要。二是被小组工作者引导以发展性的角度来看待自己的社会支持状况。在后测中，她们常常对前测中忽略的、觉得似乎不是很理解的要素进行重新审视和判断，有一些就放在了需求的不同维度中。

第二，小组动力初步显现，组员已经成为彼此很重要的社会支持者。随着主题的深入，组员发现对于时间管理的焦虑其实是对时间投入是否"有用"的疑惑。一些组员开始认真地思考未来的发展，比如考研或者找工作的情况，并在小组内或小组外与组员和小组工作者进行讨论。在每次小组活动结束后，有几位组员和工作者常常自发留下来对自己或其他人的时间管理情况进行讨论。

第三，社会工作服务应该更多从优势视角出发，挖掘出组员在环境中的可用资源，帮助组员增强抗逆力，从经验和感受层面，鼓励组员和自己的内心世界建立正向的激励机制。[①] 2 名组员试图带着传统的政府主导的福利救济模式之下的行为模式进入小组，但进入小组后却发现并不适用。大约经过 2 次小组活动以后，组员才更多地转向了一个平等的、对话与沟通为主导的行为模式。部分组员始终以自我贬低的方式来开展互动，如"我汉语说的不好""我觉得我做的不好"。在整个小组过程中，工作者都是鼓励组员将负向感受转化为正向能量，提升自信心。

在检查小组作业的时候，有组员明确地说，因为老师会看的，所以虽然觉得真实地写出每天做了什么也没有什么关系，但还是情不自禁地进行了一些"美化"。HX 同学表示，自己在小组要求记录的这几天比平时要更"努力"。在组员 G3－2 的记录本上，她把自己认为做的不好的部分，用黑色的笔画了明显的"×"。能够感受到她在写作业时明显有紧张和焦虑的情绪。工作者问："你打了好多叉在你的时间表上啊？"组员 G3－2 回答："对，我刚刚打的。你们讨论别人的记录的时候，我又看了看自己的记录。觉得本来应该学习的时候没有学习，有时候学习的效率也低。想早起，但是迟了半个小时……"工作者说："我听你讲了这么多，好像能感受到你很焦虑。你觉得你焦虑的原因是什么呢？"组员 3－2 说："我想做的事很多，但是管不住自己。"工作者说："你看看其他组员，你觉得只有你是这样吗？……我现在给你一个要求，不要把你觉得做的不好的地方挑出来，每天用彩色的笔把你觉得你做得好的地方圈出来。"把做的符合自己期待的地方圈出来有两方面的影响，其一是重新发现自己的能力和经验，其二是在做"圈出好的地方"这个动作的同时，可以激活感受，使学生重新体验自己当天"有能力把事情做好或安排好"的感受。

第四，对于贫困女生来说，部分人依然留恋传统的女性角色，希望可以依靠男性。在前测以及在小组活动之中，有一些被调查组员直接提出，为什么在社会支持系统中没有专门的男朋友选项？而前测对 3 名少数民族同学的访谈过程中，无论是曾经经历过一些事件，还是正在经历一些事件，

---

① 郭伟和、徐明心：《从抗逆力到抵抗：重建西方社会工作实务中的优势视角》，《思想战线》2013 年第 5 期。

她们在事件的过程中，用较多的关注和语言描述父亲、男朋友，或事件中男性朋友对她们的支持。男性朋友的支持对其中一些组员非常的重要，她们认为女性朋友被照顾和被男性朋友支持是很自然的事。有个别女生把得到男性朋友的支持看作一种策略。这种策略不一定指向直接的物质利益，更多的指向精神的慰藉。

（7）小结

本研究历时三个月，从与学校沟通开展研究到最后研究结束形成研究报告，困难重重。值得庆幸的是，最终还是完成了此项研究，虽然过程不尽如人意，但是依然有一些珍贵的发现，希望借此勉励同行，虽前路荆棘，但前行如初。

通过对少数民族贫困女生的行动研究，建议"评估卡"在以后的使用中注意以下事项。

第一，"评估卡"是一个非常精确的工具，能够帮助研究者快速了解服务对象的需求，但是在"评估卡"的使用中可以考虑辅之以其他需求调查方法。

第二，在"评估卡"的使用过程中要注意文化原因，在"男女平等"的口号之下，依然看到文化观念对人们的影响根深蒂固，如穆斯林贫困女生比较倾向于向男性朋友寻求社会支持。

第三，运用小组社会工作方法构建贫困女生的社会支持网络是一个行之有效的方法，因为从一定意义上来说，她们彼此就已经是很好的互助者。

第四，优势视角的理念贯穿于社会工作服务的始终，发展贫困女生应对逆境的能力也是很重要的方面。

第五，对小组工作中的民族元素没有很好地进行总结，也没有以此解释该小组工作的特殊性，这是遗憾之处，也是以后研究的重点。

（三）社区工作

学校社会工作认为可以把学校视为社区，开展研究和实践。

1. 贫困女生对"资助课堂"① 的需求及建议研究

本研究所关注的资助课堂是 NY 学校学生处资助中心为贫困生开设的课

---

① "资助课堂"研究及实践是学校开展的"育慧—圆梦计划：实践创新能力提升项目"的组成部分，因为采用社会工作理论和方法进行研究，所以放在"社区工作"部分。下文"政策倡导"部分有对"实践创新能力提升项目"的详细介绍。

堂，资助课堂能够为贫困女生提供支持。

NY 学院资助课堂于 2008 年成立。刚开始资助中心只为学生提供经济资助，后来为提高贫困生的学习能力，资助中心对学生进行学业资助，课程包括就业指导、英语学习等。资助课堂历经十年发展，虽然在课程和教学模式上有所突破，但是并没有关注学生对其需求和满意度，这也是目前资助中心迫切需要了解的重点。

需求评估运用"评估卡"进行测量，再根据"评估卡"摆放结果进行深入访谈。

（1）对资助课堂的需求

第一，贫困女生认为在"出国留学""个人爱好"方面需要而又不易获得。如她们希望能够获得出国留学机会，以获得更高学历教育，但是提出这是一个"想都不敢想的梦"。"出国留学"被放置于"评估卡"的"行动改善"象限中，说明这一要素通过行动是可以改善的。贫困女生期望满足兴趣爱好，对书法、乐器、摄影课程有需求。

第二，需要进行学业辅导。如高等数学、英语课程学习对一些贫困女生来说有困难，英语校外辅导班价格昂贵，所以需要资助课堂开设高数课、英语课。学生对学业的需求已不局限于传统课程，除去英语四六级和计算机，对考研政治英语、公务员考试、证书获取、职业规划的课程需求在增多。

第三，对老师需求多样，希望活跃课堂氛围。学生对资助课堂老师的需求已经不局限于学校聘请的成功人士或专业课老师，例如在资助课堂2017 年春季第三次课堂里，学校聘请了女性成功企业家，很多学生反映较好，认为课程给自身带来一定鼓励与启发，同时能够与老师建立良好沟通渠道，在课下延续互动。老师可以是学校自己的老师、讲座老师、辅导机构老师、社会成功人士和有经验的学生。学生还希望能够增加课堂氛围，不要太过于枯燥严肃，能够与老师一起在课堂上进行交流，不局限于只是由老师授课，学生自行听课模式，而是能够互相有交流，课下有互动，更愿意建立班级微信群，不定时发送各类信息。

第四，焦虑忧郁心理问题多，需有疏散渠道。贫困女生在心理等方面较为敏感，也希望自身能够合群，部分贫困女生远离家乡，与父母老师沟通渠道较少，与同学沟通仅限于宿舍班级，学生需要有更广阔的平台互相倾诉。资助课堂对接校内外资源，能够建立起良好沟通平台，形成良好互助模式，缓解心理压力。

第五，就业压力剧增，希望有明确的职业规划。很多贫困女生父母自身职业较不好，故对其职业期望很高，远远高于普通大学生父母的要求。不少学生急于求成，对自己将来从事的职业缺乏明确认识，对自身专业产生怀疑，造成徘徊不前，无法正确面对自身现状。这些情况都会使学生无法排解忧虑，增加就业压力。由于家境贫寒，以及家庭环境影响，学生对自身缺乏自信，因此对自己未来职业规划也缺乏自信，急需有专门课堂或疏散渠道缓解压力。

（2）完善资助课堂的建议

第一，倾听学生诉求，及时调整课程。资助课堂可以采取专门措施，利用问卷和访谈发现课堂问题，在活动开展中不断创新，达到双方满意。例如英语四六级为小班辅导授课，通过近一个月的授课，老师对每位学生都有深入了解，能够营造出互动的良好环境，在双方平等交流探讨的过程中，不同观点碰撞交融，激发了贫困学生的主动性和探索性，达到提高知识储备、开拓视野的目的。学生希望可以利用互联网与老师达成互动，将自身意见表达出来，在双方交流中不断进步，并能够按照学生意愿组织课堂内容。

第二，定期进行评估，建立反馈渠道。通过访谈，很多学生对资助课堂都表现出浓厚兴趣，希望自己的想法和意见能够被采纳。因此，希望可以建立与课堂负责人的紧密联系，定期进行评估与审核。资助中心可以分发问卷，进行前测和后测，在课堂前对参与课程学生进行前测，上课后再次分发问卷进行后测，对数据进行统计分析，评估课堂效果。同时希望能够建立反馈渠道，具有更专业的辅导机制。

第三，创新课堂模式，增加学习氛围。在访谈中多数学生都提到过录播课，希望可以将每次讲座或课程进行录制，上传到校园网，不仅到场贫困女生能够听课，而且学校每位学生都能享受到课程资源，而已经毕业的学生也能不忘母校，继续聆听老师的教诲。新的课堂模式可以由资助中心老师牵头，学生进行辅助，形成一系列录播课程。学生希望可以形成单独互动环境，与老师同学面对面交流。老师通过理论讲解＋案例分析的方式，让同学们正确认识和理解并融合实际生活。

第四，建立班群联系，形成小组互动。学生希望课程可以借助网络形成班级联系。资助课堂结束后面对面建立大群，资助中心不定时地在群里发布信息，不仅可以增加学生知识的积累，还可以为学生提供小型社交平台。

2. "资助课堂"：贫困女生创新力提升项目运作过程及效果研究

学者张宝臣认为创新力是个体运用已有的基础知识和可以利用的材料，

并掌握相关学科前沿知识，产生新颖、独特有社会价值或个人价值的思想、观点、方法和产品的能力。创新力由创新意识、创新思维、创新技能三大要素构成。创新意识是个体对客观世界的事物和现象，持有一种推崇创新、追求创新、以创新为荣的观念和意识。有了强力的创新意识的引导，个体才会有强烈的创新动机；创新思维是个体在感性认识和实践的基础上，发明或者发现一种新方式用以处理某件事情或某种事物的思维过程；创新技能是反映主体行为技巧的动作能力，是在创造智能的控制和约束下形成的，属于创造性活动的工作能力。[①] 本研究主要采用张宝臣对于创新力的概念界定，关注贫困女生的创新意识、创新思维、创新技能，其中的创新技能主要表现为实践创新项目设计与行动。本研究中的创新力提升项目方案设计和项目效果评估也是围绕培养创新意识、启发创新思维、提升创新技能开展的。

本研究采用访谈法。在项目设计前对 10 位贫困女生（见表 5 – 29）访谈以了解她们的能力弱势处境以及能力提升需求。笔者在项目结束后访谈了 8 位全程参与项目的贫困女生（见表 5 – 30），以面对面的访谈形式了解贫困女生的能力提升情况。

表 5 – 29　设计前被访者基本信息

编号	专业	年级
C4 – 1	学前教育	大三
C4 – 2	社会工作	大三
C4 – 3	汉语国际教育	大二
C4 – 4	社会学	大三
C4 – 5	金融学	大三
C4 – 6	学前教育	大三
C4 – 7	汉语国际教育	大二
C4 – 8	女性学	大三
C4 – 9	汉语国际教育	大二
C4 – 10	社会学	大二

① 张宝臣：《高等师范教育改革与中小学生创新能力的培养》，《教育理论与实践》2004 年第 4 期。

表 5 – 30   全程参与被访者基本信息

编号	专业	年级
C4 – 11	金融学	大一
C4 – 12	汉语国际教育	大二
C4 – 13	汉语国际教育	大二
C4 – 14	旅游管理	大二
C4 – 15	女性学	大二
C4 – 16	社会工作	大三
C4 – 17	社会工作	大三
C4 – 18	社会学	大三

对贫困女生的访谈资料结果显示，贫困女生创新力相对偏弱，贫困女生对创新力提升的需求较为强烈。根据需求分析，进一步设计项目方案。

（1）创新力提升项目方案设计

本研究中的"高校贫困女生创新力提升项目"的开展依托 NY 学院专门针对贫困生开设的资助课堂，该项目是由项目组与学校资助中心联合设计的，该项目的设置旨在提升贫困女生创新力，改善贫困女生能力弱势处境。

总体目标

本项目方案是为家庭经济困难、有创新力提升需求的贫困女生设计的课程，通过本项目方案的开展，满足贫困女生能力提升需求，达到创新力提升的目标。

具体目标

贫困女生通过本项目四次课程内容的参与，达到培养创新意识、启发创新思维以及提升实践创新技能的具体目标。

项目方案内容设计简介

项目共分为四次（见表 5 – 31），课程主题围绕培养创新意识、启发创新思维、提升创新技能。课程内容通过四位有丰富实践创新经历的讲者以创新案例分享、分析的形式展开。

表 5 – 31   创新力提升项目情况

课程次序	课程主题	课程目标	课程内容
第一次	培养创新意识	善于思考、开拓视野 激发分享创新想法 提升实践创新意愿	1. 创新案例分析 2. 学生需求分享 3. 探讨如何理解创新

续表

课程次序	课程主题	课程目标	课程内容
第二次	启发创新思维	启发积极思考 引导提出新想法 学习反思和质疑	1. 创新案例分析 2. 讨论创新想法 3. 探讨实践创新环境
第三次	提升创新技能	初步掌握创新项目设计要点 提出创新想法	1. 创新案例分析 2. 提升创新力经验讲解 3. 探讨创新项目设计
第四次	强化创新技能	尝试参与项目设计 强化创新项目设计本领 能够自主设计项目 能够组织创新活动	1. 创新案例分析 2. 创新项目设计讲解 3. 探讨创新项目设计

（2）高校贫困女生创新力提升项目的运作过程

高校贫困女生创新力提升项目设计基于增能理论，旨在从内激发贫困女生潜能、主动学习创新相关的知识以及主动寻求实践创新想法；从外激发贫困女生实践创新想法的主体意识，让贫困女生发现内在潜能以及优势，培养其创新意识、启发其创新思维、提升其创新技能。通过对贫困女生的内在增能与外部赋能，持续强化贫困女生创新力，进而达到增能的目的。

本项目考虑到贫困女生的现实情况，采取集中开展的形式。前两次通过女企业家的创新案例分享、分析与互动讨论以培养创新意识、启发创新思维。后两次旨在通过讲授设计创新项目强化创新意识、启发创新思维与提升创新技能。

培养创新意识

培养创新意识课程具体目标

第一，通过创新案例的分析，强化创新意识、加深贫困女生对于创新概念的理解。

第二，注重参与性，发挥主观能动性，激发分享创新的想法，强化深入分析问题的能力。

第三，带动思考，引发讨论，激发兴趣，激发实践创新想法。

第一次课程内容旨在通过有实践创新经历的讲者进行创新案例分享、分析，引导贫困女生思考何为创新、创新的意义以及创新的现实环境等问题。通过引导贫困女生探讨关于创新的相关话题，使其更为清晰地理解创新的内涵，以鼓励贫困女生打开思路、多面向地思考问题，激发其对于分享想法、分析问题的兴趣，进而提升其对于创新的兴趣、培养其创新意识

（见表 5 – 32）。

表 5 – 32 培养创新意识课程设计

阶段名称	阶段内容	注意事项	耗时（分钟）
开场白	阐述主题与目标		5
案例分享	创新案例讲解分析	引导思考	30
小组讨论	1. 采用启发式教学 2. 抛出问题，引导讨论 3. 引导分享讨论成果		25
互动交流	交流疑惑、心得		25
陈述总结	总结学习要点		5

创新案例分享分析和讨论。讲者的创新之处在于结合当下女性文化教育需求与传统文化，有力地集合传统文化内涵与女性力量。讲者以杯子游戏开场，通过互动游戏引导贫困女生进入思考。以开放式讨论的形式，鼓励贫困女生积极表达对创新的思考与想法。

在旧的东西里面找到新的花样。（C4 – 15）

能够解决问题并且创造价值。（C4 – 13）

这里是资助课堂，是免费的，能够让自己学有所获。大一的时候我们做过一次工作坊，类似于创新的，在当中发现自己还挺适合的，可能个人性格挺适合的。前一段时间学校好像有创新项目吧，当时我也在纠结，但是后来考虑到我想做的可能经费不够，然后我就有些犹豫，我就想来这里。（C4 – 12）

就是想让自己有一个更好的提升，实践创新的意义是什么？我觉得既然有创新也要有实践，实践和创新是相辅相成的。来到这里不是在资金上的一些资助，还有也要给自己能力上的提升。（C4 – 11）

在分享中传递创新意识是建立在生活与思考中的理念，引导贫困女生关注与重视创新想法。讲者引导贫困女生一起思考与讨论是什么束缚了创新的想法，引导贫困女生加强对创新思考的重视。讲者以创新是企业平稳运行与生存的关键能力为例阐述创新的重要意义，体现的是一种以小见大的发散思维方式。讲者以创新案例讨论创新的出发点与归宿，即是在阐述创新的目的与意义，强调了思维方式的局限点，破解创新思考的阻碍。讲者提出如果内容无法改变，可在形式上力求改变。

启发创新意识。讲者提到打破旧有舒适区，不断提升能力，引导贫困女生培养良好的创新思维品质。通过讲者的讲述与引导，贫困女生会反思思考的局限性。创新想法的实践需要思考现实生存环境与可持续性。讲者通过创新案例的分析，提到创新的本质是突破固有的思维方式、行为习惯，而创新的想法需要实践、输出。通过讲者的阐述，贫困女生能够在一定程度上加深对于创新的理解。讲者通过创新案例展现创新意识、创新思维，以讨论、头脑风暴的形式展开对创新理解的分享，也强化了贫困女生的创新意识。

笔者观察到贫困女生能够积极地跟进讲者的思路，表达创新想法并且参与，看到了贫困女生对于探索新鲜事物的好奇与渴求，也看到贫困女生对于创新的热情与憧憬。

通过创新案例的讲解与讲者的不断引导，贫困女生能够主动分享创新想法并寻求指导，体现了部分贫困女生创新意识的强化。讲者针对贫困女生的回应强化了其不断思考的信心。讲者对于创新的理解与实践创新经验，能够在一定程度上激励贫困女生实践创新想法。

启发创新思维

第二次课程旨在通过创新案例的分析，引导贫困女生思考创新想法的产生过程。通过讲者的案例分析，启发贫困女生多面向地思考问题，鼓励其打开思路，主动思考，关注自身的创新想法（见表5-33）。

表5-33 启发创新思维课程设计

阶段名称	阶段内容	注意事项	耗时（分钟）
开场白	阐述主题与目标		5
案例分享	创新案例讲解分析	引导思考	30
小组讨论	1. 采用启发式教学 2. 抛出问题，引导讨论 3. 引导分享讨论成果		25
互动交流	交流疑惑、心得		25
陈述总结	总结学习要点		5

训练创新思维课程具体目标

第一，通过讲者真实的创新案例讲解，启发贫困女生积极思考，强化创新力理解。

第二，注重参与性，发挥主观能动性，激发其提出新想法，强化分析问题的能力。

第三，引导思考、分析，打开思维、互动讨论，激发贫困女生反思与提出质疑。

创新案例分析和讨论。讲者的创新案例是传统文化与教育的实践。讲者通过对文化的挖掘，将文化与教育有效地融合，力求发展创新型的文化教育。其创新之处在于将传统文化与当下教育需求有机集合，探索出有活力的文化教育。讲者首先表达来意，简单讲述自身的实践创新经历。贫困女生在讲者的启发与引导下能够积极地讲述自身的想法。

> 我希望就是能做一种线上教育，以前想法很多，有些杂乱。对于孩子，对于父母，有一些不合理的教育方法可能会对孩子长大以后造成很多心理上的阴影和性格上的缺失，所以我就希望有一些线上的心理和教育解答，帮助父母教育孩子。另一个可能很难实现，就是社区性的。偏公益性的托儿所，教育和游戏结合，不灌输太多技能，让孩子愉快成长，不过这个还是很难实现的，可能还是区域性的。（C4 - 13）

> 说到"创新"这个词，我本身觉得资助课堂就是一个创新，相比于平常的发资助金来说，我觉得对于我们来说赋能，这样才是真正的资助。对于这个课堂，说到项目，我最在意在这里真正能够实践一个项目。我今后的规划，就是想在性别研究这个领域对中国有一个深入的了解，跟国际对话，有一个中国特色。创新的出发点应该是在了解身边需求，而不是说创新没有一个点。我希望有一个自己的项目，能够切合实际的需求去解决问题，在这里，最后可以实践一个项目，大家各展所长。（C4 - 15）

讲者分析市场需求与供给的创新案例引出关于创新的思考方式。以传统与创新的市场操作模式案例引导大家投入思考如何实践创新想法。通过讲者分享创新思考的来源、可利用的资源以及可选择的职业发展道路来启发大家对于创新的思考要按照自身现实情况来综合考量。

贫困女生提到希望讲者给予指导并亲自实践，也希望获取资源与强化自身运用资源的能力。讲者给予贫困女生时间自由发言，贫困女生能够在这样开放的氛围中主动思考并愿意分享创新想法。贫困女生积极地分享创新想法，有的贫困女生提到已经有实践创新想法的初步行动，有的提到没有创新想法。有贫困女生主动分享其提升女性地位促进妇女就业项目的想法，可以看出其对现实问题的考量在学习课程内容后能够反思自身的现实情境，结合家乡现实环境与现有资源，力求提出自身的新想法。

创新思维训练。讲者以启发贫困女生思考来引导其发散思维，进而讲述如何实践创新想法，引导贫困女生阐释创新想法，助其理清思路。在这个环境中，贫困女生愿意积极投入、表达自身的思考结果、分享自身的创新点子，并希望讲者给予相应的指导。在这个场域中，贫困女生的创新思维受到一定的启发。笔者观察到大家对于讲者的创新案例兴趣浓厚，能够集中注意力跟着讲者的思维去思考并且及时回应。针对讲者提到的关于实践创新想法的现实环境，贫困女生能够提出自己的质疑。讲者通过分析实践创新想法需要考量的多种因素，引导贫困女生如何实践创新想法。通过内容的学习，贫困女生主动与讲者交流创新想法并寻求指导。在过程中，贫困女生能够主动表达创新想法，寻求实践创新想法的指导，体现了其创新思维得到启发、创新意识有所提升。

提升创新技能

第三次课程旨在通过创新案例的分析，引导贫困女生思考创新案例的产生过程。通过讲者讲解创新想法的落实过程，引导贫困女生理解实践创新想法的现实环境。以创新项目的设计要点讲解，使贫困女生建立设计实践创新项目的初步认识（见表 5 – 34）。

表 5 – 34　提升创新技能课程设计

阶段名称	阶段内容	注意事项	耗时（分钟）
开场白	阐述主题与目标		5
案例分享	创新案例讲解分析	引导思考	30
小组讨论	1. 创设轻松讨论氛围 2. 抛出问题，引导讨论 3. 引导分享讨论成果	自主探究和合作	25
互动交流	交流疑惑、心得	引导发言	25
陈述总结	总结项目设计要点		5

提升创新技能课程具体目标

第一，学习创新案例的设计过程，初步掌握项目设计要点。

第二，引导思考与参与互动，发散思维、参与讨论，激发提出创新想法。

第三，提升参与、思考主动性，提升项目设计的能力，尝试参与设计创新项目。

创新案例分析和讨论。讲者的创新案例是文化要素与盘扣的结合。讲者以一粒习以为常的小扣子作为文化的载体，赋予扣子文化的内涵和自身的创新想法。讲者以扣好人生的第一粒扣子为例，启发贫困女生联想日后进入社会的人生阶段。讲者出身农村家庭，学历不高，强调后期必须不断加强理论知识学习方可创新。讲者在实践创新想法的过程中不畏艰难、坚持创新想法，能够激励贫困女生不畏艰难去实践。

> 我学女性学，想在学业上有所进步。其次就是想在实践上（有所应用）。创新的出发点是了解身边的需求。而不是说着创新是什么而不去做。像前天我和老师聊到需求，我就说到一个，像我妈妈是一个中年妇女，她文化程度不高，主要就是家庭主妇，没有技能。我们说要提升女性地位，针对这样的女性我们可以为她们做什么？老师就说："那你知道你妈妈的需求是什么吗？"然后老师又说到了她是一个老师，60多岁了，家里还有婆婆（需要）照顾。她的需求就是需要有一个临时短暂的护工，能够临时一两个小时照顾婆婆。然后我就想要有一个自己的项目能够让它一点点开花，能够去解决实际的需求问题。（C4 – 15）

通过讲者对自身创新案例的分享，引导贫困女生感知创新项目设计的现实情境。讲者提到创新的价值源于问题的解决，强调在实践创新想法的过程中担负起社会责任，解决农村女性剩余劳动力再就业的问题。整个过程中，讲者以创新案例讲述自身对创新的理解、创新的重要性以及如何实践创新想法。

针对讲者的实践创新经历，贫困女生提出疑惑并且寻求建议。课程结束后，贫困女生积极与讲者互动并交流创新想法，获得讲者有力的鼓励与资源支持。

强化创新意识，提升创新技能。讲者以创新案例讲述其对于创新的理解、创新的重要性以及如何实践创新想法，力求详尽描述创新项目设计的现实环境，让贫困女生理解创新项目设计需要考量多方因素，掌握创新项目设计的要点。在讲者的引导下，贫困女生能够主动分享创新想法与实践创新经历，并积极寻求实践创新想法的指导。针对讲者分享的创新案例，贫困女生能够提出自己的见解以及自身的疑惑。讲者真实的案例讲述能够激发贫困女生提出创新想法的勇气，贫困女生能够积极融入课程中，思考关于创新的概念并且表达自己的理解，强化了对于创新的认识。通过讲者的提问，贫困女生能够积极与周围的人交流并且积极探讨案例的创新点，交换彼此对创新概念的理解，激发其初步设计创新项目的意愿。在真实的创新案例分析中，贫困女生能够深入地思考与分析创新案例的创新点，思考的维度有所丰富，创新意识有所提升，创新技能有所提升。

强化创新技能

第四次课程旨在通过创新案例的分析，引导贫困女生掌握创新项目设计的要点、分析实践创新想法的现实环境。通过讲者的创新项目设计讲解，为贫困女生实践创新想法提供一定的指导与支持（见表 5 – 35）。

表 5 – 35   强化创新技能课程设计

阶段名称	阶段内容	注意事项	耗时（分钟）
开场白	阐述主题与目标		5
案例分享	创新案例讲解分析	引导思考	30
小组讨论	1. 创设轻松讨论氛围 2. 抛出问题，引导讨论 3. 引导分享讨论成果	自主探究和合作	25
互动交流	交流疑惑、心得	给予指导	25
陈述总结	总结项目设计要点		5

强化创新技能课程具体目标

第一，学习创新项目设计的要点，掌握创新项目设计的本领。

第二，引导思考与分析，主动沟通、互动交流，激发贫困女生自主设计项目。

第三，激发创新的主动性，掌握设计实践创新项目，激发贫困女生组织创新活动。

创新项目案例分析和讨论。讲者的创新项目案例是结合所有商业模式优势的圈子店商。它的创新之处在于既结合线下实体又采取移动互联网平台进行线上分享，使得店商与微商相结合，符合当下的多元化市场需求，能够解决现实存在的客观需求。讲者首先分享创新项目设计的经验以及注意事项。贫困女生对此分享了看法并敢于提出质疑。讲者继而分享实践创新想法的经历与感受，鼓励贫困女生积累实践经验，引导贫困女生探讨创新项目是用来做什么的，思考创新项目设计的目的与意义。讲者提到创新项目是用来变现、增值、获得利润的。而从贫困女生对于创新项目理解的回答中可以看出其对于创新项目的理解偏向学术。讲者引导贫困女生联系实际生活，提到创新项目的商业化可以联系为做兼职获取收入，目的是减轻经济压力的现实情境，以较为贴切的例子启发贫困女生如何思考和实践创新想法，指导贫困女生需要具备联系实际的思维与能力才能实践创新想法。讲者启发贫困女生开拓思维，综合现实情况去考量并实践自己的创新想法。贫困女生能够具象化地理解创新项目实践的现实环境，更好地掌握创新项目设计的要点。"'小'的变'大'。'大'可以指政策，'小'可以指居民的需求。比如发现某方面有一个小的空白、空缺或者需求，然后开展创新项目设计后，慢慢会形成一个更大的产业，这个'大'的可能就是需要趋势。反过来，它可以是'大'的变'小'的。我觉得创新的外在条件很重要，像能力、趋势，特别是社交趋势。"（C4-15）讲者提到当下以营利为主的商品时代，创新这个很笼统的概念还需要接地气的具体事物体现。创新项目设计需要考量资金获取渠道、产品选取等，引导贫困女生在学习与生活中发挥创意，结合家乡、自身优势实践创新想法，能够激励贫困女生自主设计创新项目。

创新项目分享，强化创新技能。讲者首先以创新案例为主线介绍自身对于创新的理解，进而引导贫困女生分享对创新的理解；以自身的创新项目参与经验讲述关于创新项目设计的目的与意义，引导贫困女生思考项目的设计如何体现创意。讲者以贴近学生生活的例子示范创新项目的实际应用效果，以便贫困女生具象化地理解创新项目的概念。课程结束后，贫困女生积极与讲者讨论，主动寻求实践创新想法的指导与建议。讲者能够根据自身的创新经验给出指导意见。讲者在分享与分析中力求启发与引导贫困女生思考，激发其分享创新想法的意愿，使其有自主设计创新项目的信心。通过讲者的创新案例讲述与分析，贫困女生联系生活与学习情况表达了自己对创新的理解。讲者以创新案例的分析，引导贫困女生思考实践创新想法的现实影响因素，使得贫困女生可以在项目设计前综合地考量现实环境，也强化其对于创新、创新项目设计的理解和认知。同时，讲者从商业营利与解决问题的角度去分析如何实践创新想法，贫困女生则站在解决问题的角度去思考如何实践创新想法。在彼此的对照中，贫困女生能够反思与提出新的想法，有兴趣去采取行动实践自身的创新项目。

（3）高校贫困女生创新力提升项目的效果评估

项目效果评估的方法

对于项目效果的评估采用质性评估方法。评估效果基于笔者对于项目的理解，对贫困女生群体的深入关注、客观分析，而不是精确的测量。笔者通过对项目运作过程的详细了解评估项目对贫困女生的影响。

在项目效果的评估中，笔者采用了半结构式访谈。半结构式访谈要求研究人员在访谈开始之前，先制定一个访谈提纲，作为访谈的参考框架，不需要严格按照提纲问题进行提问，允许访谈人员根据操作的实际情况灵活调整，并力求挖掘出访谈对象的信息。面对面访谈的形式能够减轻访谈对象的心理负担，建立信任，谈话的过程也较为轻松，有助于了解访谈对象的真实情况。笔者在项目结束后访谈了 8 位全程参与项目的贫困女生（见表5－36），力求保持相对客观性，以面对面的访谈形式了解贫困女生的创新力提升情况、项目效果。

表 5－36　访谈对象基本信息

序号	编号	专业	年级
1	C11	金融学	大一
2	C12	汉语国际教育	大二
3	C13	汉语国际教育	大二
4	C14	旅游管理	大二
5	C15	女性学	大二
6	C16	社会工作	大三
7	C17	社会工作	大三
8	C18	社会学	大三

项目效果评估

由于项目本身是开放性质的，部分贫困女生在中途退出，主要原因是觉得不符合专业期待、没有满足个性化需求等。笔者遵循自愿的原则，选取并访谈了上述 8 位贫困女生，通过与项目参与主体进行访谈，了解贫困女生创新力提升情况，评估贫困女生在创新意识、创新思维、创新技能方面的提升效果。笔者在访谈时力求保持客观性，所整理出的访谈资料在一定程度上能够反映项目效果。从 8 位贫困女生的访谈结果来看，笔者主要总结出以下几点内容。

完善自我认知，培养创新意识。创新案例的分析能拓展思考维度，培养创新意识。在讲者的引导下，贫困女生能多角度思考，理清当下与未来。参与项目后，贫困女生会反观自身、深思人生规划、理清现状、明晰目标，从而完善自我认知。她们在参与课程后对于当下的处境能够有较为深入的反思，创新意识得到一定的提升。

相对轻松、开放的课程氛围，使得贫困女生更能敞开心扉。在讲者的引导下，贫困女生在课程中更容易主动地分享自己的想法。而同辈群体的对照，更能鼓舞和激发贫困女生去关注自身的想法，激发交流想法的热情。

> 这些案例和经验会对我以后出去工作或者其他方面都有影响，主要是工作和选择方面，让我的目标更明确，怎么选择，怎么把自己的想法一步步做下来。以前都是模糊的概念。还有看事情的格局很重要，有必要多看一些书，开阔眼界。我性格有一点弱，不敢面对事情，现在会想怎么克服弱点，面对未来。(C4-11)

> 对以后非常有帮助，各种方面能解决一些问题。职业上会想的更多，可能有更好的发展。(C4-14)

> 本身是贫困家庭，如果自己不再努力一点，我觉得我未来的发展可能会像我父母这一辈还是处于一个贫困的家庭。我还得努力，不能单凭学习。我觉得学习要和实践结合起来。(C4-18)

讲者的创新实践经历能够有效地激励贫困女生关注自身创新想法并且有信心去实践创新想法。而创新案例的真实性能够使得贫困女生贴切地理解如何实践创新想法。项目结束后，贫困女生对于创新的理解更为具象化，开始有意识地关注自身的创新想法，能够有兴趣去实践自身的创新想法。部分贫困女生能够在课程学习后，主动地链接课程资源，去实践自身的创新想法。贫困女生能意识到主动地去寻求机会，意识到将创新想法付诸实践的重要性。

> 我觉得我是一个死板的人。我的创新想法基本来源于我的生活，我的生活环境跟大家不一样，我见到的东西跟大家不一样。我觉得创新就是这个人挺机敏的，然后有很多好的点子，就是想法。然后学了这个课程，我发现光有一个想法不行。你要付诸实践，而且在这个过程中，把它发展开来，看到底有什么前景。感觉对一个人的能力的考量比较大。(C4-17)

我觉得那个盘扣它还是一个比较有创新的产品。就是它可能刚开始是一个小众的东西，只是一个小的点，然后发展到一个大的点。可能跟我最开始的那个想法相反。我的想法是最开始它是一个大的，整个农民工外出条件，但是我又把它细化到这个小的休闲中心。（C4 - 18）

　　如果有可能的话需要她们派人过来，给手工的样品，但是不是纯粹加工。我的创新是我们当地是历史文化名城，以手工表现，营销出去当地的文化。（C4 - 15）

　　我觉得还是要做前期调研，你想的这个东西，在市场上需不需要。还有就是有没有发展前景。比如说我想做一个宠物幼儿园，就要问大家有没有这个需求。大家是不是没有时间管宠物，需要让别人来管。我觉得创新一定要落到实处，你只把想法提出来，没有和现实需求结合的话，那就不算创新。（C4 - 13）

　　开拓视野，启发创新思维。通过课程的学习，部分贫困女生认为课程能够开拓视野、拓展思考的维度，并且意识到开拓视野的重要性。她们在思考与分析某些问题的时候能够寻求不一样的思考方式，创新思维得到一定程度的启发。学校助学金仅能满足部分贫困女生的基本日常生活需要，难以满足其对能力提升的需求。贫困女生希望在不影响学业与不需要额外花费的前提下，开拓视野、提升能力。通过本次课程的学习，部分贫困女生能够运用课程所学的创新案例，联想到现实生活中的问题，提出自己的创新想法。

　　我觉得她能把以前的思维方式改变。从她们的角度分析她们的实践经验和理论，不单单是我们学校学习的这种理论。（C4 - 12）

　　去把它大化或者小化，从一个比较长远的目光，看它以后可能会发展成什么样子。听了这个课之后，我觉得原来这个东西我可以把它放大、缩小来看一下，它会是一个什么样的结果。它如果长远发展又是一个什么样的结果。（C4 - 18）

　　创新力提升项目能够在一定程度上达到开拓视野的目标。能力提升项目对贫困女生的影响也可能会是长久性的，意义较为深远，有别于资金资助的短期成效。贫困女生意识到要将目光放长远、发散思维的重要性。

资金主要用来日常（生活），没有附加意义，通过资助课堂接触不一样的思维，接触到不一样的资源。有不一样的可能，意义肯定不一样。（C4-15）

　　看东西看远点，解决问题的时候思维开拓，解决方式也会多一点。创新让自己生活更方便，解决更实际的问题。创新不仅仅是思维的能力。（C4-14）

贫困女生受到创新案例的启发，能够有意识地去关注自己的创新想法，有勇气去实践。

　　我就觉得你把它放大之后，原来一个小东西，它还可以这样。对于我现阶段来说，我觉得还是有一定的启发的，就比如说我刚才说的那个项目。我觉得参加完之后从这些方面学到了一些点，然后用在了我的那个项目。我的一个理解，就是理论和实践结合起来，要有一个好的点子、想法，但是在这个过程中，要把它策划出来，再逐步实现你的小目标。（C4-18）

　　相较于以往的助学金资助肯定不一样，它是知识能力的补充，我觉得很有必要。（C4-11）

　　嗯，就是当时最开始的盘扣，我觉得比较有创新，我以前不觉得这个很贵，就是一个小东西，感觉也卖不好，这种东西为什么会有人买，不太可能发展下去。但是通过那个老师讲了之后，市场是有很多东西自己不太了解的。不能仅仅限于自己的一片天地，现阶段所处的环境能够给予我们的东西很少，还是要去开拓、开阔一下。（C4-18）

获取资源，提升创新技能。贫困女生有实践创新想法的意愿，而受限于客观条件，难以获取资源与支持。而创新力提升项目中的资源与支持能为其提供帮助。部分贫困女生通过项目学习到创新项目设计的要点、链接到所需的资源、得到专业指导，能够获得创新技能的提升。

部分贫困女生在课程中能够积极投入项目设计的学习，在课程结束后会采取行动与讲授者、同学建立联系。

　　之前心里浮躁，看书看不进去，现在会安安静静地看书，在改变

以前的思维方式。希望后续还可以和老师进一步沟通学习，建立联系。希望老师再来授课。(C4-11)

从策划到调研最后实践，我觉得才能实现一个改变。我现在已经有这个想法了，有这个动力，有这种主观能动性。如果客观条件限制，没有给我一个提升，最后出的这个实践效果很差的话，可能是一次打击，会失去信心。她们都是属于更有资源的，可能一个资源链接过来，就可以改变一个。我和魏老师沟通后她比较支持。没有入手做之前有很多的疑惑，需要支持。魏老师对我就是一种支持，她说有技术的支持，也是鼓励我。听了课后想直接与她交流，她非常鼓励我，直接链接到资源，感觉不去做好会辜负她们的期待。(C4-15)

通过参与项目的内容，吸收不同的创新想法，贫困女生对于现实问题的分析与解决有多元的思考，打破了之前思维的局限性。创新案例的学习以及资源支持能够一定程度地鼓舞部分贫困女生参与项目设计。她们能较为主动地寻求支持与资源。创新案例的分享过程不仅增进贫困女生与讲者的了解，也促进了讲者与贫困女生的互助与支持。部分贫困女生通过参与项目获得了资源支持以及专业指导。讲者的指导与鼓励能够为贫困女生实践创新想法注入动力。创新案例的真实性能激励贫困女生实践其创新想法，感知创新项目设计的现实环境，助力其潜能发挥。

从开始参加到后来我自己做项目，再到以后我会想我在参加项目的时候学到了什么，我又在做这个项目中学习到了什么。我可能会推断从前，会对自己慢慢形成一个影响。(C4-18)

我觉得重要的不是我们想从老师那里获取经验，经验都是自己去实践的，我们要的是从她们那里获取支持。重要的是联系她们，她愿意投入精力，给我们指导。(C4-14)

部分贫困女生有创新想法，能够积极去寻求资源，努力拓展自己的交际圈子。她们积极地寻求自我提升的机会与资源，寻求专业的指导与志同道合的伙伴。对于当下想努力实践的事情，她们会积极表达，寻求支持。但是由于自身资源的有限，她们只能通过网上或者校园活动去寻求资源，希望借助参与项目拓展有助于创新想法实现的社会资源，这也是她们愿意接受笔者访谈的一大原因。

我有两个创业想法，我现在很纠结要做哪一个。我去听过学校就业处的创新创业培训课程，但是感觉不太理想。我在社团和网上都有找资源，我想多参加学校的一些活动去寻求这方面的资源，我希望能找到志同道合的人和有创业经验的人指导，一起做我们这个计划。（C4-13）

从部分案例中可以看出，个别贫困女生能够意识到资源的重要性并积极地寻求资源、社会支持，内在实践创新想法的动机受到一定程度的激发。

贫困女生通过项目的参与，实践创新想法的热情受到激发，而同辈群体支持关系的建立也一定程度推动其落实创新想法。

我和另一个同学在讨论，她对女性就业这个项目很感兴趣，我们打算寒假前把项目策划写出来，然后一起去想办法实施。我觉得要是我一个人可能就没有动力了。我觉得人多会行动。（C4-15）

创新点还是来源于生活的地方，现在农村基本就剩老人和小孩，然后我就想到这个点，搜索论文，想到空心化这个词。结合十九大提到的内容我就想出了空心化村庄有关的项目，想建一个休闲娱乐实践中心。一方面给老人休闲娱乐，一方面让女性有机会回到家乡就业。（C4-18）

我目前能想到的就是做问卷做市场调查，建公众号，积累用户资源，然后再试。然后再开发小程序让商家入驻。项目刚立项需挂靠，如果能够谈妥的话，问题就解决了。（C4-15）

笔者在项目结束后期的访谈中也确实发现部分贫困女生相互建立支持，会主动讨论创新想法、撰写创新项目计划。在同辈的支持与理解下，贫困女生更容易互相学习，激发实践创新想法的动力，强化创新技能。

创新力提升项目整体满意度较高。项目内容较为充实、贴切、丰富，真实的创新案例符合贫困女生对于创新力提升的期待。从访谈的结果来看，项目整体基本符合贫困女生对于丰富知识、开拓视野、提升创新力的期待。这既得益于创新案例的丰富与真实，也得益于讲者的引导与指导。项目总体能够达到培养创新意识、启发创新思维、提升创新技能的目标。创新力提升项目的内容与形式能够基本满足贫困女生的期待。

课程内容特别棒，老师全程参与，老师没有居高临下的感觉，能够链接到有效的一些资源，感觉充实。（C4－15）

授课的形式、讲者态度和内容互动情况，较为符合学生的期待。

现在地点很好，形式的话老师很会上课，虽然不是专业的但是很会互动。我觉得我能够主动地互动，并且与其他女生建立联系。我在这个课程后有学到创新的知识与经验，今后想去实践自己的想法，但是这需要一些现实条件。我觉得在这个过程中我的各方面能力会有不同程度的提升，但是这需要一些时间才看得出来。（C4－13）

我觉得整体还是很好的，时间也还行。（C4－18）

项目目标达成的成效评估

项目方案设计的四次课程围绕培养创新意识、启发创新思维、提升创新技能、强化创新技能四个主题。具体内容主要以创新案例分享、分析的形式激发贫困女生分享创新想法、敢于提出质疑、有意愿实践创新想法、掌握项目设计本领、实践创新想法。项目方案设计以对贫困女生创新意识的培养、创新思维的启发、创新技能的提升和强化来达到提升贫困女生创新力的目标，从项目目标达成情况（见表5－37）来看，项目成效显著。

表5－37　项目目标达成情况

项目课程主题	项目课程具体目标	目标达成情况
培养创新意识	善于思考、开拓视野 激发分享创新想法，能够积极思考、分享想法 提升实践创新意愿，有主动分享创新想法的意愿与行动	基本达成目标
启发创新思维	启发积极思考 引导提出新想法，能积极思考、主动回应 学习反思和质疑，能提出新想法、提出疑惑	基本达成目标
提升创新技能	初步掌握创新项目设计要点 提出创新想法，主动分享创新项目设计想法 尝试参与项目设计，主动分享项目设计的疑惑	基本达成目标
强化创新技能	强化创新项目设计本领 能够自主设计项目，能提出项目设计的疑惑 能够组织创新活动，主动分享实践创新经历，寻求指导 有初步项目设计的想法	基本达成目标

对所培育出的项目的成效评估

通过参与创新力提升项目，部分贫困女生实践创新想法得到激励，在实践创新想法的过程中，运用创新思维设计出体现创新价值与社会意义的实践创新项目，反映出部分贫困女生项目策划能力、项目行动能力和创新技能的强化。

从所培育出的项目一来看，贫困女生将项目中链接的资源与家乡剩余劳动力现状结合，力求在实践创新想法的同时解决现实社会问题，所设计的项目内容与目标清晰明确，具有一定的针对性及实践意义。贫困女生不仅发挥创意，实践创新想法，也意图解决现实问题。所设计的项目成果具有一定的社会价值，也体现贫困女生的创新力。项目成果体现贫困女生有实践创新想法的行动、能够掌握项目设计的本领，在一定程度上也体现创新力提升项目对贫困女生的影响。

从所培育出的项目二来看，贫困女生能够紧密结合生活背景，自主设计关于解决农村空心化问题的项目。项目设计体现了贫困女生以点带面的创新思维，目标内容较为明确清晰，对项目实施环境有较为理性的分析与判断，项目有一定的针对性、实践意义和社会价值。此项目设计成果能够在一定程度上体现贫困女生创新项目策划能力的提升、反映创新技能的强化。

综上所述，贫困女生的创新力有一定程度的强化，项目达到了培养创新意识、启发创新思维、提升创新技能的目标，一定程度上提升了贫困女生的创新力。

（4）反思

贫困女生创新力提升项目为贫困女生能力帮扶工作做出了有力探索，也为改善贫困女生能力弱势处境做出了实践。而关注与研究贫困女生在项目参与过程的改变与能力提升情况，能够更有效地评估项目效果，弥补项目缺陷。从笔者的观察与研究来看，NY 学校的贫困女生创新力提升项目能够在一定程度上达到提升贫困女生创新力的目标，对于改善贫困女生能力弱势处境有一定的效果。但是贫困女生能力提升的效果是一个长期的过程，还需要时间的检验。

项目内容受限于现实客观条件，在提升贫困女生创新力意识方面效果明显，但在提升行动力方面效果尚显不足，这是日后需要追踪关注的部分。由于时间、资源与笔者研究能力的限制，项目运作过程与效果研究还存在一些不足的地方。

没有运用定量与质性相结合的方式评估创新力的提升。笔者在需求评估与项目效果评估中采用访谈法，虽然可以了解贫困女生的生活场景，理解其能力弱势处境的外在阻碍，但是仅依靠访谈进行评估缺乏客观性。

创新力评价指标体系的设计。通过阅读文献与本次研究，笔者对于"创新力"这一概念有了更为深入、清晰的认识，结合张宝臣对于创新力概念的定义，笔者将从三个维度设计创新力评估指标体系（见图 5-8）。

图 5-8 "创新力"概念的主要维度

笔者查阅有关大学生创新力评价指标体系的文献，发现学者反复使用创新思维的指标有，逻辑思维能力、批判思维能力、发散思维能力。笔者根据访谈贫困女生的经验，收集整理出贫困女生反复提及的关于创新意识的指标有，分享创新想法的意愿、实践创新想法的意愿、参与实践创新项目的意愿、参与实践创新课程情况、参与实践创新比赛情况、设计实践创新项目情况。贫困女生反复提及关于创新思维的指标有，对能提出不同想法的评价、对能质疑事物的评价、对能发现新问题的评价。贫困女生反复提及关于创新技能的指标有，产出创新项目的质量、实践创新想法的次数、设计创新项目的数量、对于能够自主设计创新项目的评价、对于能够组织创新类活动的评价、对于能够实践创新想法的评价。但是笔者所设计的创新力评价指标体系（见表 5-38）还需要在具体情境中检验，也有待时间的检验。笔者也希望在未来的研究中进行单个对象前后改变程度的细化测量评估，继续完善现有研究。

表 5-38 "创新力"概念的主要维度及测量指标

主要维度	子维度	具体指标
创新意识	客观	参与实践创新课程情况
		参与实践创新比赛情况
		设计实践创新项目情况
	主观	实践自身创新想法的意愿
		参与实践创新项目的意愿
		主动分享创新想法的意愿

续表

主要维度	子维度	具体指标
创新思维	客观	批判思维能力
		发散思维能力
		逻辑思维能力
	主观	对能提出不同想法的评价
		对能质疑事物的评价
		对能发现新问题的评价
创新技能	客观	产出创新项目的质量
		实践创新想法的次数
		设计创新项目的数量
	主观	对于能够自主设计创新项目的评价
		对于能够组织创新类活动的评价
		对于能够实践创新想法的评价

（四）政策倡导

1. 倡导学校思想政治工作专业化、特色化，将思想政治工作与学校社会工作相结合

课题组向 NY 学校校方提交"关于学校思想政治工作专业化、特色化的初步设想——寻求思想政治工作与学校社会工作结合点"意见书。

学校社会工作是思想政治工作中的重要专业力量。

（1）思想政治工作新形势要求。思想政治工作新形势要求改革思想政治工作的理念和方法。

（2）学校社会工作需要发展。学校社会工作是社会工作实务之一，随着社会工作的发展，学校社会工作逐渐进入高校，学校社会工作在高校大有可为。

（3）思想政治工作与学校社会工作是互赢关系。思想政治工作与学校社会工作相互借力，思想政治工作拓展了学校社会工作实务领域，使学校社会工作得到发展，学校社会工作使思想政治工作有了专业化、特色化元素。

学校社会工作制度化

（1）在学校层面，成立学校社会工作委员会，隶属学校人才培养委员会，参与学校思想政治工作。

（2）如果可能，配置专职学校社会工作者1-2人。

（3）出台相应政策，使学校社会工作合法参与学校思想政治工作，如果学校人力不足，可以考虑学校出资购买社会组织服务。

（4）学校设立重点项目，对学校思想政治工作专业化、特色化和思想政治工作与学校社会工作相结合从事行动研究，即边研究、边行动、边反思。

（5）学校依托社会工作学院建立"学校社会工作站"。

学校社会工作资源整合

（1）二级学院层面。二级学院是运作主体，社会工作学院负责资源整合，具体运作"学校社会工作站"。可以将社会工作学院、教育学院作为试点，条件成熟后推广。

（2）教师和学生层面。社会工作学院教师和学生（包括研究生、本科生）共同参与，可以通过学校社会工作介入思想政治工作。

第一，社会工作学院教师和学生接受思想政治工作培训。

第二，对于有需要的学生，有社会工作专业教育背景的老师可以进行干预。

第三，选拔一些思想政治水平过硬的研究生、本科生，到一些院系运用社会工作理念和方法，开展倡导行动，发挥同伴教育的功能。

目前社会工作学院正在策划"学校社会工作站"。

2. 倡导学校开展"育慧—圆梦计划：实践创新能力提升项目"

课题组与NY学校的学生处合作开展行动，共同策划了"育慧—圆梦计划：实践创新能力提升项目"。

（1）项目策划书

项目简介

"育慧—圆梦计划：实践创新能力提升项目"面向全日制本科、高职的家庭经济困难女生（以下简称高校贫困女生），以二、三年级学生为主，围绕提升贫困女生实践创新能力开展活动。为提升贫困女生的实践创新能力，学校会开展"资助课堂""爱心牵手""实践创新赛"等系列项目，邀请优秀女企业家开办讲座和指导，开展帮扶，建立支持小组，举办实践创新能力大赛，在大赛中胜出的优秀贫困女生受中华教育文化交流基金会（以下简称"基金会"）资助赴香港研学交流。

项目目标

通过项目活动的开展，提升贫困女大学生的实践创新能力，为贫困女生建立社会支持网络，使其获得成长和发展，更好地适应社会和时代的发展。

项目背景

21世纪以来，科技进步日新月异，国际竞争日趋激烈。国与国之间的竞争，归根到底是人才的竞争，是民族创新能力的竞争，而教育正是培养人才和增强民族创新能力的基础。当今科技发展、社会发展、经济发展都离不开创新的推动。大学生作为创新力量的生力军，开发大学生的创新潜能，提升他们的实践创新能力势在必行。应该从培育创新意识、创新行动入手，为社会培养具有实践创新能力的新时代女性人才。

学校在办学中，始终坚持把创新意识的培养作为人才培养中的一项重要内容。为深入了解学校贫困女生在实践创新能力方面的状况，"育慧—圆梦计划"进行了需求调查，发现贫困女生群体在创新实践能力方面有待提升，有必要开展此项目。

项目的实践意义

通过实践创新系列项目活动，学生得到实践锻炼，创新思维得到启发，探索精神得到激发，实践创新意识和能力切实提高，更好地为社会服务。

项目内容及执行计划

"资助课堂"：邀请优秀女企业家来校开办讲座。具体目标包括提升贫困女生发现与思考问题的能力、创新理论与意识、创新实践能力、分析与解决问题的能力、团队协作能力等。

"爱心牵手"：聘请优秀企业家作为贫困女生圆梦导师。建立圆梦导师、贫困女生、社工专业学生组成的支持小组。圆梦导师指导学生设计实践创新项目，同时在学习、成长、发展等方面给予学生关怀，为学生树立学习榜样，引导学生明确奋斗目标，科学进行职业生涯规划，有效提升实践创新能力。贫困女生和社工专业学生可以实现"同伴教育"。学校和中华教育文化交流基金会拟共同推进该计划。

"实践创新能力提升大赛"

参选作品筛选。面向全校贫困女生进行参赛人员招募。参赛人员可以个人或者团体身份参加活动。

评委会组成。结合"育慧—圆梦计划"项目需要，邀请中华教育文化交流基金会总干事、圆梦导师和学校相关老师共同组成创新大赛的评委会。

时间安排

第一，2018年12月，发布实践创新能力比赛通知。

第二，2019年1—4月，学生开展实践创新项目。

第三，2019 年 5 月，进行创新实践能力比赛，评选出 20 名优秀获奖学生。

第四，2019 年 6 月，学院负责筹办颁奖典礼，学校和中华教育文化交流基金会共同为获奖学生发放证书，以资鼓励。基金会为 20 名获奖学生提供到香港研学交流的机会，学校和学生进行赴香港交流准备。

第五，2019 年暑假开学前一周，带领比赛获奖的 20 名优秀学生赴香港交流，基金会负责联络、确定 20 位优秀贫困女大学生在香港研学交流的行程安排。

项目程序（见表 5 - 39）

表 5 - 39   "育慧—圆梦计划"实践创新大赛

活动时间	活动内容	活动地点	备注
初评	评审委员会进行筛选，确定入围人选；初评会后，开通网络投票渠道，邀请学生对入围案例投票。	学校	
复评	评审委员会从初评入围的案例中，通过投票最后评出奖项。	学校	评委会得分占80%，网络投票得分占20%。 （1）一等奖4名。 （3）二等奖6名。 （4）三等奖10名。 注：如果是团队获奖，单位名额为1。
颁奖典礼	邀请基金会嘉宾、圆梦导师和学校师生参加颁奖典礼，并以研讨会的形式对获奖项目进行表彰、总结和推介。	学校	

项目需提交成果

实践创新项目策划书。

实践创新作品实物，包括论文、报告、视频等多元成果。

经费来源

学校提供一、二、三等奖奖金，并负责赴港学生北京往返香港旅费。

基金会负责 20 名学生在香港 3 天研学交流的酒店食宿、交通、培训参访交流等落地接待费用。

项目难点及预计的解决方案

参加比赛的学生由于个人能力可能很难独立完成创新作品，所以会联系圆梦导师对其指导。

项目评估

第一，项目评估问卷。

第二，参赛人员汇报分享。

第三，评委会的评估报告。

第四，项目组成员观察评估。

（2）协同推进"育慧—圆梦计划：实践创新能力提升项目"

举办实践创新能力提升论坛

为提升贫困女生的实践创新能力，启发学生创新思维，同时为了推进实践创新大赛的活动进程，项目举办"育慧—圆梦计划实践创新能力提升论坛"，来自学界、业界的专家学者、行业精英出席论坛，为提升贫困女生的实践创新能力出谋划策，近 200 名贫困女生参加了论坛。

论坛重要观点如下。

第一，创业是一个从"发现知识"到"解决问题"的旅程，以学习者为中心、以问题为导向、以成长为动力、以分享为快乐的"反向学习法"是创新人才培养的重要方法。

第二，参赛项目已经用创新性的产品或者服务改变了物质世界，带动了就业甚至影响了认知，鼓励学生们要积极参与各类创新创业大赛，要敢于尝试，勇于创新。

第三，创业需要不断"创新"，在实践中创新，在实践中不断探索创新服务形式和产业融合的方式。

第四，以生动的案例深入分析了企业生存发展的基石，辩证分析了品牌创造与管理者品德的关系，指出创业者的角度要找准定位，才能实现人生价值。

第五，区分创业大赛与创业的区别，并分析了艺术与商业、2C 与 2B、产品与项目、高端与低端、发散与聚焦的关系，通过创新商业模式为创业项目赋能。

总之，论坛在创新创业人才培养先进理念、企业家开拓创新的创业精神方面使学生受益，拓宽了学生的创新思路，激发了学生尤其是贫困学生的创业热情，鼓励更多的同学了解创业、参与创业、实现创业。

开展"实践创新能力提升大赛"

2018 年 12 月，"育慧—圆梦计划"实践创新能力提升项目如期启动，按照计划，"实践创新能力提升大赛"于 2019 年 5 月中旬举行，评出 20 名优秀获奖学生。2019 年 6 月，举办颁奖典礼，学校和基金会为获奖学生发放证书，以资鼓励。2019年暑假，全额资助并组织比赛获奖的20名优秀学生赴香港交流。

2019年5月，"育慧—圆梦计划"实践创新大赛项目答辩会举办，此次答辩会邀请了香港某基金会总干事及内地专家。

大赛有不同院系贫困女生的24个参赛项目。学生从项目背景、项目实施、项目成果、创新点、可行性等方面对项目进行了阐述，内容涉及顺应时代潮流的App设计，弘扬传统文化的课程推广，关注群众生活的公益项目，服务弱势群体的智能开发等。每个项目展示后，学生们都得到专家点评和指导。

此次大赛使贫困女生的实践能力和创新精神得到提升，也是学校将资助与育人有机结合，精准资助贫困女生追梦、圆梦的创新性实践。

比赛最终评选出20个获奖项目，参与这20个项目的20名学生，原本可以按照协议应香港某基金会的邀请去香港在2019年8月进行为期3天的交流，因为香港局势而未能成行，圆梦导师计划也由此延缓。

第六章　结论、反思和政策建议

一　结论

（一）关于高校贫困女生弱势处境和社会支持抽样调查

本研究以高校贫困女生为研究对象，将高校贫困女生与高校普通女生、高校贫困男生和高校普通男生的各项指标进行交叉对比，得到如下主要结论。

1. 高校贫困女生能力画像

高校贫困女生多为非独生子女，来自农村，个人能力受到各方面的制约。具体来说，创新能力、计算机水平、综合外语水平和综合能力的自评总分在四个高校学生群体中都处于低端，处于相对弱势，和普通女高校学生一样，心理承受能力较弱。但是在人际交往能力方面高于其他学生（见图 6 - 1）。

学习主动性方面，高校贫困女生的总体均值最高，在学习中的自我管理和控制能力要比高校普通学生强，在公开场合清晰表达自己观点的能力比其他三个高校学生群体弱。

学习成绩方面，高校贫困女生中较多为成绩优秀以及良好的同学。高校贫困女生的学习成绩优异，虽然理论知识水平较高，但实践性科目（如计算机、综合外语）普遍不如其他三个高校学生群体。其根源还是在于贫困的现状及生理情况限制了自身能力的发展及综合素质的提高。

创新能力较弱。高校贫困女生的创新能力较弱，但这并不意味着她们忽视创新能力的提高，高校贫困女生会通过参加社会实践活动来提高创新能力。

心理承受能力较弱。高校贫困女生不赞成"事业成功的女人往往没有

271

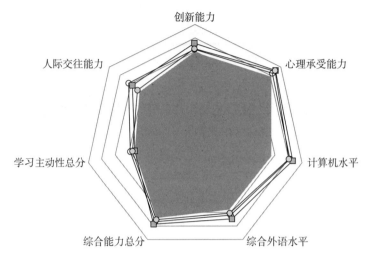

图 6-1　高校贫困女生画像

女人味""寒门难出贵子""出身比努力更重要"的观点。而比较赞成"有志者事竟成"的观点，说明高校贫困女生认为客观条件的缺乏并不能阻挡她们前进的步伐，有坚强的意志和毅力战胜生活和学习中的困难。虽然高校贫困女生的价值观较正确，但她们的心理承受能力相比其他三个高校学生群体弱。

从期望学位来说，高校贫困女生中期望自己的学位是硕士的人数比例最高，期望获得博士学位的比例低于其他三个高校学生群体。

从荣誉获得级别来说，获得国家级荣誉的比例高于另外三个高校学生群体，获得其他级别荣誉的人数比例低于另外三个高校学生群体；从活动参与情况来说，高校贫困女生在活动参与方面所得平均分低于其他三个高校学生群体，但获取各类专业资格证书（不包括英语四、六级证书）的得分高于其他三个高校学生群体。

2. 高校贫困女生的社会弱势特征

（1）家庭层面

家庭经济及教育基础水平较低。从调查结果来看，父母的职业不稳定、家庭收入相比其他高校学生群体是最低的，父母的受教育程度大都在小学、初中阶段，高校贫困女生的家庭较少能够为其提供物质以及人脉支持，更多的只能提供情感上的支持和鼓励，父母也对其有较高的职业期望，和继续学业的经济压力一起，使她们承受着较大的心理压力。

学费的主要来源是父母和银行贷款，生活费除由父母提供以外，很大一部分来自自己的打工收入，在生活上自尊自强，勤俭节约。高校贫困女生的求知欲很强，生活费主要用于学习和深造。

就业支持弱势。高校贫困女生得到家庭的就业支持较少，家庭大部分只能为其提供心理情感上的支持，较少家庭能够提供资金以及人脉上的支持。家庭需要加大对高校贫困女生的支持力度，增加可提供支持的维度，以促进高校贫困女生未来职业的良好发展。

（2）学校层面

较少参加活动趋向于独立学习。高校贫困女生较少参加校内外的学术交流或会议，不注重人际交往能力的锻炼，而是热衷于独自学习，考取各种专业资格证书。会参加学校组织以及一些公益性组织，然而，缺乏自信以及领导能力，大部分学生担任普通成员的角色。

以求学和实践为出行目的。由于家庭经济条件的限制，高校贫困女生最远也只是到过省外，很少有机会出境或者出国，出行目的大部分为兼职、打工、社会实践或求学。

能力支持和就业支持不足。高校贫困女生中勤工助学岗位主要由学校的勤工助学中心提供，高校贫困女生参加创新实践的频率低于高校男生，对于鼓励和引导毕业生到城乡基层就业的政策，高校贫困女生了解的人数比例低于其他三个学生群体，高校贫困女生的创业观念相比之下不是很强。

家庭为高校学生提供的就业支持越多，越有利于高校学生职业规划能力的提高。但是高校贫困女生的家庭能够提供的就业支持较少，值得重视。

（3）社会层面

就业压力和经济压力较大。高校贫困女生虽然在遇到经济和就业方面的困难时会有1到2个人帮助，但相比其他三个高校学生群体来说其承受着更大的经济压力和就业压力。

职业发展要求高但缺乏信心。高校贫困女生缺乏对自己职业发展规划的明确性。可能由于家庭环境不稳定，其未来的职业规划变动概率较大，因此即使为自己拟定了明确的职业规划，但可能会由于家庭环境的变化而改变。高校贫困女生很想改变家庭目前的贫困状态，因此在事业上给予自己很高的期望，更加希望自己会有所作为。但对自身缺乏信心，因此对自己未来的职业发展也缺乏相应的信心。

（4）资助政策层面

资助政策力度适当，方式单一。从奖学金、勤工助学以及助学金来看，高校贫困女生获得的比例较高，其中大多数人认为对贫困生的资助力度适当，70%以上的高校贫困女生认为认定的困难程度与真实情况比较符合，获得的资助能够部分解决学习及生活费用，少部分高校贫困女生认为能够全部解决。

高校贫困学生认为资助政策中资助方式单一，资助政策较为公平，但是对"应增加高校开展被资助家庭情况调查的经费"以及"应将违反资助协议的行为列入个人社会信用记录"两个条目的赞同程度较低。

高校贫困女生的社会资助主要来源于企业家、地方政府和社会爱心人士，高校贫困女生获得名人基金会和社会爱心人士资助的比例高于其他三个高校学生群体。

社会资助来源较多，地方政府资助比例较低。有90%以上的高校贫困女生没有获得过社会资助，比例高于其他三个高校学生群体。高校贫困女生从地方政府获得的资助低于其他三个高校学生群体。

3. 对高校贫困女生的整合式社会支持

对高校贫困女生的社会支持研究应该从单一维度的研究，转变为多维度的研究；从分离的、散在式社会支持，转变为建构一个整合式社会支持系统，包括社会支持的结构、载体和路径，为高校贫困女生提供一个立体多元的社会支持系统，使高校贫困女生的社会支持系统更加丰富和完善。

（二）关于社会支持需求和行动干预

1. 高校贫困女生关于社会支持的群体需求

（1）高校贫困女生遇到烦恼、困惑、心理压力、挫折时支持来源主要是家庭和同学朋友，面临创新能力提升、就业或继续深造问题时支持来自老师、辅导员，大学老师和辅导员应多调动其参加创新实践活动的积极性，使其更多地参加创新实践活动，提高自身的创新能力。国家和社会应加大对高校贫困女生的支持力度，促进其全面、健康发展。

（2）高校贫困女生的心理健康状况受到家庭支持的显著影响，因此，家庭给予高校贫困女生的支持越多，其在心理健康方面的表现会越加良好；家庭为高校学生提供的就业支持越多，越有利于其职业规划能力的提高。

（3）周围同学朋友的支持，会使高校贫困女生的综合能力得到较大的提升，其心理承受能力会越强，职业发展会越好。同学朋友间应互相支持鼓励，树立职业发展的信心。

（4）就业指导课的开展对高校贫困女生的职业生涯规划具有很大的帮助。学校应从各个角度积极开展就业指导课程，并提供个性化的帮助，使高校贫困女生对未来的职业生涯有明确的规划。

（5）参加社会团体组织对高校贫困女生的人际交往能力具有较好的预测力，但高校贫困女生的社会参与率低，社交网络狭窄，缺乏自信心和领导力，因此，需多鼓励高校贫困女生参加团体组织，扩大其社交圈，增强自信心和领导力。

2. 行动干预的有效性

将高校贫困女生的社会支持干预，行动研究与社会工作专业实务方法个案工作、小组工作、（学校）社区工作和（学校）社区政策倡导相结合，经过评估，实践证明是有效果的。从个案工作、小组工作、（学校）社区工作和（学校）社区政策倡导等不同层面进行干预，可以为贫困女生个体和群体建构多元的整合式社会支持系统，初步形成社会工作对于高校贫困女生社会支持行动干预的多元实务模式。

二　反思与讨论

通过对项目整体运作的反思，研究者感到既有成就又有遗憾和局限。

（一）项目的创新和贡献

1. 在理论层面，项目对建构整合式社会支持系统进行探讨。本研究以社会支持为理论基础，尝试从社会支持结构、社会支持路径和社会支持载体等不同层面对高校贫困女生的社会支持进行理论分析，以区别于以往相关研究就某一层面的研究；另外以往研究从社会性别视角研究社会支持的不多，本研究试图从这两个方面拓展社会支持理论。

2. 在研究方法层面，项目运用混合研究方式。将定量研究、定性研究、行动研究三种研究范式进行结合。通过定制的"高校学生社会支持量表"和"高效贫困女生社会支持系统及需求评估卡"，对高校贫困女生的群体、个体的社会支持状况及需求进行调查和评估，为建构整合式社会支持系统提供科学依据。

3. 在实践层面，项目以"高效贫困女生社会支持系统及需求评估卡"为工具，综合运用个案工作、小组工作、（学校）社区工作和（学校）社区政策倡导等方法进行行动干预，链接宏观、中观、微观的资源，为贫困女生建构整合式社会支持系统进行有益的尝试。项目组邀请多名研究生和本科生，特别是贫困女生参与实务干预，培养这些学生的研究和实务能力。

（二）项目运作的局限

1. 在对高校学生进行问卷调查时，由于高校贫困女生群体的特殊性和敏感性，很多高校出于对这一群体的保护，拒绝按照项目组设计的概率抽样方案开展，最终只能选择与项目组成员有私人关系的高校作为样本高校，因此样本不具有代表性，不能由样本推论总体，数据只能反映被调查样本所在的高校贫困女生群体弱势处境和社会支持状况。

2. 本研究在理论上提出高校贫困女生"整合式社会支持系统"，包括社会支持结构、社会支持路径、社会支持载体，在系统中各自承担不同的功能，包含了12种社会支持（社会支持结构：能力支持、心理支持、就业支持、榜样支持；社会支持路径：观念支持、法律支持、政策支持、专业支持；社会支持载体：国家支持、学校支持、群体支持、家庭支持），这是理想型的理论建构。尽管已有的文献研究也囊括了对上述12种社会支持的研究，但以往学界把社会支持的结构、路径和载体混为一谈，缺乏综合性梳理；本研究通过对14所高校的数据分析，得出高校贫困女生的支持结构、支持载体和支持路径是相互关联的整体，整合式社会支持系统得到初步验证。但是，模型中只包括9种社会支持（社会支持结构：能力支持、心理支持、就业支持、榜样支持；社会支持路径：观念支持、政策支持；社会支持载体：学校支持、群体支持、家庭支持），这与并非严格的概率抽样下产生的样本、数据不具备完全的代表性有关。所以慎重推论，以后需要收集更具代表性的数据进一步验证。

3. 本研究创建了"高效贫困女生社会支持系统及需求评估卡"，参与行动干预的高校在个案工作、小组工作、社区工作中进行了试用，"评估卡"的卡片形式存在明显的优势，这在之前的分析中已经总结。但是，"评估卡"的量表形式并没有在高校中运用并获得经验，这与项目组合作的都是各高校二级学院有关，"评估卡"的量表形式适用于学校层面对贫困库中的贫困女生进行概率抽样得到样本，并通过样本推论总体。而且，各高校的具体情况不同，要素的设计不一定适用于全部高校，需要高校在应用过程中不断地修正和补充要素，并进行检验，完善"评估卡"。"评估卡"是一个开放的体系。

4. 本项目采用行动研究，尝试遵循勒温的计划—行动—观察—反思的行动研究螺旋循环操作模式，但是这需要一个持续的过程，应该不断地循环往复，经过计划—行动—观察—反思，再计划—再行动—再观察—再反思，获得提升。本项目由于时间和各高校专业能力的差异，而有不同的结果呈现。本项目认为即使结题以后也还有责任，通过培训和会议研讨等方式，提高行动研究的能力，探讨与社会工作干预的有机结合，并尝试在各高校推广行动干预。参与行动干预的高校受条件限制，虽然没有能够完全实现总项目的设想，但至少证明高校学校社会工作可以运用个案工作、小组工作、社区工作和政策倡导进行行动干预。总之，本项目通过对行动研究的反思，总结了经验、教训和局限，在高校开展社会工作行动研究需要一个培育和成长过程。关于项目行动研究，结项评审专家也提出了一些不足和建议，如"多元实务模式需要进一步的验证、凝练和系统运用"，"纳入优势视角，关注和探讨贫困女生自强不息、奋发向上的精神和作为"，"研究采纳抗逆力的视角，看到贫困女生逆境中求生存的力量"，"做一些优秀的贫困女大学生的案例分析，其人生目标不仅仅是摆脱贫困，而是活出人生价值"，"进一步深化结论反思和政策建议部分的思考，以进一步增强行动干预的可推广性和成果的应用价值"。这为研究提供了可提升空间和未来方向。正是对行动研究的尝试，项目聚集了一批对高校的学校社会工作有信念和热情的专业力量，培养了行动研究的意识，进行了初步实践，奠定了可推广的基础。

5. 本项目在申报时提出取得的研究成果是，撰写6篇论文在国内学术刊物上公开发表，其中3篇发表于核心期刊；在研究报告的基础上，进行修改、补充和完善，如果有资金支持可以出版专著；提出具体而可行的政策建议，为教育部门和其他相关部门制定关于高校贫困女生的政策提供依据。目前实际取得的成果是公开发表了6篇论文，其中只有1篇核心期刊论文。另外还有2篇论文正在投稿核心期刊，尽管现在投稿核心期刊有很多困难，但是项目组还是有信心对一些最新成果进行凝练并争取发表。项目组目前所撰写研究报告20余万字，正在为出版专著做准备。到现在为止，一些参与行动干预高校的项目组向各自学校提出政策建议，部分建议获得采纳。

三 关于建立高校学校社会工作制度和机制的政策建议

我国社会工作仍然处于发展阶段，社会工作者整体的专业化和职业化水平较低。学校社会工作更是处于发展初期，学校社工的社会认知度低，学校和民众普遍把学校社会工作等同于心理咨询和辅导，认为学校社会工作可以被心理咨询和辅导所代替。学校社会工作与政治思想工作和心理辅导工作相比较，更注重系统性，可以为贫困女生链接学校、老师、同学、家庭、社区资源，进行系统性、专业化的行动干预。

在高校建立学校社会工作制度和机制具有必要性。高校学校社会工作可以与高校政治思想工作及心理咨询和辅导工作相结合，共同开展高校学生工作，特别是为贫困女生提供专业服务。我国学生工作经过长期发展，形成了自己的一套工作方式和法则，且高校政治思想工作和心理辅导工作一直在学生工作中占据主导地位。高校学生工作的不足和缺陷逐渐显现出来，当前高校学生工作者数量少，工作压力大，工作理念和方法缺乏发展和优势视角。学校社会工作介入学生工作可以弥补这些不足。

学校社会工作在其发展过程中形成了问题导向、学生导向和社区导向三种工作模式。当前我国学校社会工作的服务更多采用的是问题导向的工作模式。学校社会工作模式从问题导向正在向学生导向和社区导向转化，服务对象会成为学生及其所在的（学校）社区。

关于学校社会工作方式，有学者提出采取内嵌和外嵌相结合的方式，即学生工作者学习社会工作专业相关知识，同时学校与外来社工机构合作。但在实际的工作过程中发现，学生工作者本身工作压力大，没有时间和很大的意愿继续学习，而外来住校社工则对学校情况了解不深，无法科学、全面深入地提供服务。[①]

借鉴以往研究，笔者认为高校学校社会工作制度和机制的建立有三条路径。一是高校可以考虑设立学校社会工作站，设立专门的学校社会工作岗位，学校给予经费的资助。发展学校社会工作的最好办法是设置社会工作岗位。[②] 二是高校购买社会工作机构的服务，机构派出住校社工。三是社

---

① 文军、易臻真等：《迷茫与超越：学校社会工作案例研究》，华东理工大学出版社，2017，第 80 页。

② 王思斌：《发展学校社会工作，难点和症结在哪里》，《中国社会工作》2021 年第 4 期上。

会工作专业的师生可以承接学校社会工作站的工作。《社会工作专业人才队伍建设中长期规划（2011—2020年）》提到，到2020年，社会工作专业人才总量应达到145万人。截至2017年7月，中国内地有348所本科院校、80所左右高职高专院校开设社会工作专业；2019年有社会工作专业硕士（MSW）学位点155个、二级博士点或研究方向21个。除了理论学习外，本专科生、硕士生均需完成600－800小时的专业实习。[1] 学校给予经费的资助，学校社会工作站也可以作为社会工作专业师生的实践场域。三条路径可以有机结合，不断探索出高校学校社会工作中的本土化经验。学校社会工作要发展，要真正发挥作用，必须多方面共同努力，学校教育制度需要改革和创新。[2]

---

① 中国社会工作教育协会网站：《53万的审视：中国社工如何前行》，http://team. swchina. org/ socialwork/2020/0326/36179. shtml。

② 王思斌：《发展学校社会工作，服务价值、体制模式优劣在哪里》，《中国社会工作》2021年第3期上。

参考文献

安俊达、李莲英:《大学生创业的社会支持路径研究》,《中国大学生就业》2016 第 16 期。

彪巍、肖永康、陈任、秦侠、马颖、胡志:《我国罕见病患者社会支持研究》,《医学与社会》2012 第 10 期。

蔡丹:《社会工作介入大学生网瘾问题研究》,《产业与科技论坛》2019 年第 2 期。

蔡静、程竹鑫:《贫困大学生社会支持与职业生涯规划的关系:自我效能感的中介作用》,《社科纵横》2018 年第 8 期。

曹国志、陶鑫:《精准帮扶视角下贫困女大学生就业指导问题研究》,《安徽文学》(下半月) 2016 年第 11 期。

车昆:《贫困大学生提升人际沟通能力的社会工作介入研究》,《智库时代》2019 年第 24 期。

陈方、何娜梅、秦录芳:《反思贫困女大学生就业难》,《宿州教育学院学报》2007 年第 6 期。

陈飞:《受助贫困生社会支持、自尊与主观幸福感的关系研究——基于福建地区 6 所高校的实证研究》,《福建师大福清分校学报》2019 年第 1 期。

陈巧玲:《贫困女大学生发展压力与社会支持研究——以福州地区高校为例》,硕士学位论文,福建师范大学,2006。

陈润萱:《贫困大学生就业增权研究》,硕士学位论文,南华大学,2017。

陈宪:《市场经济需要怎样的政治支持》,《探索与争鸣》2017 年第 4 期。

陈向明:《质性研究的新发展及其对社会科学研究的意义》,《教育研究与实验》2008 年第 2 期。

陈向明:《从"范式"的视角看质的研究之定位》,《教育研究》2008 年第 5 期。

陈向明：《质的研究与定性研究之区别——访北京大学陈向明教授》，转载于 https：//mp. weixin. qq. com/s？ src ＝3&timestamp ＝1587299996&ver ＝1& signature ＝vX0oVIwecYC5 ＊2wMMn7nMvf79oOH0tlKjAQOrIpb8GUjeqEdhn 94aOTyDBPrR4bxfHtEHwL ＊q6uu8CutrOT0NbAasVVHHZNZuiGomDuyHLP Vib6LBTQk ＊Q9shQ67 ＊bmUMOgAqqh8i2NyI ＊BPjql5bA ＝＝，2014。

陈忠平、董芸：《新形势下高校创新创业教育》，冶金工业出版社，2018。

程利娜：《高校贫困生社会支持与心理健康及其人格特征的相关研究》，《中国健康心理学杂志》2007 年第 10 期。

程双双：《社会工作视角下论大学生宿舍关系问题》，《佳木斯职业学院学报》2018 年第 9 期。

丁桂兰、周艳华：《高校贫困生认定的现实困难与对策思考》，《教育与职业》2010 年第 26 期。

丁亚莉：《贫困大学生就业指导的社会工作嵌入：空间、路径和保障》，《农家参谋》2019 年第 22 期。

董林：《精准资助视阈下福建高校贫困女大学生资助问题研究》，《福建师大福清分校学报》2017 年第 6 期。

董树梅：《行动研究是研究方法吗——基于方法论视角的思考》，《教育理论与实践》2014 年第 1 期。

董树梅：《主动，行动研究之魂——对行动研究本质的思考》，《天津师范大学学报》（基础教育版）2014 年第 2 期。

杜明明：《精准扶贫背景下高校精准资助工作长效机制研究》，《河南教育》（高教）2019 年第 12 期。

范中杰：《论青少年榜样教育的时代特征》，《教育科学》2001 年第 2 期。

冯涛：《和谐社会背景下的高校贫困学生资助体系重构》，《教育评论》2007 年第 4 期。

风笑天：《定性研究与定量研究的差别及其结合》，《江苏行政学院学报》2017 年第 2 期。

冯志远、万鹏宇、黄琴、黄霞妮、徐明津、杨新国：《大学生社会支持、心理韧性、网络欺负及生活满意度的关系研究》，《中国健康教育》2016 年第 1 期。

付建红、肖克松：《自我效能感对贫困大学生"心理脱贫"的启示》，《西昌学院学报》（社会科学版）2008 年第 4 期。

高广明、杨燕丽：《精准扶贫视域下高校家庭经济困难学生"心理扶贫"研究》,《智库时代》2019 年第 49 期。

高丽芝、董灿明、段连丽：《中国高校贫困生资助体系的历史与现状研究》,《思想战线》2015 年第 S1 期。

高强：《断裂的社会结构与弱势群体构架的分析及其社会支持》,《天府新论》2004 年第 1 期。

古学斌：《行动研究与社会工作的介入》,《中国社会工作研究》2013 年第 1 期。

古学斌：《道德的重量：论行动研究与社会工作实践》,《中国农业大学学报》(社会科学版) 2017 年第 3 期。

顾正刚：《高等职业技术人才培养模式实践和研究》,《计算机与信息技术》2007 年第 5 期。

光瑞卿、席晶、程杨：《北京市老年人社会支持度量及其影响因素研究》,《北京师范大学学报》(自然科学版) 2020 年第 1 期。

郭素然、吴思为、冯晓伟：《大学生社会支持对睡眠质量的影响：多重中介模型的检验》,《心理科学》2014 年第 6 期。

郭伟和、徐明心：《从抗逆力到抵抗：重建西方社会工作实务中的优势视角》,《思想战线》2013 年第 5 期。

韩景华：《精准扶贫视域下高校精准资助育人体系构建研究》,《高校后勤研究》2019 年第 12 期。

韩旭、任锋、桑骞、田鑫、于成伟：《"90 后"贫困女大学生的心理问题分析及对策》,《科技经济导刊》2016 年第 17 期。

贺金莲、陈晓飞：《治理高校贫困生"贫困循环"的新视角》,《中国青年研究》2010 年第 7 期。

衡书鹏：《贫困大学生心理压力感、社会支持感与心理健康的相关研究》,《枣庄学院学报》2011 年第 6 期。

侯静、郭海月：《贫困大学生社会支持网络现状与构建》,《社会治理》2018 年第 3 期。

胡军华、王揽：《优势视角下贫困女大学生抗逆力提升途径研究》,《江西广播电视大学学报》2017 年第 19 卷第 4 期。

胡英娣：《高职贫困女大学生的心理问题调查及教育对策》,《河北师范大学学报》(教育科学版) 2010 年第 7 期。

黄粹、王晓惠、顾容光：《农村留守妇女社会支持系统的完善路径分析》,《农村经济与科技》2019 年第 17 期。

黄莺、周明宝：《贫困大学生的社会化及成长力研究》，《中国高教研究》2010
　　年第 3 期。

黄永斌：《社会支持视阈下的贫困大学生多维资助方式探析》，《福州大学学
　　报》（哲学社会科学版）2014 年第 4 期。

吉丹、潘桂芳：《社会工作视角下的大学生网络贷款影响探究》，《中国集体
　　经济》2018 年第 3 期。

姜红仁、余柏英：《我国贫困生政策中的几个导向问题》，《黑龙江高教研
　　究》2004 年第 11 期。

蒋楠：《"行动研究"简介》，《外国教育动态》1987 年第 1 期。

姜媛媛：《边疆贫困女大学生心理问题分析及对策研究》，《科技信息》（基
　　础理论研讨）2010 年第 24 期。

揭晓云：《关于大学生人际交往能力社会工作介入的探究》，《教育现代化》
　　2019 年第 80 期。

孔令帅、蓝汉林：《美国高校助学金政策探析——以佩尔助学金项目为例》，
　　《高教发展与评估》2010 年第 6 期。

库尔特·勒温、陈思宇、曾文婕、黄甫全、潘蕾琼：《行动研究与民族问题》，
　　《民族教育研究》2019 年第 2 期。

李臣之、刘良华：《行动研究兴衰的启示》，《教育研究与实验》1995 年第
　　1 期。

黎春娴：《高校贫困生的社会支持及其对价值观影响的研究》，博士学位论
　　文，上海大学，2009。

黎春娴：《我国高校贫困生社会支持研究综述》，《漳州师范学院学报》（哲
　　学社会科学版）2010 年第 3 期。

李福军、施听强、王平：《贫困大学生主观事件、社会支持幸福感与生活支
　　持的关系》，载王建中、金宏章主编《高校心理健康新进展——全国第
　　十届高校心理健康教育与心理咨询学术交流会论文集》第 2 辑，吉林
　　人民出版社，2007。

李桂芝：《浅谈"行动研究法"》，《北京青年政治学院学报》2002 年第 2 期。

李涵：《高校"翻转课堂"课程考试环节的实例研究——以"学校社会工作"
　　课程为例》，载张永洲主编《黑龙江省高等教育学会 2016 年学术年会暨
　　理事工作会论文集（下册）》第 2 辑，黑龙江教育出版社，2016。

李洁、石彤：《高校贫困女生上向流动的限制与突破》，《云南民族大学学
　　报》（哲学社会科学版）2014 年第 2 期。

李丽、沈艳梅：《提升贫困女大学生就业能力研究——以理工科高校为例》，《知与行》2016 年第 3 期。

李丽霞、庞云：《"社会支持理论"对教育技术研究的启示》，《才智》2019 年第 29 期。

李美英：《贫困女大学生心理健康状况初探》，《中国农业大学学报》（社会科学版）2004 年第 2 期。

李娜：《社会支持理论下老年群体后职业发展的路径研究》，《山东广播电视大学学报》2020 年第 1 期。

李珊婷：《贫困大学生的人格特征、社会支持和心理健康的关系》，《科学大众》（科学教育）2018 年第 7 期。

李松：《成长小组模式在儿童良好亲子关系构建中的应用研究》，硕士学位论文，苏州大学，2015。

李小云、齐顾波、徐秀丽：《行动研究：一种新的研究范式?》，《中国农村观察》2008 年第 1 期。

李艳娥：《社会工作介入精神障碍患者社会支持网络构建研究》，《智库时代》2020 年第 7 期。

廉思：《蚁族：大学毕业生聚居村实录》，广西师范大学出版社，2009。

梁群君、武碧云、林妙莲、李放、郑雪：《毕业生未来时间洞察力对主观幸福感的影响：社会支持和职业决策自我效能感的多重中介效应》，《临床心理学杂志》2017 年第 6 期。

梁珊：《留守儿童社会心理支持路径的研究——以都匀市归兰乡潘硐村为例》，《环渤海经济瞭望》2019 年第 6 期。

廖海帆、吴佩玲：《学校社会工作介入大学生心理危机处理的策略》，《教育教学论坛》2020 年第 5 期。

林逢春：《精准扶贫背景下高校贫困生管理工作如何有效开展》，《吉林广播电视大学学报》2020 年第 1 期。

刘茵斐：《贫困女大学生心理健康问题探讨》，《合肥学院学报》2006 年第 4 期。

刘江：《社会资本与灾后安置社区建设——基于行动研究的过程分析》，《社会工作与管理》2016 年第 5 期。

刘金英、关新、王璐瑶：《网络社会下学校社会工作介入大学生就业问题的路径探索》，《山西农经》2017 年第 7 期。

刘良华：《行动研究：是什么与不是什么》，《教育研究与实验》2001 年第

4 期。

刘良华：《重申"行动研究"》，《比较教育研究》2005 年第 5 期。

刘毅：《高校学生工作与学校社会工作的相互关系及联动机制》，《河南科技》2015 年第 23 期。

刘玉连、汪震：《社会支持内涵的新思考》，《科教文汇》（中旬刊）2008 年第 5 期。

刘云杉、王志明：《女性进入精英集体：有限的进步》，《高等教育研究》2008 年第 2 期。

罗丽琳：《大数据视域下高校精准资助模式构建研究》，《重庆大学学报》（社会科学版）2018 年第 2 期。

罗纳德·W. 特斯兰，罗伯特·F. 理瓦斯，刘梦等译：《小组工作导论》，中国人民大学出版社，2010。

吕臻、艾明、况利、陈建梅、牛雅娟、费立鹏：《重庆市自杀未遂大学生的自杀态度和社会支持系统的调查》，《重庆医学》2014 年第 26 期。

马翠英、史长军：《依据国外及本国国情对高校贫困生资助体系的思考》，《学理论》2013 年第 2 期。

马林熙：《社会工作介入贫困女大学生资助问题研究——以陕西省"红凤工程"为例》，硕士学位论文，陕西师范大学，2015。

马小英：《论学校社会工作的理念和方法在高校中的运用》，《成才之路》2017 年第 30 期。

马轶群、孔婷婷、丁娟：《贫困经历、创业动机与大学生创业意愿提升研究——基于在校大学生调查数据的实证分析》，《高教探索》2020 年第 1 期。

梅盈盈：《高校贫困女大学生心理失衡问题干预》，《安庆师范大学学报》（社会科学版）2019 年第 5 期。

孟国忠：《社会支持视域下贫困大学生发展型资助体系的构建》，《中国成人教育》2017 年第 15 期。

孟兴林、代敏：《社会支持网视角下的建档立卡毕业生精准就业帮扶路径研究》，《改革与开放》2019 年第 21 期。

女大学生就业状况与问题调研课题组：《新形势下女大学生就业的状况、问题与对策》，《妇女研究论丛》2018 年第 2 期。

潘清泉：《不同社会支持源对贫困大学生心理健康的影响》，《教育与职业》2007 年第 36 期。

彭曼君：《对国内行动研究现状的思考——对国内刊物十年（1999—2008）的统计分析》，《长春理工大学学报》（高教版）2009年第6期。

S.凯米斯、张先怡：《行动研究法（上）》，《教育科学研究》1994年第4期。

S.凯米斯、张先怡：《行动研究法（下）》，《教育科学研究》1994年第5期。

桑海云、谭顶良：《社会工作视角下高校贫困生心理问题及对策研究》，《中国成人教育》2016年第14期。

沈炜：《转型期背景下贫困大学生的社会支持与社会保障》，《华东理工大学学报》（社科版）2001年第2期。

沈炜：《论学校社会工作嵌入我国高校学生工作的体系构建》，《华东理工大学学报》（社会科学版）2012年第6期。

石春燕、任大顺、孙志丽、姜怀宇：《贫困大学生社会支持网络的调查研究》，《黑龙江教育学院学报》2009年第6期。

宋秀岩：《新时期中国妇女社会地位调查研究》（下卷），中国妇女出版社，2013。

苏荧：《浅析学校社会工作在高校辅导员学业帮扶工作中的运用》，《科学咨询》（教育科研）2020年第1期。

谭敏：《社会支持理论在教育研究中的应用》，《教育评论》2019年第3期。

谭伟：《新时期高校帮困助学工作法治化的思考》，《邯郸职业技术学院学报》2008年第3期。

谭忠秀：《少数民族贫困女大学生就业困难原因及对策分析》，《中国成人教育》2015年第15期。

唐海波、蒲唯丹、姚树桥：《领悟社会支持与成人依恋对焦虑的作用机制研究》，《中国临床心理学杂志》2009年第3期。

陶文中：《行动研究法的理念》，《教育科学研究》1997年第6期。

陶文中：《行动研究法的实施》，《教育科学研究》1998年第2期。

童敏、林丽芬：《参与式实务研究的经验与反思：一项城市社区社会工作的研究》，《浙江工商大学学报》2015年第4期。

佟新、梁萌：《女大学生就业过程中的性别歧视研究》，《妇女研究论丛》2006年第S2期。

王翠：《高校贫困生心理问题研究——以徐州工程学院为例》，《赤峰学院学报》2016年第9期。

王存荣：《审视"行动研究"》，《当代教育科学》2010年第5期。

王丹：《广西高校贫困生勤工助学服务精准化实施路径探析——基于服务质

量差距模型理论》,《中国成人教育》2017 年第 17 期。

王海明、邵晶:《当前贫困女大学生的就业心理障碍及调适》,《教育与职业》2016 年第 17 期。

王思斌:《在新阶段新格局下积极推进社会工作事业发展》,《中国社会工作》2021 年第 1 期。

王思斌:《社会工作参与精准扶贫实践的点面结构》,《中国社会工作》2019 年第 16 期。

王思斌:《社会工作要参与相对贫困治理》,《中国社会工作》2020 年第 28 期。

王思斌:《发展学校社会工作,服务价值、体制模式优劣在哪里?》,《中国社会工作》2021 年第 3 期上。

王思斌:《发展学校社会工作,难点和症结在哪里》,《中国社会工作》2021 年第 4 期上。

王文娟:《贫困女大学生的就业困境和出路》,《高校辅导员学刊》2009 年第 1 期。

王颖:《小组工作在提升贫困女大学生就业能力中的应用》,硕士学位论文,苏州大学,2016。

韦吉锋、高锋、江思义:《精准扶贫背景下高校农村贫困生精神引导探析》,《广西大学学报》(哲学社会科学版)2018 年第 2 期。

魏文景、钟敏:《校园治理视阈下的高校辅导员伦理困境及对策——基于学校社会工作实务经验》,《区域治理》2019 年第 39 期。

文军、易臻真等:《迷茫与超越:学校社会工作案例研究》,华东理工大学出版社,2017。

吴兰岸:《学习型组织能力支持对学习满意度及持续性影响研究》,《南方论刊》2013 年第 5 期。

吴雨佳:《论学校社会工作介入大学生网络借贷行为》,《当代教育实践与教学研究》2017 年第 4 期。

夏巍:《基于"精准扶贫"视角下的高校贫困生资助问题探究》,《管理观察》2019 年第 36 期。

向荣:《创新、共融、整合:突破当下社会工作教育困境的路径探索》,《中国农业大学学报》(社会科学版)2017 年第 3 期。

肖冬梅、白学伟:《高校贫困学生教育管理的途径和方法》,《山西警官高等专科学校学报》2007 年第 1 期。

肖慧欣、林修全、黄萌、廖震华、刘芳:《高等医学院校贫困女大学生社会支持状况调查及干预》，《南京医科大学学报》（社会科学版）2013年第3期。

肖群鹰、刘慧君、班理：《贫困女大学生社会支持网络调查分析》，《高教探索》2007年第5期。

肖水源、杨德森：《社会支持对身心健康的影响》，《中国心理卫生杂志》1987年第4期。

谢小兰、陈珍珍、刘明波：《服务学习视角下学校社会工作实务教学的意义》，《社会与公益》2020年第1期。

邢佳浩：《学校社会工作介入公安院校学生工作的可行性及对策分析》，《呼伦贝尔学院学报》2018年第6期。

许传新、王平：《高校贫困生的社会支持因素分析》，《社会》2002年第7期。

薛琳、姚柳菁、何伟：《学校社会工作介入高校网络思政教育的模式探析》，《太原城市职业技术学院学报》2017年第7期。

雁飞：《社会支持与身心健康关系研究述评》，《心理科学》2004年第5期。

杨慧、王茹薪：《"服务学习"理念及其在民族社会工作专业教育中的应用》，《民族教育研究》2018年第5期。

杨静：《回观历史辨识经验寻找变的力量——一个社会工作者的行动研究》，《中国农业大学学报》（社会科学版）2013年第3期。

杨静：《社会支持在贫困大学生父母养育方式与心理健康间的中介作用》，《中国学校卫生》2016年第7期。

杨静：《朝向人性化改变的理论——〈受压迫者教育学〉的解读及对社会工作的启示》，《中国农业大学学报》（社会科学版）2017年第3期。

杨梨、徐灿：《小组社会工作在大学生性别平等教育中的应用——以"性别面面观"小组为例》，《社会福利》（理论版）2018年第8期。

姚若松、郭梦诗：《社会支持对大学生社会幸福感的影响——希望的中介作用》，《心理学探新》2018年第2期。

叶悦妹、戴晓阳：《大学生社会支持评定量表的编制》，《中国临床心理学杂志》2008年第5期。

于基伯、朱学义、顾冬玲：《国家助学贷款过度需求违约风险分析与管理——基于江苏省8所高校的调查》，《会计之友》2020年第1期。

张宝臣：《高等师范教育改革与中小学生创新能力的培养》，《教育理论与实践》2004年第4期。

张冰：《浅析高校社会工作在学生管理中的应用》，《新西部》2017年第22期。

张长伟：《高校贫困生人际交往障碍的个案研究》，《中国青年政治学院学报》
2005 年第 5 期。

张长伟：《高校贫困生的正式社会支持网络探析》，《河南师范大学学报》
（哲学社会科学版）2007 年第 4 期。

张革华、陈德明：《大学生应树立正确的择业观》，《前沿》2005 年第 12 期。

张和清：《知行合一：社会工作行动研究的历程》，《浙江工商大学学报》2015
年第 4 期。

张建奇：《1983 年以来我国大学生资助的演变》，《现代大学教育》2003 年
第 1 期。

张美、魏星：《高校就业指导工作与社会工作介入》，《桂林航天工业学院学
报》2016 年第 3 期。

张民选：《对"行动研究"的研究》，《华东师范大学学报》（教育科学版）
1992 年第 1 期。

张琪、张琳：《青年女性"工作—家庭"冲突的影响因素及其平衡机制研究》，
《中国青年研究》2018 年第 4 期。

张锡钦：《论榜样激励对家庭经济困难学生的精神帮扶效果》，《药学教育》
2011 年第 4 期。

张青：《向我国教育技术工作者推荐行动研究》，《中国电化教育》2000 年
第 9 期。

张青：《社会支持视域下贫困大学生资助体系构建研究》，《江西电力职业技
术学院学报》2018 年第 10 期。

张秋凌：《"行动研究"述评》，《内蒙古师范大学学报》（教育科学版）
2001 年第 3 期。

张伟伟、顾雷：《社会支持视角下高职院校贫困生"心理脱贫"路径研究》，
《长江工程职业技术学院学报》2019 年第 2 期。

张文兰、郭小平：《关于我国行动研究学术成果的分析与反思》，《电化教育
研究》2009 年第 2 期。

张小聪、李铁军：《对江苏高校贫困大学生社会支持状况的调查》，《江苏社
会科学》2007 年第 S2 期。

张晓琳、马志强：《社会工作介入大学生心理健康教育的探索》，《才智》2019
年第 36 期。

张欣：《洞察事件脉络柔化处理突发"危机"——学校社会工作方法在高校
学生工作中的应用》，《法制与社会》2016 年第 14 期。

张欣：《高校社会工作跨区域比较研究与我国高校学工专业队伍建设策略》，《才智》2016 年第 18 期。

张雪琪：《社会工作介入高校就业指导探索——以西安市 A 大学 H 学院为例》，《新西部》2019 年第 21 期。

张燕婷、王海洋：《95 后大学生心理发展需求与社会工作的介入》，《肇庆学院学报》2017 年第 3 期。

张兆曙、陈奇：《高校扩招与高等教育机会的性别平等化——基于中国综合社会调查（CGSS2008）数据的实证分析》，《社会学研究》2013 年第 2 期。

赵芳：《小组社会工作：理论与技术》，华东理工大学出版社，2015。

赵丽霞：《基于高校的社会支持对贫困大学生心理健康的塑造作用》，《福建农林大学学报》（哲学社会科学版）2011 年第 2 期。

赵立莹、刘蕾：《觉醒中的迷茫：当前女大学生发展障碍实证研究》，《中华女子学院学报》2009 年第 3 期。

赵仲杰、郭春江：《社会支持理论视阈下农村失独家庭困境应对策略——基于川渝两地的调研》，《理论月刊》2020 年第 1 期。

郑风田：《习近平精准扶贫思想的内涵与脉络》，《人民论坛》2020 年第 2 期。

郑建芸：《学校社会工作导入高校学生教育工作研究现状分析》，《科教文汇》（中旬刊）2016 年第 8 期。

郑金洲：《行动研究：一种日益受到关注的研究方法》，《上海高教研究》1997 年第 1 期。

郑秋茹：《高校教育下的学校社会工作介入研究》，《农村经济与科技》2018 年第 10 期。

郑庆杰：《"主体间性——干预行动"框架：质性研究的反思谱系》，《社会》2011 年第 3 期。

中国扶贫基金会新长城项目部：《太阳的女儿——贫困女大学生的生存报告》，中国经济出版社，2005。

周付林、彭恩胜：《社会支持视阈下对高校贫困大学生就业支持的探究》，《中共山西省直机关党校学报》2017 年第 1 期。

周士荣：《社会工作视角下大学生创业教育再审视》，《新课程研究》（中旬刊）2018 年第 3 期。

周晓春：《大学生金融风险与社会工作介入研究》，《中国社会工作》2018 年第 31 期。

周秀艳：《社会工作介入高校心理健康教育工作研究》，《山东工会论坛》2016 年第 3 期。

周毅、郝艳艳：《基于区块链的精准扶贫系统设计与实现——以高校贫困生为例》，《智库时代》2020 年第 3 期。

朱考金、刘瑞清：《青年农民工的社会支持网与城市融入——以南京为例》，《青年研究》2007 年第 8 期。

朱志明、蓝邱勇：《贫困大学生人格特征和自我效能感的关系研究》，《中国青年研究》2008 年第 12 期。

邹苏：《高校大学生激励方法研究》，硕士学位论文，武汉理工大学，2004。

Aaron M. , Thompson, Andy J. , Frey, Mike S. , Kelly. "Factors infuencing school social work practice: A latent profle analysis." *School Mental Health* 11: 129 – 140. https://doi. org/10. 1007/s12310 – 018 – 9279 – y. 2019.

Alferi S. M. , Carver C. S. , Antoni M. H. , Weiss S. , Duran R. E. "An exploratory study of social support, distress, and life disruption among low-income Hispanic women under treatment for early stage breast cancer." *Health Psychology* 20: 41 – 46. 2001.

Anna Walsh, Ken Fowler. "Examining the influence of social support on psychological distress in a Canadian population with symptoms of mania." *Psychiatric Quarterly* 91: 251 – 261. 2020.

Ayman M. , Hamdan-Mansour. "Social support and adolescents' alcohol use: An integrative literature review." *Health* 8: 1166 – 1177. doi: 10. 4236/health. 2016. 812120. 2016.

Barrera M. "Distinctions between social support concepts, measures, and models." *American Journal of Community Psychology* 14: 413 – 445. 1986.

Bearman K. J. , La Greca. A. M. "Assessing friend support of adolescents' diabetes care: The diabetes social support questionnaire-friends version." *Journal of Pediatric Psychology* 27: 417 – 428. 2002.

Brown S. L. , Nesse R. M. , Vinokur A. D. , Smith D. M. "Providing social support may be more beneficial than receiving it: Results from a prospective study of mortality." *Psychological Science* 14: 320 – 327. 2003.

Caltabiano M. L. , Byrne, D. , Martin, P. R. , Sarafino E. P. *Health psychology: Biopsychosocial interactions, An Australian perspective.* Brisbane, Australia: Wiley. 2002.

Chanuka Wattegamal. "The southern African journal of information and communication-the end of poverty: economic possibilities for our time, Jeffrey D. Sachs-book reviews." *The Southern African Journal of Information and Communication* 6: 112 – 117. 2005.

Cohen, S. , Gottlieb, B. H. , Underwood, L. G. "Social relationshipsand health." In *Socialsupport measurement and intervention*, editedby S. Cohen, L. G. Underwood, & B. H. Gottlieb (Eds.). New York: Oxford University Press. 2000.

Cohen S. , Wills. T. A. "Stress, social support, and the bufering hypothesis." *Psychological Bulletin* 98: 310 – 357. https://doi. org/10. 1037/0033 – 2909. 98. 2. 310. 1985.

Collier J. "United States Indian administration as a laboratory of ethnic relations." *Social Research* 12: 265 – 303. 1945.

Damiano Fiorillo. "Reasons for unmet needs for health care: the role of social capital and social support in some western EU countries." *International Journal of Health Economics and Management* 20: 79 – 98. 2020.

Daniela Real, Regina Vieira. "Psychoactive substance abuse in adolescence and social work in the school: A point a view from professionals and students in Castelo Branco, Portugal." *Child and Adolescent Social Work Journal* 36: 329 – 335. 2019.

Declercq F. D. R. , Vanheule S. , Markey S. , Willemsen J. "Posttraumatic distress in security guards and the various effects of social support." *Journal of Clinical Psychology* 63: 1239 – 1246. 2007.

Diewald M. *Soziale beziehungen: verlust oder liberalisierung? Soziale unterst- ützung in informellen Netzwerken.* Berlin: edition sigma. 1991.

Eriko Katagami, Hironobu Tsuchiya. "Effects of social support on athletes' psychological well-being: The correlations among received support, perceived support, and personality." *Psychology* 7: 1741 – 1752. 2016.

Flores L. Y. , O'Brien. K. M. "The career development of Mexican American adolescent women: A test of social cognitive theory." *Journal of Counseling Psychology* 49: 14 – 27. 2002.

Fouad N. A. , Cotter E. W. , Fitzpatrick M. E. , Kantamneni N. , Carter L. , Bernfeld S. "Development and validation of the family influence scale." *Journal of Career Assessment* 18: 276 – 291. doi: 10. 1177/1069072710364793. 2010.

Fratiglioni L. , Want H. , Ericcson K. , Mayyton M. , Winblad B. "Influence of social network on occurrence of dementia: A community based longitudinal study. " *Lancet* (*London*, *England*) 355: 1315 – 1319. 2000.

Goettsch J. , Linden J. , Vanzant C. , Waugh P. "Campus women's centers for the twenty-first century: Structural issues and trends" . *Women's Centers Committee*. 3: 1 – 3. 2012.

Heller, K. , Swindle, R. W. "Social networks, perceived social support, and copingwith stress" . in *Preventive psychology: Theory*, *research and practice*. edited by R. D. Feiner, L. A. Jason, J. N. Moritsugu, S. S. Farber (Eds.). 87 – 103. New York: PergamonPress. 1983.

Henley J. R. , Danziger S. K. , Offer S. "The contribution of social support to the material well-being of low-income families. " *Journal of Marriage and Family* 67: 1221 – 3140. 2005.

House J. S. *Work stress and social support*. MA: Addison-Wesley. 1981.

Husen T. (ed.). "The international encyclopedia of education. " *Oxford Review of Education* 1: 35. 1985.

Jae-Chun Park, Sunggeun Kim, Hwansoo Lee. "Effect of work-related smartphone use after work on job burnout: Moderating effect of social support and organizational politics. " *Computers in Human Behavior* 105: 105. 2020.

John-Henderson NA. , Stellar Jennifer E. , Mendoza-Denton Rodolfo, Francis Darlene D. "Socioeconomic status and social support. " *Psychological Science* 26: 1620 – 1629. 2015.

Langford C. , Bowsher J. , Maloney J. P. , Lillis P. P. "Social support: A conceptual analysis. " *Journal of Advanced Nursing* 25: 95 – 100. 1997.

Lang F. R. "Regulation of social relationships in later adulthood. " *Journals of Gerontology. Series B: Psychological Science and Social Sciences* 56: 321 – 326. 2001.

Lee C. S. , Goldstein S. E. , Dik B. J. , Rodas J. M. "Sources of social support and gender in perceived stress and individual adjustment among Latina/o college-attending emerging adults. " *Cultural Diversity and Ethnic Minority Psychology* 26: 134 – 147. https://doi. org/10. 1037/cdp0000279. 2020.

Lewin, K. "Action research and minority problems. " *Journal of Socia lIssues* 2 (4): 34 – 36. 1946.

Liang J. , Krause N. M. , Bennett J. M. "Social exchange and wellbeing: Is giving better than receiving?" *Psychology and Aging* 16: 511 – 523. 2001.

Liu W. "Age and gender differences in the relation between school-related social support and subjective well-being in school among students. " *Social Indicators Research* 125: 19. 2016.

Liz Beddoe. "Managing identity in a host setting: School social workers' strategies for better interprofessional work in New Zealand schools. " *Qualitative Social Work* 18: 566 – 582. DOI: 10. 1177/1473325017747961. 2019.

Mawdsley E. , Murray WE, Overton J. , Scheyvens R. , Banks G. "Exporting stimulus and 'shared prosperity': Reinventing foreign aid for a retroliberal era. " *Development Policy Review* 36: 25 – 43. 2018.

McWhirter E. H. , Hackett G. , Bandalos D. L. "A causal model of the educational plans and career expectations of Mexican American high school girls. " *Journal of Counseling Psychology* 45: 166 – 181. 1998.

Michael Stokely Kelly, Stephanie Cosner Berzin, Andy Frey, Michelle Alvarez, Gary Shaffer, Kimberly O'Brien. "The state of school social work: Findings from the national school social work survey. " *School Mental Health* 2: 132 – 141. DOI 10. 1007/s12310 – 010 – 9034 – 5. 2010.

Offer S. "The burden of reciprocity: Processes of exclusion and withdrawal from personal networks among low-income families. " *Current Sociology* 60: 788 – 805. 2012.

Pernille D. , Holstein B. , Lund R. , Modvig J. , Avlund K. "Social relations: Network, support and relational strain. " *Social Science & Medicine* 48: 661 – 673. 2001.

Raymund P. , Garcia J. M. , Lloyd S. , Restubog D. , Toledano L. S. , Tolentino L. R. , Rafferty A. E. "Differential moderating effects of student-and parent-reated support in the relationship between learninggoal orientation and career decision-making self-efficacy. " *Journal of Career Assessment* 20: 22 – 33. 2012.

Rodriguez C. J. , Burg M. M. , Meng J. , Pickering T. G. , Jin Z. , Sacco R. L. , Di Tullio M. R. "Effect of social support on nocturnal blood pressure dipping. " *Psychosomatic Medicine* 70: 7 – 12. 2008.

Rumi Deb, Spencer Morgan, Nicole Souphis, Sarkis Dagley, Suzanne Irani,

Ahana Raina, Xiaowen Kong, Samantha Fink, Joe Bryant, Melvyn Ruben-fire. "The role of social support and gender on copletion of cardiac rehabilita-tion." *Journal of the American College of Cardiology* 75: 2055. 2020.

Sachs, J. *The end of poverty: Economic possibilities for our time.* New York: The Penguing Press. 2005.

Sarafino, E. P. *Health psychology: Biopsychosocial interactions.* Hoboken, NJ: Wi-ley. 2006.

Seider S. C. , Rabinowicz S. A. , Gillmor S. C. "Changing American college stu-dents' conceptions of poverty through community service learning." *Analyses of Social Issues and Public Policy* 11: 105 – 126. 2011.

Semmer N. , Elfering A. , Jacobshagen N. , Beehr T. , Boos N. "The emotional meaning of social support." *International Journal of Stress Management* 15: 235 – 251. 2008.

Siedlecki KL, et al. "The relationship between social support and subjective well-being across age." *Social Indicators Research* 2: 561 – 576. 2014.

St Rose A. , Hill C. *Women in community colleges: Access to success.* Washington: American Association of University Women. 1111 Sixteenth Street NW. 2013.

Stephen A. , Small, Lynet Uttal. "Action-oriented research: Strategies for en-gaged scholarship." *Journal of Marriage and Family* 67: 936 – 948. 2005.

Stice E. , Ragan J. , Randall P. "Prospective relations between social support and depression: Differential direction of effects for parent and peer support? " *Journal of Abnormal Psychology* 113: 155 – 159. 2004.

Susan E. Elswick, Matthew J. , Cuellar, Susan E. Mason. "Leadership and school social work in the USA: A qualitative assessment." *School Mental Health* 11: 535 – 548. https://doi. org/10. 1007/s12310 – 018 – 9298 – 8. 2019.

Taylor S. E, Sherman D. K. , Kim H. S. , Jarcho J. , Takagi K. , Dunagan M. S. "Culture and social support: Who seeks it and why? " *Journal of Personality and Social Psychology* 87: 354 – 362. 2004.

Taylor, S. E. "Social support" . In *Foundations of health psychology*, edited by H. S. Friedman & R. C. Silver (Eds.) . 145 – 171. UK: Oxford University-Press. 2007.

Thoits P. A. "Mechanisms linking social ties and support to physical and mental health." *Journal Of Health And Social Behavior* 52: 17. 2011.

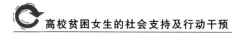

Torres S. "The status of school social workers in America. " *Social Work in Education* 18: 8 – 18. 1996.

Whiston S. C. , Keller B. K. "The influences of the family of origin on career development: A review and analysis. " *The Counseling Psychologist* 32: 493 – 568. 2004.

Zimet G. D. , Dahlem N. W. , Zimet S. G. , Farley G. K. "The multidimensional scale of perceived social support. " *Journal of Personality Assessment* 52: 30 – 41. 1988.

附件1 新时期高校学生群体社会支持调查指标体系

一级指标	二级指标	对应题目	元假设
支持结构	能力支持	J1	大学生参加创新实践活动的客观情况有助于大学生创新实践能力的提升
		J4	对增加实践能力的途径的倾向选择会影响对整合式支持的认知
	就业支持	C1	有过找工作（包括兼职工作）的经历会影响大学生获得实际就业支持
		C2	找工作（包括兼职工作）经历的最主要目的影响大学生获得实际就业支持的情况
		J2	勤工俭学的经历会影响大学生获得实际就业支持
		J3	勤工俭学岗位是从哪里获取会影响大学生获得实际就业支持
		J7	对我国出台的就业扶持政策的感知程度会影响整合式支持的作用
	榜样支持	C5	榜样、榜样的性别、榜样在各维度上的影响程度都反映榜样支持，并决定其他支持
支持路径	观念支持	J8	创业想法影响大学生的选择
		K7	父亲的期望对贫困女生未来职业发展有一定影响
		K7	母亲的期望对贫困女生未来职业发展有一定影响
		K8	父母的期待与自己不一致对大学生的影响
		K9	父母期待带来的心理压力对大学生的影响
	政策支持	I1	获得政策支持的实际体现
		I2	是否进行贫困生认定
		I3	是否基本解决了生活和学习费用反映支持的力度

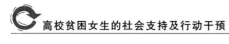

续表

一级指标	二级指标	对应题目	元假设
支持路径	政策支持	I4	对资助的看法影响对支持的评价
		I5	对资助的了解程度
		I6	对社会资助的获得
		I7	社会资助的来源
		I8	贫困女生对所在学校当前正在实行的贫困生认定的评价影响着对政策支持的评价
		I9	贫困女生对所在学校的贫困生资助制度的评价影响着对政策支持的评价
		I10	贫困女生对所在学校的贫困生制度公平性的评价影响着对政策支持的评价
		I11	贫困女生对所在学校的贫困生制度的问题描述影响着对政策支持的评价
		I12	贫困女生对所在学校的贫困生制度的看法影响着对政策支持的评价
	学校支持	B1	目前就读的年级会导致支持的差异
		B2	目前主修的学科门类表征支持的差异
		D1	担任过较高一级的学生干部更有助于社会参与程度的提高
		D3	政治面貌是党员有助于提高社会参与的程度
		J6	学校提供的支持项目有利于能力提升和就业支持
	群体支持	D2	参加不同组织，担任不同角色有助于提高社会参与程度
		E1	与父母、亲人、老师、同学、配偶/恋人、网友、老乡及其他朋友交流密切有助于改进社会支持状况
		E2	遇到经济、学习、就业和情感方面的困难的时候有人能给您提供建议或帮助有助于改进社会支持状况
	家庭支持	A4	进入大学前的户口表征原生家庭可提供的资源
		E3	目前的学费主要由谁承担对大学生状况的改变有影响
		E4	目前的生活费主要由谁承担对大学生状况的改变有影响
		J5	家庭能够提供哪些就业方面的支持
		K1	是否是独生子女对于家庭情况有影响
		K2	父亲的受教育程度与家庭情况有关

续表

一级指标	二级指标	对应题目	元假设
支持路径	家庭支持	K2	母亲的受教育程度与家庭情况有关
		K3	父亲的职业状况对家庭情况有影响
		K3	母亲的职业状况对家庭情况有影响
		K4	父母去年全年总收入与家庭情况有关
		K5	家庭经济条件好坏对于家庭情况改变有影响
		K6	家庭致困的原因
受访者背景题目		A1	性别的差异在人口学背景上的差异
		A2	出生年月的不同在人口学背景上的差异
		A3	民族的差异会影响人口学背景上的差异
结果变量		B3	A 我能在公开场合清晰地表达自己的观点
			B 我愿意花时间学习自己感兴趣的知识，哪怕与考试内容无关
			C 有时我会对老师/书本的观点提出质疑
			D 我会主动争取我想要的机会或资源
			E 学习中有很强的自我管理和控制的能力
		B4	A 专业基础知识
			B 创新能力
			C 心理承受能力
			D 团队合作能力
			E 人际交往能力
			F 计算机水平
			G 综合外语水平
		B5	考试成绩的排名
		B6	获得奖励或荣誉的最高级别
		B7	A 参与课程以外的学术、科研活动或学术会议
			B 到校外或是国内其他地区开会、学习或交流
			C 获取各类专业资格证书（不包括英语四六级证书）
			D 自主创业（参与各种产品孵化项目、开淘宝店等）
		B8	对自己的最高学位的期待
		C3	对毕业后的生活的打算

一级指标	二级指标	对应题目	元假设
结果变量		C4	希望自己第一份工作的月收入
		C9	A 我对自己未来的职业发展有明确规划
			B 我希望自己在事业上能有所作为
			C 我对自己未来的职业发展充满信心
			D 工作中获得成就感对我来说至关重要
		E5	上个月的消费总额
		E6	消费目的
		E7	出行情况
		G1	身体健康状况
		G2	心理健康状况
		G3	苦恼的事情
		G4	身高与体重
		G5	体育锻炼情况
		G6	对身材的看法
		G7	是否去医院治疗
		G8	全面体检的选择
		H1	A 女性的能力不比男性差
			B 女性的职责是相夫教子
			C 寒门难出贵子
			D 事业成功的女人往往没有女人味
			E 有志者事竟成
			F 出身比努力更重要
		社会支持量表	测量社会支持

附件2 新时期高校学生群体社会支持调查问卷

大　　学：

问卷编码：☐☐☐☐☐

亲爱的同学：

　　您好！很高兴您能接受我们的问卷调查，本调查是国家社会科学基金资助的关于"新时期高校贫困女生群体弱势处境和社会支持"项目（15BSH064）的重要部分，调查的重要内容为大学生中贫困男女生以及普通男女生群体的处境和社会支持，通过对不同大学生群体的比较而深入分析和呈现不同大学生群体的社会支持现状，为国家和学校制定相关政策提供依据。希望您能配合我们的调查，为调查出一份力。您的回答只要符合您的真实想法和实际情况就可以了，无所谓对错。

　　本次学生信息由学校学生处提供。我们郑重承诺，调查的信息将根据《统计法》严格地保护高校和学生信息，绝不会泄露，否则依法追究责任。

　　调查会占用您一些时间，希望得到您的支持。谢谢！

"新时期高校贫困女生群体弱势处境和社会支持"课题组
2017 年 3 月

填答说明

　　1. 如无特别说明和标注，均为单选题，**请在相应的选项上画圈，如：**"①"。

2. 需要填写文字、数字或序号的地方请据实填写。

3. 请注意 阴影加框部分 的提示，如有的问题需要跳答，有的问题需要选答等。

4. 文中的"/"表示"或"的意思。

调查主问卷

请填答您个人的一些基本情况：

A1 您的性别：0 男   1 女

A2 您的出生年月（以身份证上的信息为准）：_____ 年   月

A3 您的民族：_____ 族 用文字直接填写

A4 您进入大学前的户口是：0 农业户口 1 非农户口

以下问题与您的教育经历有关：

B1 您目前是就读：

    1 大一   2 大二   3 大三   4 大四

B2 您目前主修的学科门类是：

    1 哲学   2 经济学   3 法学   4 教育学   5 文学   6 历史学

    7 理学   8 工学   9 农学   10 医学   11 军事学   12 管理学

B3 您觉得下面的描述符合您的情况吗？

	完全符合	比较符合	有时符合	不太符合	很不符合
A 我能在公开场合清晰地表达自己的观点	1	2	3	4	5
B 我愿意花时间学习自己感兴趣的知识，哪怕与考试内容无关	1	2	3	4	5
C 有时我会对老师/书本的观点提出质疑	1	2	3	4	5
D 我会主动争取我想要的机会或资源	1	2	3	4	5
E 学习中有很强的自我管理和控制能力	1	2	3	4	5

B4 与同龄人相比，您如何评价自己在下列各方面的表现？

	很弱	比较弱	一般	比较强	很强
A 专业基础知识	1	2	3	4	5

续表

	很弱	比较弱	一般	比较强	很强
B 创新能力	1	2	3	4	5
C 心理承受能力	1	2	3	4	5
D 团队合作能力	1	2	3	4	5
E 人际交往能力	1	2	3	4	5
F 计算机水平	1	2	3	4	5
G 综合外语水平	1	2	3	4	5

B5 您的考试成绩大体居于：

　　1 优秀（前10%）　　　　　2 良好（前10%－30%）

　　3 中等（前30%－70%）　　4 不好（后30%）

　　5 不清楚

B6 您在大学期间，获得奖励或荣誉的最高级别：

　　1 没有　　2 院系　　3 校级　　4 省部级　　5 国家级

B7 在大学期间，您有过以下经历吗？

	没有	有1次	有多次
A 参与课程以外的学术、科研活动或学术会议	0	1	2
B 到校外或是国内其他地区开会、学习或交流	0	1	2
C 获取各类专业资格证书（不包括英语四六级证书）	0	1	2
D 自主创业（参与各种产品孵化项目、开淘宝店等）	0	1	2

B8 您期望自己的最高学位是：

　　1 本科　　2 硕士　　3 博士　　8 不确定

以下问题与您的职业目标有关：

C1 您有过找工作（包括兼职工作）的经历吗？

　　0 没有跳答 C3　　　　1 有

C2 有此经历最主要的目的是：

　　0 赚钱　　　　　　1 积累工作经验　　　　2 开阔视野

　　3 建立人脉关系　　4 锻炼能力　　　　　　5 其他（请注明）

C3 目前，您对毕业后的生活有何打算？

　　0 没想过　　　　1 直接找工作　　　　2 国内升学

3 出国留学　　　　4 自主创业　　　　　　8 没想好

9 其他（请注明）

C4 您希望自己第一份工作的月收入最低是 ＿＿＿＿＿＿＿ 元。

C5 a 您有榜样吗（对您产生过积极、正面影响的人）？

　　0 没有跳答 C6　　　1 有

　　b 您的榜样是：

　　1 男性　　　　　　2 女性　　　　　　　3 男女都有

　　c 您的榜样对您的影响程度：

	没有	有些	很大
A 职业发展	1	2	3
B 生活态度	1	2	3
C 学业	1	2	3
D 价值观	1	2	3
E 其他（请注明）	1	2	3

C6 以下描述符合您的情况吗？

	非常符合	比较符合	一半符合	不太符合	很不符合
A 我对自己未来的职业发展有明确规划	1	2	3	4	5
B 我希望自己在事业上能有所作为	1	2	3	4	5
C 我对自己未来的职业发展充满信心	1	2	3	4	5
D 工作中获得成就感对我来说至关重要	1	2	3	4	5

以下问题与您的社会参与有关：

D1 您担任过最高一级的学生干部是哪一层次的？

　　1 班级　　2 院系　　3 学校　　4 学校以上　　5 没有担任过

D2a 您是否参加了下列社会组织/团体？

	没有	有
A 学校组织（如学生会、社团联合会等）	0	1
B 学生社团（如舞蹈社、足球队）	0	1
C 社会公益组织（如支教志愿者组织等）	0	1
D 其他社会团体（如浙江老乡会、高中校友会等）	0	1

上表中全选 "0"，请跳答 D3

b 您在组织中扮演的角色是：参加两个及以上的，答自己最看重的一个

    1 创始人   2 负责人   3 活跃成员   4 普通成员

D3 您的政治面貌是：

    1 共青团员   2 共产党员（包括预备党员）   3 其他（请注明）

以下问题和您的生活方式有关：

E1 日常生活中，与您交流最密切的三个人是谁？他们和您的关系是：

    1 父母   2 其他亲人   3 老师   4 配偶/恋人

    5 同学   6 一般朋友（网友、老乡等）   7 闺蜜

    第一个人：＿＿＿第二个人：＿＿＿第三个人：＿＿＿

E2 当您遇到下列困难的时候，有人能给您提供建议或帮助吗？

	没有人	有1、2个人	有3人以上	没有此类困难
A 经济方面	0	1	2	7
B 学习方面	0	1	2	7
C 就业方面	0	1	2	7
D 情感方面	0	1	2	7
E 交友方面	0	1	2	7

E3 您目前的学费主要由谁承担？

    1 父母   2 其他亲友资助   3 自己打工收入

    4 银行贷款   5 奖学金   6 助学金

    7 其他（请注明）

E4 您目前的生活费主要由谁承担？

    1 父母   2 其他亲友资助   3 自己打工收入

    4 银行贷款   5 奖学金   6 助学金

    7 其他（请注明）

E5 请您回忆一下，您上个月的消费总额约为：＿＿＿＿＿＿元（不包括学费和住宿费）

E6 除了吃住、日常开销和学校学费，最近三个月您的个人消费主要用于下列哪些方面？

按花费金额多少选择两项，并排序

1 服装/服饰	2 美容/美发	3 抽烟喝酒
4 保健/健身	5 旅游/休闲娱乐	6 学习/深造
7 个人交往	8 通讯	9 其他（请注明）

第一＿＿＿＿＿＿＿＿ 第二＿＿＿＿＿＿＿

E7 a 您最远到过哪儿?

1 从未出过远门	2 本县县城	3 地区所在的市
4 省城/直辖市市区	5 外省	6 境外
9 不回答		

b 这次出行的目的是：

0 求学	1 旅游	2 走亲访友
3 购物（赶集）	4 看病	5 其他（请注明）
6 不适用	7 说不清	

以下问题与您的健康情况有关：

G1 总的来说，您觉得您目前的身体健康状况如何?

　　　1 良好　　　2 一般　　　3 不好　　　8 不知道

G2 总的来说，您觉得您目前的心理健康状况如何?

　　　1 良好　　　2 一般　　　3 不好　　　8 不知道

G3 目前您主要为什么事情而苦恼? 至多选择两项

01 学习或科研	02 就业压力	03 恋爱或婚姻
04 人际关系	05 经济压力	06 身体健康
07 生活空虚、缺少目标	08 身材相貌	09 人身安全
10 家人健康	11 其他（请注明）	

第一＿＿＿＿＿＿＿＿ 第二＿＿＿＿＿＿＿

G4 您的身高是＿＿＿＿＿＿＿＿＿厘米，您的体重是＿＿＿＿＿＿＿＿千克。

G5 以下问题主要是了解您最近一个月自主的（体育课外）体育锻炼情况（如遇节假日，向前顺延至学期中），每个问题请只选择一个最符合自己实际情况的选项：

a 进行体育锻炼的强度为：

　　　1 轻微运动（如散步、做广播操等）

　　　2 小强度的不太紧张的运动（如消遣娱乐性的打排球、乒乓球、慢跑、打拳等）

　　　3 中等强度的较激烈的持久运动（如骑自行车、跑步等）

4 呼吸急促、出汗很多的大强度的，但并不持久的运动（如羽毛球、篮球、网球、足球等）

5 呼吸急促、出汗很多的大强度的持久运动（如长跑、成套健美操、游泳等）

b 您在进行上述强度的体育活动时，一次多少分钟？

　　1 10 分钟以下　　　　　2 11 至 20 分钟　　　　3 21 至 30 分钟

　　4 31 至 59 分钟　　　　5 60 分钟以上

c 您一个月进行上述体育活动的频率：

　　1 一个月一次以下　　　2 一个月 2 至 3 次　　　3 每周 1 至 2 次

　　4 每周 3 至 5 次　　　　5 大约每天 1 次　　　　6 不运动

G6 请根据您的实际情况进行选择：

	从不	极少	偶尔	经常	总是
1. 我尊重自己的身体	1	2	3	4	5
2. 我自觉我的身材还算不错	1	2	3	4	5
3. 我的身材有些还算不错的地方	1	2	3	4	5
4. 我对我的身材抱有正面的态度	1	2	3	4	5
5. 我关注我的身体所需	1	2	3	4	5
6. 我喜欢我的身体	1	2	3	4	5
7. 欣赏我自己所拥有独特和不同的体型	1	2	3	4	5
8. 我用正面的态度来对待我的身体；例如：抬高头和对人微笑	1	2	3	4	5
9. 我安逸于自己的体型（不想改变）	1	2	3	4	5
10. 虽然我不像媒体上的人物那么吸引人，但我仍然觉得自己美丽	1	2	3	4	5

G7 您如果身体不舒服或生病是否去医院治疗？

　　1 是　　　　0 否

G8 您大概多久去医院进行一次全面体检？

　　1 没有　　2 一年　　3 两年　　4 两年以上

以下问题与您的价值观有关：

H1 您赞成以下说法吗？

	非常赞同	比较赞同	不一定	不太赞同	很不赞同
A 女性的能力不比男性差	1	2	3	4	5
B 女性的职责是相夫教子	1	2	3	4	5
C 寒门难出贵子	1	2	3	4	5
D 事业成功的女人往往没有女人味	1	2	3	4	5
E 有志者事竟成	1	2	3	4	5
F 出身比努力更重要	1	2	3	4	5

以下问题与您对学生资助的看法有关：

I1 本学年，您获得国家、学校以及社会的资助（如无则填写"0"）：

    1 助学贷款元/学年　　　　2 奖学金元/学年

    3 勤工助学元/学年　　　　4 助学金元/学年

I2 本学年，您是否申请了贫困生认定：

    1 申请过且批准　　　　2 申请过但未批准　跳答 I4

    3 未申请　跳答 I4

I3 当前国家、学校以及社会的资助（奖助学金、国家助学贷款、勤工助学等），是否基本解决了您的生活和学习费用？

    1 全部解决　　　　2 部分解决　　　　3 未解决

I4 关于国家、社会和学校对学生的资助（奖助学金、国家助学贷款、勤工助学等），您是否认同以下说法：

	非常认同	比较认同	认同	不太认同	很不认同
1. 学生资助使我更加坚信只有共产党能够建设好中国	1	2	3	4	5
2. 学生资助提升了我对政府解决贫困生就学难的信心	1	2	3	4	5
3. 学生资助使我对中国未来发展充满希望	1	2	3	4	5
4. 学生资助使我坚信只有中国共产党才能带领中国走向富强	1	2	3	4	5
5. 学生资助使我更坚信马克思主义理论是科学真理	1	2	3	4	5
6. 学生资助提升了我对政府处理百姓关注问题的满意度	1	2	3	4	5

续表

	非常认同	比较认同	认同	不太认同	很不认同
7. 学生资助使我更愿意参加思政学习（如党课）	1	2	3	4	5
8. 学生资助提升我参加校园活动、公益活动的积极性	1	2	3	4	5
9. 学生资助提升我对社会热点问题（如精准扶贫）的关注	1	2	3	4	5

I5 您对学校实施的资助政策了解程度如何：

　　1 很了解　　2 一般了解　　3 了解很少　　4 完全不知道

I6 您是否获得过社会资助？

　　0 否　　跳到 I8　　　　　　　　1 是

I7 您所接受的社会资助的来源是？

　　1 企业家　　2 名人基金会　　3 社区资助　　4 地方政府

　　5 同乡会　　6 当地妇联　　7 社会爱心人士　　8 其他（请注明）

I8 您觉得周围获得资助的家庭经济困难学生，其认定的困难程度与真实情况的匹配程度：

　　1 全部符合

　　2 比较符合，但有个别认定的学生经济不困难

　　3 不符合，认定的一半学生经济不困难

　　4 基本上全部都不符合

I9 您对目前贫困大学生资助政策的评价：

　　1 资助力度不足　　　　　　2 资助力度适当

　　3 资助过度

I10 您对目前贫困大学生资助政策公平性的评价：

　　1 很不公平　　　　　　　　2 不公平

　　3 一般　　　　　　　　　　4 比较公平

　　5 很公平

I11 您认为以下哪项是政策效果中存在的最大问题？

　　1 只资助提供贫困证明的学生

　　2 资助力度不足

　　3 资助方式单一

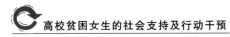

4 无偿资助带来的浪费

5 资助过度

I12 以下关于大学生资助政策的看法，您给予怎样的评价？

	很赞同	比较赞同	赞同	不太赞同	很不赞同
1. 资助应增加参加公益活动等方面的责任	1	2	3	4	5
2. 应增加高校开展被资助家庭情况调查的经费	1	2	3	4	5
3. 应加强勤工助学岗位的开发和资助力度	1	2	3	4	5
4. 应将违反资助协议的行为列入个人社会信用记录	1	2	3	4	5

以下问题与您的能力支持和就业支持情况有关：

J1 您经常参加大学生创新实践活动吗？

　　1 经常　　2 偶尔　　3 很少　　4 没有

J2 您是否进行过勤工俭学？

　　0 否 跳答 J4　　　　1 是

J3 您的勤工俭学岗位是从哪里获取的？

　　1 学校勤工助学中心　　2 学校社团　　　　3 兼职 APP

　　4 老师介绍　　　　　　5 老乡会提供　　　6 同学推荐

　　7 其他（请注明）

J4 您更倾向于怎样的实践途径来增加你的实践能力？

　　1 学生社团活动　　　　2 参加社会实践　　3 勤工俭学

　　4 义务志愿者　　　　　5 科技创新竞赛　　6 科研立项

　　7 其他（请注明）

J5 家庭能够提供哪些就业方面的支持（可多选）：

　　1 资金支持　　　　　　2 人脉介绍　　　　3 就业策略指导

　　4 职业发展规划　　　　5 心理情感支持　　6 其他（请注明）

　　7 以上都没有

J6 您所在的学校提供以下哪些项目（可多选）：

　　1 职业生涯规划辅导　　2 就业指导课　　　3 举办招聘会

　　4 成功人士讲座　　　　5 安排实习　　　　6 其他（请注明）

　　7 不知道

J7 您知道以下哪些国家出台的就业扶持政策（可多选）：

　　1 鼓励和引导毕业生到城乡基层就业的政策

　　2 鼓励毕业生到中小企业、非公有制企业就业的政策

　　3 鼓励骨干企业和科研项目单位积极吸纳和稳定高校毕业生就业的政策

　　4 鼓励支持女大学生就业创业的政策

　　5 对困难毕业生的就业援助

　　6 以上都不知道

J8 您有创业的想法吗？

　　1 有　　　　　　　　2 没有

以下问题与您的家庭情况有关：

K1 您是独生子女吗？　　　0 否　　　1 是

K2 您父亲的受教育程度是，您母亲的受教育程度是：

　　01 不识字或识字很少　　02 小学　　　　　03 初中

　　04 高中　　　　　　　　05 中专/中技　　　06 大学专科

　　07 大学本科　　　　　　08 研究生　　　　　09 其他（请注明）

　　98 不知道

K3 您父亲目前的职业状况是，您母亲目前的职业状况是：

　　01 国家/社会管理者　　02 企业管理人员　　03 私营企业主

　　04 专业技术人员　　　　05 办事人员　　　　06 自由职业者

　　07 商业、服务业人员　　08 产业工人　　　　09 农业劳动者

　　10 家务劳动者　　　　　11 离、退休人员　　12 无业/失业/待业人员

　　13 打零工、半失业人员 14 其他（请注明）　98 不清楚

K4 您父母去年全年总收入约为：

　　01 一万元以下　　　　　02 一至三万元　　　03 三至十万元

　　04 十至二十万元　　　　05 二十万元以上　　98 不清楚

K5 您认为您的家庭经济条件：

　　1 非常好 跳答 K7　　　2 比较好 跳答 K7　　3 一般 跳答 K7

　　4 不太好　　　　　　　5 很不好　　　　　　8 不确定

K6 家庭致困的原因有哪些？（可多选）

　　01 自然灾害的侵袭

　　02 父母身体状况不佳

　　03 爷爷奶奶或外公外婆身体状况不佳

04 单亲

05 父母受知识水平等限制收入低

06 家中兄弟姊妹较多压力大

07 土地较少

08 父亲失业

09 母亲失业

10 突发意外

K7 父亲对您未来职业发展的期待高吗？母亲的期待高吗？

1 期待很高　　　　　2 期待比较高　　　　3 没有特别高的期待

8 不清楚

K8 如果在职业发展的问题上，父母的期待与自己的想法不一致，您会：

1 完全听从父母的意见

2 以父母的意见为主

3 以自己的意见为主

4 完全按照自己的意见行事

5 其他（请注明）

K9 父母的期待是否给您造成心理压力：

1 完全没有压力　　　2 轻度压力　　　　　3 中等压力

4 很有压力　　　　　5 高强度压力

高校学生社会支持量表

	完全符合	比较符合	有时符合	不太符合	很不符合
1. 我的家庭（父母、长辈、其他亲属等）曾经对我的能力发展提供过资源上的支持（包括物质、机会、人脉等多种资源）。	1	2	3	4	5
2. 我的家庭曾经在我的能力发展上提出过建议（如应该着重发展哪方面的能力）。	1	2	3	4	5
3. 我的家庭曾经在我的能力发展上提出过鼓励和赞赏（如，这件事你做的很好，继续保持）。	1	2	3	4	5
4. 我的同学、朋友曾经对我的能力发展提供过资源上的支持（包括物质、机会、人脉等多种资源）。	1	2	3	4	5

续表

	完全 符合	比较 符合	有时 符合	不太 符合	很不 符合
5. 我的同学、朋友曾经在我的能力发展上提出过建议（如应该着重发展哪方面的能力）。	1	2	3	4	5
6. 我的同学、朋友曾经在我的能力发展上提出过鼓励和赞赏（如，你这方面的能力挺强的）。	1	2	3	4	5
7. 我的大学老师、辅导员曾经对我的能力发展提供过资源上的支持（包括物质、机会、人脉等多种资源）。	1	2	3	4	5
8. 我的大学老师、辅导员曾经在我的能力发展上提出过建议（如应该着重发展哪方面的能力）。	1	2	3	4	5
9. 我的大学老师、辅导员曾经在我的能力发展上提出过鼓励和赞赏（如，你做的不错）。	1	2	3	4	5
10. 当我有烦恼、困惑、心理压力、遇到挫折或其他问题时，我会向家庭成员（父母、长辈、其他亲属等）诉说。	1	2	3	4	5
11. 当我有烦恼、困惑、心理压力、遇到挫折或其他问题时，我会向我的同学、朋友们诉说。	1	2	3	4	5
12. 当我有烦恼、困惑、心理压力、遇到挫折或其他问题时，我会向我的大学老师、辅导员诉说。	1	2	3	4	5
13. 当我有烦恼、困惑、心理压力、遇到挫折或其他问题时，我会寻求家庭（父母、长辈、其他亲属等）的帮助。	1	2	3	4	5
14. 当我有烦恼、困惑、心理压力、遇到挫折或其他问题时，我会寻求同学、朋友的帮助。	1	2	3	4	5
15. 当我有烦恼、困惑、心理压力、遇到挫折或其他问题时，我会寻求大学老师、辅导员的帮助。	1	2	3	4	5
16. 当我有烦恼、困惑、心理压力、遇到挫折或其他问题时，我会寻求专业心理辅导机构的帮助。	1	2	3	4	5
17. 我的家庭（父母、长辈、其他亲属等）对我的就业/继续深造提供过资源上的支持（包括物质、机会、人脉等）。	1	2	3	4	5
18. 我的家庭（父母、长辈、其他亲属等）对我的就业/继续深造提出过建议。	1	2	3	4	5
19. 我的家庭（父母、长辈、其他亲属等）对我的就业/继续深造提出过鼓励（陪伴、支持我的选择等）。	1	2	3	4	5

续表

	完全符合	比较符合	有时符合	不太符合	很不符合
20. 我的同学、朋友对我的就业/继续深造提供过资源上的支持（包括物质、机会、人脉等）。	1	2	3	4	5
21. 我的同学、朋友对我的就业/继续深造提出过建议。	1	2	3	4	5
22. 我的同学、朋友对我的就业/继续深造提出过鼓励（陪伴、支持我的选择、一起创业等）。	1	2	3	4	5
23. 我的大学老师、辅导员对我的就业/继续深造提供过资源上的支持（包括物质、机会、人脉等）。	1	2	3	4	5
24. 我的大学老师、辅导员对我的就业/继续深造提出过建议。	1	2	3	4	5
25. 我的大学老师、辅导员对我的就业/继续深造提出过鼓励。	1	2	3	4	5

调查结束，谢谢您的合作！

复查记录：

调查员检查时间：_____年___月___日，签名：_____编号：_____

指导员检查时间：_____年___月___日，签名：_____编号：_____

附件3 "高校贫困女生社会支持系统及需求评估卡"：量表形式

		需求量表
维度	题号	题目
健康的需求 A	A01_01	身体健康，很少会不舒服，经常参加体育锻炼
	A02_02	保证睡眠，适时放松娱乐，偶尔旅游
	A03_03	有贫困生伙食补贴，保证营养的正常摄入
	A04_04	有校医院，方便治疗一些普通的常见病
	A05_05	较严重的疾病能够由校医院转诊到大医院对症治疗
	A06_06	有特别针对贫困生的医疗费用报销制度，减轻贫困生的医疗负担
物质经济的需求 B	B01_07	校园生活中，每日都能三餐温饱。有些时候，还能偶尔改善伙食，吃点小炒
	B02_08	穿衣购物不奢侈，但确实需要的，像保暖的衣服、裤子，也能适时添置
	B03_09	有充足的路费，可以寒暑假回家看望家人
	B04_10	能按月或按学期获得生活费和零花钱，满足日常校园生活开销
资源的需求 C	C01_11	获得校内勤工助学岗位，得到应有的岗位报酬
	C02_12	获得了校外的兼职岗位，能通过校外打工获得应有报酬，改善经济状况
	C03_13	了解国家助学贷款政策，通过助学贷款获得经济支持
	C04_14	所在学校有助学金申请政策，通过努力，可以获得一定额度的助学金
	C05_15	能获得金额较多的国家奖学金
	C06_16	能获得学校的奖学金
	C07_17	能通过网络、学校、社会组织的善举，获得一定额度的社会资助金

续表

维度	题号	题目
资源的需求 C	C08_18	除了专业规定的课程，还能获得对自己能力提升有帮助的其他免费培训机会
	C09_19	校内外就有心理服务人员和机构，在需要的时候，能迅速地获得有效的心理辅导和支持
	C10_20	有针对自身需要的就业咨询、就业辅导
学业发展的需求 D	D01_21	喜欢所学的专业，认为专业很有前景，未来职业发展明确
	D02_22	正常听课、上自习、完成作业，能听懂老师讲授的课程，独立完成课程作业
	D03_23	通过课程听讲、看书复习，能在每学期末顺利完成各门课程的考核，获得相应成绩和学分
	D04_24	经过大学学习，自身各方面的能力获得了较大的提升，自己增长了不少本领
	D05_25	继续在喜欢的专业领域申请更高学位的学习，继续深造
	D06_26	辅修其他感兴趣的专业和领域，给自己积累更多的知识储备
	D07_27	参加国家承认的各种职业和资格证书的考核和认证
社会交往的需求 E	E01_28	在同学中交到志趣相投、相处融洽的朋友
	E02_29	能从任课老师那里获得有关课程和考试问题的解答和帮助
	E03_30	经常和妈妈通电话，分享校园生活的欢乐和悲伤，从她那里得到肯定与关爱
	E04_31	经常和爸爸通电话，分享校园生活的欢乐和悲伤，从他那里得到支持与关爱
	E05_32	参加学校的社团组织，社团活动丰富，符合我的兴趣爱好，跟一群志趣相投的人相处愉快
	E06_33	班级生活中遇到的问题，能求助班主任，得到相应的帮助。
	E07_34	与同宿舍的同学相处融洽
	E08_35	校园生活中遇到的很多问题，可以从辅导员那里得到指导和帮助
	E09_36	可以从班干、团干那里获得学业课程、校园生活有关的重要信息和帮助
	E10_37	有一个无话不谈的闺蜜，可以随时交流分享彼此的秘密
	E11_38	融入班级生活，与班级同学相处融洽
	E12_39	善于与人交往，吸收外界的信息，能妥善的处理和他人的关系，与环境建立广泛联系
	E13_40	通过一些社会活动。例如志愿服务认识专业人士，并从他们身上学习，受到影响

续表

维度	题号	题目
心理的需求 F	F01_41	在学习、生活中常常获得成功和进步，获得肯定与成就
	F02_42	在家庭、宿舍、班级、社团等圈子里，真实地感受到自己是其中一员，得到归属
	F03_43	自己的观点、习惯、做法，能得到他人的认可和赞同
	F04_44	对生活和人生充满希望，未来还有很多机会
	F05_45	知道自己的优点和长处，在合适的场合展示出自己的魅力，获得信心
	F06_46	经常能得到来自家人、朋友、老师的关心和爱护，感觉身边总有爱我的人
	F07_47	在生活和学习中有适度的压力，并且能够鼓励自己变成动力
	F08_48	常常能够感觉到幸福，并且能够经常有欣喜与愉悦的心情
	F09_49	认为在现实生活中不如意的事总是难以避免的，能够踏实面对，认为世界是公平的
	F10_50	在发现自己有心理状况时，自身能够找到合理的途径获得有效的支持
	F11_51	能够有效调节自己的情绪，将注意力从消极层面转移到其他方面，自我控制消极情绪
健康需求的获得 AH	A01_01H	身体健康，很少会不舒服，经常参加体育锻炼
	A02_02H	保证睡眠，适时放松娱乐，偶尔旅游
	A03_03H	有贫困生伙食补贴，保证营养的正常摄入
	A04_04H	有校医院，方便治疗一些普通的常见病
	A05_05H	较严重的疾病能够由校医院转诊到大医院对症治疗
	A06_06H	有特别针对贫困生的医疗费用报销制度，减轻贫困生的医疗负担
物质经济需求的获得 BH	B01_07H	校园生活中，每日都能三餐温饱。有些时候，还能偶尔改善伙食，吃点小炒
	B02_08H	穿衣购物不奢侈，但确实需要的，像保暖的衣服、裤子，也能适时添置
	B03_09H	有充足的路费，可以寒暑假回家，看望家人
	B04_10H	能按月或按学期获得生活费和零花钱，满足日常校园生活开销
资源需求的获得 CH	C01_11H	获得校内勤工助学岗位，得到应有的岗位报酬
	C02_12H	获得了校外的兼职岗位，能通过校外打工获得应有报酬，改善经济状况
	C03_13H	了解国家助学贷款政策，通过助学贷款获得经济支持

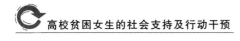

续表

维度	题号	题目
资源需求的 获得 CH	C04_14H	所在学校有助学金申请政策，通过努力，可以获得一定额度的助学金
	C05_15H	能获得金额较多的国家奖学金
	C06_16H	能获得学校的奖学金
	C07_17H	能通过网络、学校、社会组织的善举，获得一定额度的社会资助金
	C08_18H	除了专业规定的课程，还能获得对自己能力提升有帮助的其他免费培训机会
	C09_19H	校内外就有心理服务人员和机构，在需要的时候，能迅速地获得有效的心理辅导和支持
	C10_20H	有针对自身需要的就业咨询、就业辅导
学业发展 需求的 获得 DH	D01_21H	喜欢所学的专业，认为专业很有前景，未来职业发展明确
	D02_22H	正常听课、上自习、完成作业，能听懂老师讲授的课程，独立完成课程作业
	D03_23H	通过课程听讲、看书复习，能在每学期末顺利完成各门课程的考核，获得相应成绩和学分
	D04_24H	经过大学学习，自身各方面的能力获得了较大的提升，自己增长了不少本领
学业发展 需求的 获得 DH	D01_21H	喜欢所学的专业，认为专业很有前景，未来职业发展明确
	D02_22H	正常听课、上自习、完成作业，能听懂老师讲授的课程，独立完成课程作业
	D03_23H	通过课程听讲、看书复习，能在每学期末顺利完成各门课程的考核，获得相应成绩和学分
	D04_24H	经过大学学习，自身各方面的能力获得了较大的提升，自己增长了不少本领
	D05_25H	继续在喜欢的专业领域申请更高学位的学习，继续深造
	D06_26H	辅修其他感兴趣的专业和领域，给自己积累更多的知识储备
	D07_27H	参加国家承认的各种职业和资格证书的考核和认证
社会交往 需求的 获得 EH	E01_28H	在同学中交到志趣相投、相处融洽的朋友
	E02_29H	能从任课老师那里获得有关课程和考试问题的解答和帮助
	E03_30H	经常和妈妈通电话，分享校园生活的欢乐和悲伤，从她那里得到肯定与关爱
	E04_31H	经常和爸爸通电话，分享校园生活的欢乐和悲伤，从他那里得到支持与关爱

续表

维度	题号	题目
社会交往需求的获得 EH	E05_32H	参加学校的社团组织，社团活动丰富，符合我的兴趣爱好，跟一群志趣相投的人相处愉快
	E06_33H	班级生活中遇到的问题，能求助班主任，得到相应的帮助。
	E07_34H	与同宿舍的同学相处融洽
	E08_35H	校园生活中遇到的很多问题，可以从辅导员那里得到指导和帮助
	E09_36H	可以从班干、团干那里获得学业课程、校园生活有关的重要信息和帮助
	E10_37H	有一个无话不谈的闺蜜，可以随时交流分享彼此的秘密
	E11_38H	融入班级生活，与班级同学相处融洽
	E12_39H	善于与人交往，吸收外界的信息，能妥善的处理和他人的关系，与环境建立广泛联系
	E13_40H	通过一些社会活动。例如志愿服务认识专业人士，并从他们身上学习，受到影响
心理需求的获得 FH	F01_41H	在学习、生活中常常获得成功和进步，获得肯定与成就
	F02_42H	在家庭、宿舍、班级、社团等圈子里，真实地感受到自己是其中一员，得到归属
	F03_43H	自己的观点、习惯、做法，能得到他人的认可和赞同
	F04_44H	对生活和人生充满希望，未来还有很多机会
	F05_45H	知道自己的优点和长处，在合适的场合展示出自己的魅力，获得信心
	F06_46H	经常能得到来自家人、朋友、老师的关心和爱护，感觉身边总有爱我的人
	F07_47H	在生活和学习中有适度的压力，并且能够鼓励自己变成动力
	F08_48H	常常能够感觉到幸福，并且能够经常有欣喜与愉悦的心情
	F09_49H	认为在现实生活中不如意的事总是难以避免的，能够踏实面对，认为世界是公平的
	F10_50H	在发现自己有心理状况时，自身能够找到合理的途径获得有效的支持
	F11_51H	能够有效调节自己的情绪，将注意力从消极层面转移到其他方面，自我控制消极情绪
	F12_52H	能够对自己的行为和心理状态有正确的认识

后 记

本书经过一年半的写作，终于完成。要感谢的机构和人员有很多。

感谢国家社科基金的资助与肯定。

感谢14所样本高校的协助，这些高校配合项目组进行抽样，安排和组织学生填答和回收问卷，高效和高质量地完成了数据收集的工作。

感谢中华女子学院及其科研处对项目的指导和管理，学校对本书出版给予了资金资助，科研处在项目运作的5年中，持续地提供具体帮助。

感谢中科易研（北京）科技有限公司的参与，钟黎虹、邵秀娟、谢忱全程参加了问卷设计、抽样方案及实施、问卷发放及回收、数据清理、数据统计分析和撰写数据分析报告等环节。

感谢参与研究和写作的团队。本书作者具体分工如下：

第一章 绪论 主要作者是石彤，文献综述部分还有左际平、陈春竹、阴慧、石笙霖、何梦茹、李晓芳、刘晋沂等参与。

第二章 高校贫困女生的现状 石彤、邵秀娟、谢忱。

第三章 高校贫困女生的弱势处境 石彤、邵秀娟、谢忱。

第四章 高校贫困女生的社会支持状况分析 主要参与者包括石彤、李洁、李芳英、王宏亮、周旅军、盛莉、吴唐燕、俞鑫荣等。

第五章 改善高校贫困女生社会支持系统行动干预 主要作者包括石彤、张静敏、彭君芳、柴雪、李姗、陈春竹、常诒珍等。

第六章 结论、反思和政策建议 主要作者石彤。

感谢参与本书的编辑、校对和出版的人员。

正是在多方机构和人员的鼎力支持和协同努力下，本书才得以问世。

图书在版编目(CIP)数据

高校贫困女生的社会支持及行动干预/石彤等著
. -- 北京：社会科学文献出版社，2023.5
（中华女子学院性别研究丛书）
ISBN 978 - 7 - 5228 - 1148 - 2

Ⅰ.①高… Ⅱ.①石… Ⅲ.①高等学校 - 女性 - 特困
生 - 赞助 - 研究 - 中国 Ⅳ.①G645.5

中国版本图书馆 CIP 数据核字（2022）第 221178 号

中华女子学院性别研究丛书
高校贫困女生的社会支持及行动干预

著　　者 / 石　彤 等

出 版 人 / 王利民
责任编辑 / 谢蕊芬
责任印制 / 王京美

出　　版 / 社会科学文献出版社·群学出版分社（010）59367002
　　　　　　地址：北京市北三环中路甲 29 号院华龙大厦　邮编：100029
　　　　　　网址：www. ssap. com. cn
发　　行 / 社会科学文献出版社（010）59367028
印　　装 / 三河市尚艺印装有限公司

规　　格 / 开　本：787mm × 1092mm　1/16
　　　　　　印　张：20.5　字　数：357 千字
版　　次 / 2023 年 5 月第 1 版　2023 年 5 月第 1 次印刷
书　　号 / ISBN 978 - 7 - 5228 - 1148 - 2
定　　价 / 128.00 元

读者服务电话：4008918866